As CINZAS e os *fatos*

AMANUENSE

CARLOS SENNA

As CINZAS e os *fatos*

***Fake news*, eleições e jornalismo na era da desinformação**

1ª EDIÇÃO
SÃO PAULO • 2022

AMANUENSE

Edição, preparação e revisão: Rafael Baliardo e Rodrigo Haidar
Projeto gráfico e diagramação: Luciana Huber
Imagem de capa: ©michaellagutin/123rf.com

Dados Internacionais de Catalogação na Publicação (CIP)
(Câmara Brasileira do Livro, SP, Brasil)

Senna, Carlos
As cinzas e os fatos : fake news, eleições e jornalismo na era da desinformação / Carlos Senna. -- São Paulo : Amanuense, 2022.

ISBN 978-65-80788-06-4

1. Atualidades 2. Eleições 3. Notícias falsas 4. Notícias jornalísticas - Apuração I. Título.

22-117941 CDD-070.4

Índices para catálogo sistemático:

1. Notícias falsas : Jornalismo 070.4

Aline Graziele Benitez - Bibliotecária - CRB-1/3129

AMANUENSE

Amanuense Livros Ltda.
Rua Nilo 241, Sala 02 – CEP 01533-010 São Paulo SP
contato@amanuense.com.br
www.amanuense.com.br

A verdade absoluta é uma
commodity muito rara e
perigosa no contexto do
jornalismo profissional.

HUNTER S. THOMPSON

SUMÁRIO

PREFÁCIO

No dia 7 de junho comemora-se o Dia Nacional da Liberdade de Imprensa. Em 2022, o presidente Jair Bolsonaro achou por bem se referir à efeméride. Em solenidade no Palácio do Planalto, saiu em defesa de Fernando Francischini, deputado estadual pelo Paraná cassado por ter afirmado, em 2018, que as urnas foram fraudadas. Microfone diante de si, exortou os parlamentares presentes a "se indignar" com a punição. E sugeriu: "Se for para punir *fake news* com a derrubada de páginas, fechem a imprensa brasileira que é uma fábrica de *fake news*."

O livro de Carlos Senna nos mostra que o rompante bolsonarista não é exceção. Ao redor do mundo, a animosidade contra o jornalismo e os jornalistas ferveu a temperaturas inauditas. Se é de exemplos que precisamos, estes escritos o trazem em profusão. Eles ilustram a prevalência do fenômeno e nos convidam a perguntar: como chegamos a esse ponto?

Na zona cinzenta do que se convencionou chamar de pós-verdade, os fatos viram cinza. Acerta o autor a dizer que o ataque à verdade se dá em nome de um projeto de poder. A pós-modernidade dinamitou a ingenuidade do conceito, mas não foi de novas filosofias de onde veio o desafio. A ameaça vem à margem e de costas para os sistemas peritos, abraçando a violência e o anti-intelectualismo. Foram as falanges embrutecidas da extrema direita quem melhor souberam surfar a onda do relativismo contemporâneo, manipulando emoções sobre a razão no tempo-espaço em que fatos dão lugar a narrativas – entendidas no sentido de relatos ideologicamente corrompidos.

Sem a crença na verdade não há jornalismo. Se a crise da objetividade serviu à profissão foi para recalibrar o conceito, entendendo a subjetividade como inerente e os fatos como construção. Atenção: falamos em uma subjetividade que, reconhecida, deve estar controlada por processos e procedimentos sobre os quais se erigiu a profissão – multiplicidade de fontes, checagem, confrontação de versões divergentes, apoio em evidências. E de uma construção de relatos que não se confunde com a fabulação. Ao contrário: segue tendo compromisso com o real, por meio de atributos como precisão e contexto.

Seria um caminho possível, mas nós, jornalistas, jogamos contra o próprio patrimônio. A crítica a uma objetividade pré-científica transmitiu-se no abandono do conceito em vez de seu aperfeiçoamento. Uma postura que se poderia fortalecer os defensores do "tudo é versão". O preço estamos pagando agora.

O estilo de Senna é adjetivado e carrega na primeira pessoa. Não é preciso subscrevê-lo para reconhecer as qualidades do livro, originado de monografia defendida na Faculdade Cásper Líbero em 2019. Talvez pela idade incomum a um graduando – ele se formou aos 40 anos –, estamos diante de um texto maduro e cheio de referências. Não se deixe enganar pelo cenário de desencanto: por trás da pátina distópica, o livro é uma defesa da profissão que ele, tardiamente, escolheu exercer.

Rodrigo Ratier

APRESENTAÇÃO

Quando eu entrei em contato com o jornalismo pela primeira vez, graças ao meu amigo Matthew que me levava com ele para a redação do jornal da nossa faculdade nas "janelas" do meu horário de aulas, a profissão era completamente diferente. O ano era 1999 e eu adorava o que eu estava vendo. A velocidade, o movimento, os telefones que não paravam de tocar, o som alucinante de uma dúzia de teclados sendo surrados por dedos ágeis e desinibidos, a efemeridade dos objetivos e dos sucessos. Eu estava estudando Ciências Políticas, me preparando para me tornar um advogado e, em pouco tempo, eu mal podia esperar pelo fim do semestre para poder trocar a minha matrícula para o curso de Artes e Ciências da Comunicação – Jornalismo na Universidade estadual de Michigan, nos EUA.

A apuração era por telefone ou presencial. As informações disponíveis na internet não contribuíam o suficiente com a redação de uma matéria jornalística para que valesse a pena fazer uma consulta no Yahoo! – nada de Google ainda – em vez de olhar o dicionário ou a enciclopédia, quanto mais pautar um artigo. O mantra que repetiam para mim quando eu anunciava entre os meus pares que eu queria fazer carreira como repórter era "tinta de jornal entra pelas pontas dos dedos e vai direto para as veias". Os computadores na redação eram uma combinação glorificada das velhas máquinas de escrever e das máquinas de FAX.

Já existia, claro, uma história de práticas mal-intencionadas, erros grosseiros e mentiras praticadas pela imprensa e a mídia de massas. O escândalo falso sobre a Escola Base, a manipulação da eleição de 1989, a reportagem "Jimmy's World" e o caso do repórter da New Republic Stephen Glass estavam gravados na minha memória e eram ainda mais inculcados pelas lições dos meus professores de faculdade como pontos de referência quanto a o quê não fazer enquanto profissional da comunicação, ou estes foram, pelo menos, aqueles casos que ficaram marcados na minha mente.

Minha estupeficante experiência com o jornalismo foi a transição deste mundo para um outro, no qual o jornalismo migrou completamente para os ambientes digitais. Não apenas para existir em formato digital ou ser o conteúdo digital por excelência, mas por depender completamente do ambiente digital e de suas ferramentas para ser produzido, por se tornar um serviço digital e consumidor dos serviços digitais e por ser uma das primeiras instituições tradicionais a reconhecer no online um espaço acontecimental, um lugar onde coisas de fato acontecem e onde as pessoas tem agência para criar e reagir a acontecimentos únicos e inéditos, um espaço gerador de notícias.

Eu absorvi todos os velhos adágios da profissão ao longo dos anos, da "arte de sujar os sapatos" ao "o jornalista não publica que uma fonte disse se está chovendo ou não, ele coloca a mão para fora da janela e descobre", mas o que mais me marcou sempre foi que "jornalismo é oposição, o resto é armazém de secos e molhados" como dizia Millôr Fernandes. Na verdade, quando aprendi esse dizer, aprendi diferente. No inglês se diz que "jornalismo é negativo, positivo é publicidade e relações públicas", com as escusas aos nossos nobres colegas da comunicação. De uma forma ou de outra, a lição é que o jornalismo tem a sua expressão maior na fiscalização dos atos do poder e dos poderosos. Seu papel social é a fiscalização e chamado à responsabilidade daqueles que agem em nome do povo ou para governá-lo. Então, o jornalismo é oposição por natureza, fadado a se indispor até mesmo com o político mais bem-quisto, mais honesto e mais bem-intencionado. Eu era tratado com fria indiferença ou com dessatisfação escancarada ainda nas minhas primeiras coberturas de encontros do corpo de administração municipal que decidia questões de zoneamento.

O assunto era seco e, quando me foi confiado, me parecia chato. Meu editor me explicou a importância para nossos leitores, mas eu só me convenci quando percebi quão incômoda era a minha presença. Se o jornalista não é bem-vindo é porque algo potencialmente controverso está para acontecer.

Naquele mundo, onde o jornalista espreitava as fontes atrás de informação, o nome do veículo que ele representava era como uma chave de ouro. Ser o "Fulano de Tal, repórter do Jornal XYZ" abria portas, fazia gente importante atender o telefone, aplacava a ferocidade do policial na rua e amenizava a desconfiança do criminoso no seu covil. A profissão comandava um módico de respeito, ao menos por ser uma identificação de que não estávamos ali como meros curiosos, mas que éramos testemunhas profissionais, pagos para sermos enxeridos e meter nossos narizes nos assuntos alheios, mas com todo um método. O que não sabíamos é que aquele mundo estava nos seus últimos dias. O meteoro que marcaria o fim da nossa era na terra já brilhava no céu enquanto ainda procurávamos pegadas na lama.

De certa forma, fomos piores que os dinossauros, cuja extinção ocorreu sem a participação ativa deles. As condições climáticas e ambientais mudaram demasiadamente rápido para que os sobreviventes do cataclisma original se adaptassem. Os jornalistas, ao contrário, decidiram se jogar de cabeça ao desastre, aderindo à internet como se ela fosse inevitável, uma ilusão proposital da indústria de tecnologia apontada pela professora Shoshana Zuboff no seu maravilhoso livro "A Era do Capitalismo de Vigilância" (2018). Depois, confrontados com mudanças climáticas e ambientais desfavoráveis, jogamos nossas mãos para o ar e afirmamos, confiantes "Este é o nosso mundo e temos que viver com ele", como se nada de consequente tivesse acontecido de fato. Pagamos o preço de um punhado de decisões fatídicas tomadas no final da década de 1990 até hoje e esse livro se dedica a detalhar algumas delas.

Eu não terminei a faculdade na minha primeira tentativa. Foram três até finalmente dar certo. Eu queria me envolver com o fazer, com o noticiar e passei por várias redações e tive experiência com a cobertura de muitas áreas, mas ficava impaciente com as aulas. Não importando o assunto que eu cobria ou a passagem do tempo, no entanto, a ética da profissão sempre permaneceu a mesma. A tendência das oportunidades nos veículos, também: em constante queda. Mesmo que eu não estivesse exercendo a profissão, meu consumo de notícias foi sempre guiado pelo olhar de repórter e pensando a evolução da teoria da comunicação. Nunca consegui olhar para a profissão meramente pelo lado técnico da prática, sempre me preocupou o papel de serviço à sociedade, a prestação de serviço e aspecto de sustentação da democracia que o jornalismo deveria manter, mas que sofreu com o sucateamento das redações, com as rusgas políticas e com a migração para a internet.

Meu objetivo com este livro, no entanto, é mostrar que algo de consequente aconteceu nas últimas décadas e que, se quisermos sobreviver, temos que encarar isso. Aqueles que o jornalismo deveria fiscalizar ganharam novas armas enquanto nosso poder de fiscalização e influência diminuiu. Hoje somos mais facilmente agrupados com mentirosos grosseiros, farsantes baixos e fofoqueiros inconsequentes. Pior, assistimos paralisados as instituições que mantinham nossa ética profissional intacta morrerem de inanição após viverem, por anos, viciadas no dinheiro da publicidade, como se a notícia fosse algo que agregava valor a um folhetim de propaganda e não produto de trabalho árduo com valor intrínseco.

Recorro, mais uma vez, à professora Zuboff, que defende que o novo capitalismo que surge da ascensão de novas formas e espaços de comunicação digital é uma força sem precedente e que, desta mesma forma, ameaça direitos naturais que, como nunca foram contestados, nunca precisaram ser codificados e que não temos a menor ideia de como proteger. Assim, proponho, como pensamento inicial antes de você entrar comigo no cenário das coisas como eles eram e das coisas como elas são hoje, que nos perguntemos: "Será que estamos perdendo um direito que nunca plenamente entendemos possuir com a deterioração do jornalismo?"

Talvez esta pergunta exija uma explicação. O direito à informação caminha de mãos dadas com a liberdade de imprensa, assim como a liberdade de expressão vive simbioticamente atrelada ao direito de opinião. No entanto, enquanto a liberdade de expressão e o direito à opinião são conceitos amplos, que abarcam inúmeras facetas da existência humana e são ligados a uma das nossas capacidades fisiológicas básicas – a fala – a liberdade de imprensa e o direito à informação são muito mais específicos. Enciclopedicamente, o direito à informação é definido na Constituição de 1988 como "direito a receber dos órgãos públicos informações de seu interesse particular, ou de interesse coletivo ou geral, que serão prestadas no prazo da lei, sob pena de responsabilidade, ressalvadas aquelas cujo sigilo seja imprescindível à segurança da sociedade e do Estado" (artigo 5ª, inciso XXXIII) e a liberdade de imprensa é apresentada, no mesmo documento, apenas pela vedação às práticas que poderiam feri-la, como a censura, e pela apresentação de seus limites (artigo 220, §1° e 2°). Juridicamente, o consenso internacional é que liberdade de imprensa se define como "o direito de publicar e disseminar informações, ideias e opiniões sem restrições ou censura impostas pelo governo", ou seja, é uma liberdade de quem escreve e leva conteúdo para que o cidadão possa ter exercício pleno do seu direito à informação sem que seja preciso solicitar este conteúdo diretamente ao governo ou depender dele para que se tenha conhecimento.

Só que, e se esses direitos fossem naturalmente maiores, sem que nos déssemos conta? Pela letra da lei, estes direitos existem claramente em relação à interação entre indivíduos e o Estado.

Não há direito à informação que nasce da interação entre indivíduos, ou entre indivíduos e associações da esfera privada? Claramente existe o crime de fraude, de falsidade ideológica e outros correlatos. Quando surge uma indústria, cujo produto é a nossa atenção e a previsibilidade das nossas ações, baseada no acúmulo de nossos dados pessoais capturados de forma secreta, e com o objetivo de monopolizar a captação de recursos que antes sustentavam a indústria jornalística e de usar o conteúdo das notícias como ferramenta de apoderamento de atenção e dados do público, sem a devida remuneração dos produtores deste conteúdo, não está sendo ferido o direito à informação e a liberdade de imprensa?

Deixo aqui a minha ideia: que passemos a encarar a liberdade de imprensa e o direito à informação como uma nova fronteira. A imprensa deve que ser livre de interferência do Estado, sim, mas, se é um dos pilares da democracia, deve estar sujeita a ser presa de modelos econômicos de desinvestimento publicitário predatórios que ameassem sua existência de forma mais cabal que qualquer censura? O direito à informação não deveria abarcar o entendimento de um direito à informação correta e precisa, capaz de produzir conhecimento acurado sobre a realidade, sobre a sociedade e sobre as instituições, de forma a que os indivíduos saibam que partilham uma história, uma experiência de existência concreta e um interesse num futuro próspero e solidário?

Vivemos uma era de desinformação. O jornalismo divide espaço com meme, entretenimento, publicidade, com o acontecimento corriqueiro e a mentira pérfida e, nesse espaço, todas estas coisas são indistinguíveis. As fontes de informação hoje são tão numerosas quanto os indivíduos que buscam se informar e isso estraçalhou nossa percepção de realidade compartilhada. Sem ela, perdemos a capacidade de organização e nos tornamos presas daqueles que buscam nos reunir como massa de manobra, como base de apoio para suas aspirações mesquinhas e perigosas. Nós perdemos de vista o que é a Verdade e, momentaneamente cegos, deixamos uma estirpe estranha de líderes chegarem ao poder.

O evento que deu vida a este livro foi a eleição de Donald Trump, mesmo que em 2016 eu não sonhasse em escrevê-lo. Eu sequer trabalhava como jornalista. O mercado, em crise, havia me jogado para as salas de aula, onde atuava como professor. Quando percebi como minha visão dos acontecimentos destoava da dos alunos e, pior, da dos meus colegas, ficou claro para mim que o problema era que não estávamos de posse das mesmas informações. Só que, quando eu compartilhava as informações que tinha, me deparava com o fato de que algo já havia preenchido o seu lugar: mentiras, distorções, desinformação. E isso estava por toda parte, nas conversas de amigos, em família. Eu sabia que o antídoto estava no jornalismo, então decidi terminar a faculdade e voltar a ele. Ainda acredito na capacidade do jornalismo de inocular as pessoas contra a desinformação, oferecendo a elas a verdade, por mais dura e árida que ela possa parecer, e esta obra é fruto desta crença.

Assim, prestes a embarcar em busca desta verdade perdida, gostaria de agradecer àqueles que sempre me orientaram a buscá-la. Cesar e Tania Senna, Ana e Chris Maack, Giovanni Pilosio, Fernando Martines, Matthew Nestor, Eric Flores, Wellington Andrade, Carlos Costa, Lori Anne Dickerson, Rodrigo Ratier, Eduardo Nunomura, Tatiana Ferraz, Pedro Canário, Márcio Rodrigo, meus sogros, meus avós e a todos que me marcaram na minha vida e me incentivaram a buscar o jornalismo. Mas principalmente minha esposa Flávia e meus filhos, que são meu orgulho e a quem eu sempre busco deixar orgulhosos.

INTRODUÇÃO

"Jornalistas não são o inimigo." Esse era o título do editorial[1] do Boston Globe, que foi publicado em mais de 300 jornais anglófonos no dia 15 de agosto de 2018. O mesmo jornal que, 15 anos antes, ganhara o prêmio *Pulitzer* pela série de reportagens denunciando o acobertamento pela Igreja Católica de centenas de casos de pedofilia no estado de Massachusetts[2] – uma das séries de reportagens mais aclamadas e consequentes da história – agora se defendia e saía em defesa de toda uma classe profissional ao redor do mundo, alvo de investidas agressivas vindas de lideranças políticas e até, em alguns casos, religiosas. No ataque, o então presidente norte-americano Donald J. Trump fazia todo tipo de acusações contra o jornalismo profissional. Há mais de um ano e meio no cargo, o político do Partido Republicano havia encontrado na imprensa um adversário surpreendentemente fácil de atacar, arrastando uma parte significativa da população para um ódio quase cego a uma função que é, em última análise, um serviço público.

O editorial mostrava que os partidários do presidente eram os que mais frequentemente concordavam que Trump deveria usar seus poderes para fechar as mais influentes empresas de mídia dos Estados Unidos, pois estas eram as maiores inimigas do povo. Também compunham a maioria do segmento do público mais propenso a dizer que não concordavam integralmente com outras afirmações neste mesmo sentido, mas também não discordavam. Não se pode dizer que o medo do que este posicionamento indicava ficou escondido no textodo Boston Globe. Este desejo de interferência autocrática nos meios de comunicação para silenciar opiniões dissidentes é algo que leva, invariavelmente, à dor e

1 COMITÊ EDITORIAL. *Journalists are not the enemy*. **The Boston Globe**, 15/08/2018. Disponível em: https://www3.bostonglobe.com/opinion/editorials/2018/08/15/editorial/Kt0NFFonrxqBI6NqqennvL/story.html?arc404=true. Acesso em 07/10/2019

2 THE BOSTON GLOBE, VILELLA, A. C. [trad.]. **Spotlight**: segredos revelados. Ed. 1. São Paulo: Vestígios, 2016, p.9-10

ao ressentimento. Não foram poucas as experiências das nações com momentos em que estes desejos de governo forte e capaz de impor uma vontade levou à convulsão social, incluindo no Brasil, nosso país de fama cordial e pacífica. O editorial reforçava que a democracia era beneficiada e, para ser plena, dependente de um jornalismo livre de amarras governamentais e capaz de encarar com suspeita todos os feitos dos poderosos, lembrando da decisão de 1971 da Suprema Corte norte-americana que dizia que "a imprensa deve servir aos governados, nunca aos governantes". Nada disso precisaria ser reafirmado – e nunca tinha sido feito antes da forma como o *Globe* decidiu colocar para o público, e nem com esta abrangência – se o então presidente Trump não tivesse embarcado numa verdadeira cruzada contra a liberdade de imprensa e de opinião.

A pergunta que tudo isso suscita é: "Por quê?". O que há a ser ganho com este tipo de ataque?

Infelizmente, assim como seu análogo na América do Norte, dezenas de políticos ambiciosos e cheios de ressentimento contra a atuação de profissionais da notícia, regional e mundialmente, chegaram ao poder nos últimos dez anos. Mesmo aqui, o ocupante do mais alto cargo eletivo do Brasil age há muito como se nunca tivesse sido exposto às ideias de liberdade de imprensa e da importância do jornalismo para a manutenção de um regime democrático saudável. É um antigo simpatizante deste tipo de ataque, adotando as mesmas táticas de Trump ao ver o sucesso das investidas dele.

Depois de assumir o cargo de presidente da República, Jair Messias Bolsonaro atacou a imprensa num ritmo alucinante. No primeiro dia de novembro de 2019, 304 dias após a posse, já acumulava 99 ataques, cerca de 1 a cada 3 dias.[3] Esse ritmo diminuiu

3 PODER 360, *Bolsonaro ataca a imprensa, em média, duas vezes por semana.* 01/11/2019. Disponível em: https://www.poder360.com.br/midia/bolsonaro-ataca-a-imprensa-em-media-duas-vezes-por-semana/ Acesso em 02/09/2020

um pouco até o final de 2019,[4] mas voltou a crescer no primeiro trimestre de 2020[5] e chegou ao mesmo patamar novamente em outubro, quando bateu em 299 ofensas explícitas.[6] Para comemorar, o político publicou nas suas redes sociais "Ataque n°300: Perderam a boquinha",[7] ironizando a questão e a matéria de *O Globo*. Até julho de 2021, o número subiu a 436 ataques desferidos apenas pelo presidente. Se somássemos os proferidos pelos filhos e asseclas mais próximos, o número seria muito maior.[8]

Poderíamos falar sobre os contextos, os escândalos e as movimentações do poder, mas o cerne desta observação é que a vocação para antagonizar jornalistas e veículos de comunicação é uma marca de Bolsonaro desde muito cedo em sua carreira, algo que a campanha presidencial apenas escancarou à parcela da população que ainda desconhecia o fato e a vitória nas urnas retirou-lhe os freios da insignificância. E se no contato direto com os profissionais o presidente prefere classificá-los usando linguajar truculento e ataques pessoais, para lidar com o conteúdo das reportagens que o desagradam ele escolheu um termo importado dos Estados Unidos, como boa parte da ideologia que tem norteado as ações de seu governo: *fake news*.

O epíteto "*fake news*" caiu sobre o jornalismo mundial como uma bomba, agravando um quadro de crise generalizada. Há um ápice de falta de confiança nos grandes veículos de mídia, também

---

4 MOTA, Erik. *Bolsonaro atacou a imprensa 117 vezes desde que virou presidente.* **Congresso em Foco**, 06/01/2020. Disponível em: https://congressoemfoco.uol.com.br/governo/bolsonaro-atacou-a-imprensa-117-vezes-desde-que-virou-presidente/ Acesso em 02/09/2020

5 FOLHA DE S. PAULO. *Bolsonaro ataca jornalistas uma vez a cada 3 dias, aponta entidade de imprensa.* 16/04/2020. Disponível em: https://www1.folha.uol.com.br/poder/2020/04/bolsonaro-ataca-jornalistas-uma-vez-a-cada-3-dias-aponta-entidade-de-imprensa.shtml Acesso em 02/09/2020

6 GUERRA, Rayanderson; OLIVA, Gabriela. *Bolsonaro atacou a imprensa 299 vezes nos últimos nove meses, diz Fenaj.* **O GLOBO**, 14/10/2020. Disponível em: https://oglobo.globo.com/brasil/bolsonaro-atacou-imprensa-299-vezes-nos-ultimos-nove-meses-diz-fenaj-24691609 Acesso em 09/11/2020.

7 CORREIO BRAZILIENSE. *Bolsonaro ironiza dado sobre ataques à imprensa: "Ataque 300: Perderam a boquinha".* 15/10/2020. Disponível em: https://www.correiobraziliense.com.br/politica/2020/10/4882517-bolsonaro-ironiza-dado-sobre-ataques-a-imprensa-ataque-300-perderam-a-boquinha.html Acesso em: 09/11/2020

8 XAVIER, Getúlio. *Ataques de Bolsonaro à imprensa aumentam 74% em 2021.* 28/07/2021. Disponível em: https://www.cartacapital.com.br/politica/ataques-de-bolsonaro-a-imprensa-aumentam-74-em-2021/ Acesso em 14/03/2022

chamados de *mainstream* ou tradicionais, em meio a uma miríade de graves crises, não apenas na área financeira, mas do próprio modelo de financiamento e de pensamento de produção do jornalismo. Repetido como bordão ou *slogan* pelo norte-americano Donald Trump, o termo rapidamente foi adotado por seu círculo de influência e, eventualmente, se tornou uma ubiquidade no vernáculo global. Esse abuso do termo contaminou o discurso político no Brasil – como não poderia deixar de ser, já que o governo norte-americano compartilha tantos dos traços, políticas e estratégias comunicacionais com outros países que abraçaram o *tecnopopulismo* de uma nova extrema direita. Só que o termo, no seu uso original, é um ataque à imprensa. Uma acusação de que as notícias veiculadas são falsas. Uma denunciação fraudulenta de que o jornalismo tenta enganar o povo.

Então por que o jornalismo e a mídia noticiosa mundial foram tão rápidos em adotar o termo *fake news*? A imprensa brasileira foi vanguardista no uso do termo, até pela preocupação em cobrir a discussão sobre o assunto nos Estados Unidos (que vivia a tensa eleição presidencial que levaria à Casa Branca o empresário Trump, concorrendo em sua primeira eleição para qualquer cargo público), assimilando a expressão em sua versão original diretamente para os textos das suas reportagens a partir de abril de 2016, mesmo que ainda o evitassem em suas manchetes. E isso não foi a exceção, mas a regra. Tanto Donald como Jair estavam – e estão – agindo dentro do esperado. Afinal, políticos atacam jornalistas desde que há política e jornalismo. É importante, então, responder a outra pergunta: O que aconteceu que permitiu que esse ataque acontecesse impunimente agora? Nos nossos dias, *fake news* virou uma moeda comunicacional corrente, por assim dizer, trocada por uma palavra perigosa quando impressa nas páginas dos jornais ou nos lábios dos âncoras dos programas televisivos: *mentira*. Quando o político acusa um meio de comunicação, um jornalista ou um opositor de mentiroso, ele está sendo parte de uma longa (e sórdida) tradição, enquanto se um repórter fizer o mesmo, o faz por sua própria conta e risco. Acusar alguém de mentir, afinal, pode ser considerado calúnia, um dos limites à liberdade de expressão no Brasil. Nos Estados Unidos é um crime também e, por lá, isso se chama *libel*. Paralisados por um medo histórico de serem processados por uma acusação subjetiva e de difícil comprovação, teriam os jornalistas reproduzido (demonstrando pouca ou nenhuma reflexão) uma nova forma de fazer acusações contra quem faltava com a verdade, mesmo que esse novo vocábulo imediatamente se virasse contra eles? Ou há mais por trás de tudo isso?

Alguns chamariam isso de "curiosa coincidência" enquanto outros diriam que é evidente parte de uma estratégia de poder, mas a ascensão desses ataques à mídia é uma ocorrência paralela a um fenômeno político: a falta de consequências negativas após alegações mentirosas. Começando antes do período eleitoral para a Presidência dos Estados Unidos e se estendendo pelos dois primeiros anos da administração de Trump até, finalmente, o período de campanha pela Presidência do Brasil, houve uma percepção generalizada por parte dos especialistas[9] de que alguns políticos chegaram à conclusão de que, não importa quão patentemente falsas fossem algumas das suas afirmações, uma parte do eleitorado sempre acreditaria e se mostraria refratário à checagem de informações. O verdadeiro problema é que os agentes políticos tecnopopulistas não estão em guerra com o jornalismo, eles estão em guerra com a verdade. Se tudo se resumisse a acabar com a reputação de veículos de mídia colando neles o rótulo de mentirosos, o esforço seria uma tarefa de Sísifo, apontando supostas mentiras todos os dias só para ter os veículos publicando confirmações e checagens de volta, mas seria um objetivo possível.

---

9 ILLING, Sean. *How Trump masterfully exploited the structural weaknesses of the press*. **VOX**, 08/11/2018. Disponível em: https://www.vox.com/conversations/2016/11/8/13497200/donald-trump-hillary-clinton-media-democracy-bias-2016-elections. Acesso em 06/10/2019.

Possível, porém, em vão.

As fontes de informação que narram seus fatos aos jornais simplesmente encontrariam outros veículos confiáveis para propagar suas mensagens. Por isso, os políticos e seus apoiadores também decidiram ir atrás dos intelectuais e especialistas, as pessoas que emprestam suas reputações e conhecimento para fundamentar as narrativas das reportagens. Certas questões filosóficas e culturais fizeram as críticas a peritos mais eficientes e, francamente, fáceis do que eu poderia esperar. Não foram apenas as mentiras dos políticos que se tornaram mais comuns e inconsequentes, afinal. O público, o eleitorado, também evoluiu na direção de se tornar imune à verdade desagradável. A força do jornalismo e de outras instituições de fiscalização, como o próprio Judiciário, sempre foi derivada da vontade da sociedade de agir baseada em normas, regras coerentes, liderada por políticos com os mesmos valores e que fossem honestos. Há uma questão política também: os tecnopopulistas são, por definição, populistas. A natureza do populismo é dizer ao público o que ele quer ouvir e extrair desta relação alguma vantagem. O que mudou foi a expectativa do público quanto ao que ele vai ouvir. O que segue o mesmo, o pedigree dessa ideologia, é o ataque do populismo às elites e especialistas, buscando reduzi-las a uma casta de elite intelectual ineficiente e inescrupulosa.

A tendência que se instalou, de políticos aparentemente insensatos, sem artifício suficiente para ofuscar a verdade sem mentir banalmente em público, mas com alta inteligência emocional,[10] algo que comumente se chama de "carisma", levou ao poder pessoas altamente capacitadas na manipulação de sentimentos num momento de nervosismo social e exaltação. E esses mesmos políticos ainda jogaram sobre a imprensa a pecha de opositora,

10 REICH, Robert. *Trump May Be Dumb, But He Has Plenty Of Emotional Intelligence.* **Newsweek**, 07/01/2018. Disponível em: https://www.newsweek.com/robert-reich-trump-may-be-dumb-he-has-plenty-emotional-intelligence-773200. Acesso em 06/10/2019.

manipuladora e mentirosa, mesmo sem ter a menor capacidade para embasar estas críticas. E sobre a camada da sociedade composta por especialistas, acadêmicos e teóricos, lançou-se a sombra do viés ideológico e político. Ao fenômeno criado por este tipo de ofensiva narrativa contra a realidade, alguns especialistas escolheram dar o nome de pós-verdade. Nas palavras de Lee McIntyre, "a ideia da pós-verdade não é só que a verdade está sendo desafiada, mas que ela está sendo desafiada como um mecanismo de dominância política" (McIntyre, 2018, p.xiv). Mentir passou a ser uma demonstração de força, uma forma de comunicação política chamada de *hard propaganda*, quando a mentira política não tem sequer a intenção de convencer seu receptor.

A pós-verdade é um paradigma social, apoiado no pensamento pós-moderno, no qual crenças e emoções encontram mais valor no processo decisório do público do que evidências e conhecimento científico. O impacto desta valorização indevida pode ser sentido em democracias por todo o mundo, onde eleitores ignoram os fatos e optam por projetos de poder baseados em simpatias pessoais e crenças sem muita fundamentação lógica ou racional, onde cidadãos não têm uma percepção coesa das fontes mais confiáveis de informação e onde as antigas instituições capazes de produzir consensos sobre a realidade são desconstruídas, enquanto novas instituições paralelas são erigidas sem nenhuma capacidade estrutural de substituir as velhas. Onde as associações entre indivíduos e a posição dos indivíduos dentro de seus grupos se torna tão ou mais importante do que o ditado pelo bom senso ou percebido pelos sentidos.

Se vamos entender como a pós-verdade pode ser sentida no atual momento, e para explicá-la, é importante, também, considerar tanto o contexto[11] das eleições para o Legislativo

11 ASSOCIAÇÃO BRASILEIRA DE IMPRENSA. *Brasil é líder na preocupação com as fake news*. 19/06/2018. Disponível em: http://www.abi.org.br/brasil-e-lider-na-preocupacao-com--as-fake-news/. Acesso em 26/04/2019.

e Executivo, nas esferas federal e estaduais em 2018, quanto o debate mundial[12] sobre *fake news*. O tema e o temor relativos à informação falsificada se tornaram uma preocupação significativa para uma parcela majoritária da população. Em janeiro de 2018, uma pesquisa feita em 28 países apontava para uma preocupação de quase 70% da população com o uso de *fake news* como "arma". Pouco menos de seis meses depois, no Brasil, 58% das pessoas pesquisadas nas derradeiras semanas antes das eleições declararam que estavam preocupadas com a divulgação de notícias fabricadas no período anterior ao início da campanha eleitoral. Quatro meses depois disso, o *Relatório da Segurança Digital no Brasil*, do dfndr lab (lê-se *defender*, inglês para defensor), apontava a detecção de mais de 3 milhões de textos de desinformação classificados como *fake news* sobre política no terceiro trimestre de 2018. A mais circulada foi detectada 625 mil vezes. O Instituto Ipsos avisava também nesta época que, entre entrevistados brasileiros, 62% das pessoas que receberam esta verdadeira enxurrada de informações enganosas acreditaram nelas. Da mesma forma como estas informações circulavam, também circulava o nome escolhido para generalizá-las.

Para demonstrar que isto não é apenas uma prestidigitação de comunicólogos alarmistas e filósofos enclausurados, conduzi uma pesquisa e análise da representação dos fatores basilares deste paradigma nas páginas do jornal *Folha de S.Paulo* durante o período de campanha, eleições e transição no segundo semestre de 2018 acreditando que, na cobertura deste período, seria possível identificar mais facilmente exemplos do funcionamento dos mecanismos da pós-verdade e a sua prevalência. Um dos fatores de sustentação da pós-verdade é a depreciação do jornalismo profissional. Outro é o uso generalizado de desinformação como forma de controle

12 HANDLEY, Lucy. *Nearly 70 percent of people are worried about fake news as a 'weapon,' survey says*. **CNBC**, 22/01/208. Disponível em: https://www.cnbc.com/2018/01/22/nearly-70-percent-of--people-are-worried-about-fake-news-as-a-weapon-survey-says.html. Acesso em 26/04/2019.

das narrativas mantidas no discurso público. Um terceiro é o sequestro da atribuição de autoridade para fazer alegações, supostamente qualificadas, sobre temas de interesse público, deslocando a percepção de especialistas para outros indivíduos. Um quarto é a valorização dos apelos às reações emocionais e manipulação dos mecanismos psicológicos para produzir apoio a narrativas que buscam mobilizar politicamente parcelas do público.

As matérias publicadas pela *Folha* que atenderam aos quesitos da minha pesquisa representam os trabalhos de 141 jornalistas que assinaram as diferentes reportagens. São muitas vozes e muitos pontos de vista diferentes, o que é natural numa redação do porte da *Folha de S.Paulo*, com a capacidade de não apenas provar as minhas teorias, mas garantir a formulação de muitas outras. Para não perder o foco tendo que interpretar os objetivos narrativos de todos eles, eu tentei me concentrar na produção de três repórteres: Sarah Mota Resende, Letícia Casado e Patrícia Campos Mello. As duas primeiras são responsáveis pelo maior número de textos que se encaixam nos critérios descritos previamente. Juntas, produziram mais de 11% de todas as reportagens pesquisadas. A editora, repórter, correspondente internacional e colunista Patrícia Campos Mello, em comparação, assinou apenas seis textos, mas escreveu o de maior impacto, que continua repercutindo nos jornais, nas conversas de populares e nas Cortes muito após o término das eleições. A reportagem "Empresários bancam campanha contra o PT pelo WhatsApp" denunciou um suposto esquema de divulgação de *fake news* por meio de caixa 2 de campanha do candidato do PSL, uma prática que acabou criminalizada, de acordo com decisão do Tribunal Superior Eleitoral, que poderia ter mudado os rumos da eleição e do país.

Em vez disso, como observou a própria Patrícia Campos Mello mais de um ano após o pleito, em dezembro de 2019, enquanto a crise se desenrolava era difícil encontrar pessoas em posições que poderiam ter feito algo conclusivo sobre o esquema que sequer acreditassem que os disparos em massa estavam acontecendo. Dentro da própria redação do jornal, muitos acreditavam que a natureza da informação, a forma como Patrícia publicou a matéria original, os hiatos entre novas reportagens com novas informações e até mesmo os apelos da jornalista por ajuda em descobrir novas avenidas para chegar ao cerne da denúncia indicava que havia mais perguntas do que respostas. Outros veículos demoraram para reconhecer o furo e trataram a notícia como nota curiosa ("Jornalista que atacou Bolsonaro" virou a alcunha favorita para citar Campos Mello em manchetes), mas não o conteúdo, que foi tratado por muito tempo como denúncia, não como evidência ou fato. Enquanto as campanhas e os políticos estavam dizendo que não havia nenhuma automação e que todo o movimento nas redes sociais era orgânico, havia um obstáculo fundamental a tratar as mensagens instantâneas como a ameaça que elas de fato eram ao processo democrático:

> O próprio TSE não sabia a diferença entre impulsionamento – forma de dar mais destaque a propagandas e postagens no Facebook e Twitter, que é contratada diretamente das plataformas – e disparos em massa no WhatsApp – feitos por agências de marketing contratadas pelas campanhas ou por apoiadores, que não envolvem nenhum pagamento direto ao WhatsApp.
>
> Na época, o então relator da prestação de contas de Jair Bolsonaro, ministro Luís Roberto Barroso, determinou que Google, Facebook, Twitter, Instagram e WhatsApp informassem todas as contratações "de impulsionamento de conteúdos na rede mundial de computadores (...)."
>
> A pergunta estava errada: os disparos de WhatsApp eram contratados de agências, não da plataforma, e por apoiadores, não diretamente pela campanha.[13]

13 MELLO, Patrícia Campos. *Com um ano de atraso, TSE finalmente proíbe disparo em massa pelo WhastApp*; **Folha de S. Paulo**; 20/12/2019. Disponível em: https://www1.folha.uol.com.br/colunas/patriciacamposmello/2019/12/com-um-ano-de-atraso-tse-finalmente-proibe-disparo-em-massa-pelo-whastapp.shtml Acesso em 12/1/2020

Sem desanimar, Campos Mello seguiu buscando o deslinde desta denúncia inicial e se tornou o rosto da luta contra a desinformação no Brasil, sendo reconhecida em publicações internacionais e se reunindo até com o vice-presidente norte-americano Mike Pence, na Casa Branca, para falar sobre o assunto. Claro, tudo a custo de muita paz de espírito, já que ela passou a ser caçada nas redes e fora delas pelos apoiadores de Bolsonaro, numa sequência de eventos tão fantásticos que rendeu até mesmo um livro, o ótimo *A Máquina do Ódio* (2020). É uma história que se mistura com a de centenas de colegas, que se tornaram párias sociais repentinamente, alguns até mesmo dentro de suas próprias famílias, taxados de esquerdistas, radicais e enganadores. Manter isto em mente enquanto falamos da cobertura da eleição de 2018 é fundamental.

A análise das reportagens, no entanto, foi baseada no conteúdo, nos textos e relatos, buscando traçar um panorama dos usos dos termos "*fake news*", "notícias falsas" e "pós-verdade", não apenas pelas vezes em que estas aparecem nos textos, mas como são utilizadas. Assim podemos estabelecer uma crítica concisa do discurso veiculado pela *Folha de S.Paulo*, numa comparação entre fatores teóricos da produção jornalística, teoria pós-moderna da legitimação, do sociólogo e teórico literário francês Jean-François Lyotard (1924-1998) expostas em seu livro *A Condição Pós-Moderna*, e com as próprias declarações de intenção do jornal em seu Manual de Redação. O panorama traçado a partir disto, afinal, tinha que permitir definir se o uso destes termos pelo jornal permitiria dizer que existe ou não a pós-verdade.

A pesquisa foi, para o bem e para o mal, bem-sucedida no sentido de que minha tese foi comprovada satisfatoriamente dentro dos parâmetros aos quais eu a propus. Depois de realizada a análise, ficou claro o crescimento exponencial da relevância do termo *fake news*, em todos os seus significados, nos anos entre a eleição presidencial norte-americana, em 2016, e a eleição de 2018 no Brasil, que levou Jair Messias Bolsonaro ao Palácio do Planalto. O mantra de campanha de Donald Trump, constantemente incitando seus apoiadores a duvidar das notícias que o desagradavam e hostilizar os jornalistas, encontrou ressonância com o público mundial. Pesquisas conduzidas no início de 2017 apontavam que a maioria dos partidários de Trump, mais de 75%, estavam convencidos que a imprensa publicava propositalmente notícias falsas para prejudicar o antes candidato e atual presidente (MCCRAW, 2019, p.154-155). Na *Folha de S.Paulo*, da campanha de Trump até a posse de Bolsonaro, o número de menções às notícias falsas cresceu mais de 420%.

Lyotard foi essencial para embasar a análise das reportagens e chegar a alguma conclusão, uma vez que o filósofo francês, que acredita na possibilidade de uma certeza relativa (nunca absoluta) do que é verdadeiro, e em verdades objetivas – o que leva alguns críticos a afirmarem que Lyotard foi o menos pós-moderno entre os pós-modernos – contribuiu não apenas com essas definições, mas com a ideia de Probabilidade como mecanismo de embasamento de certeza (SIM, 2019, p.106). Também usei da sua abordagem pragmática para fazer julgamentos de valores, onde cada julgamento é feito caso a caso, sem buscar uma prescrição universal de regras. Importantíssima, no entanto, é a visão do filósofo quanto ao conceito da legitimação do saber, como reintrodução do relato como validade do saber (LYOTARD, 2018, p. 56). A partir destes pensamentos, identifiquei como o jogo de linguagem da *Folha de S.Paulo* (como exemplo de todo o microcosmos da mídia jornalística brasileira) ajuda a legitimar ou deslegitimar informações classificadas como *fake news* dentro dos discursos individuais de cada matéria, e como esse processo e o acúmulo de mensagens de diferentes níveis de veracidade e as narrativas de legitimação e deslegitimação, destas e de seus defensores e detratores, se tornam a própria matéria prima da pós-verdade.

Como observou Lyotard, estamos inseridos num contexto histórico que molda o discurso, mas não devemos permitir que a ausência de uma certeza seja politicamente alienante. Seu trabalho apontou, também, que há o conhecimento legitimado pela autoridade de enunciantes catedráticos, os enunciados da ciência, cuja única função é informar o sujeito, assim como há o conhecimento legitimado pelo seu serviço ao bem-estar da coletividade (Ibid., p.65), ambos campos de atuação do jornalismo e com os quais eu me ocupei tanto na análise da pesquisa quanto nos trabalhos que se tornaram este livro.

Também devemos reconhecer no nosso cotidiano o declínio, observado e apresentado por Lyotard, do poder unificador e legitimador dos grandes relatos, como os conceitos de verdade, justiça e progresso. A fragmentação das narrativas torna os consensos em relação à realidade dependentes da legitimação dos enunciados em pequenos grupos sociais. É preciso entender o peso desta afirmação, para desmistificá-la. É uma ideia recorrente nos trabalhos de análise sobre as vitórias dos políticos associados com um novo movimento tecnopopulista[14] do qual Bolsonaro, no Brasil, e Donald Trump, nos Estados Unidos, fazem parte: a fragmentação de discursos, por meio de uma técnica de divulgação conhecida como *microtargeting* (ou microdirecionamento), que consiste em enviar propaganda política feita sob medida para audiências segmentadas, é capaz de criar uma onda de apoio em diversos grupos – até naqueles em campos opostos sobre as mesmas questões – que pode ser controlada para gerar um consenso majoritário que chega ao ápice durante uma eleição, carregando estes políticos a altos cargos, mesmo que pouco depois esta maioria se dissolva e somente um núcleo duro de apoiadores permaneça. Retomando

14 MELLO, Patrícia Campos. **A Máquina do Ódio: Notas de uma repórter sobre fake News e violência digital**. São Paulo, ed. 1, Companhia das Letras, 2020. p.139-161

o caso de Bolsonaro, por exemplo, que reuniu em torno de sua campanha grupos de apoiadores que, no geral, teriam dificuldade de conviver – o chamado "partido lava-jatista" de pessoas que apoiavam o combate à corrupção, os ultraconservadores, os tradicionalistas, os monarquistas, os evangélicos, os militares moderados, os apoiadores da intervenção militar, os neoliberais, os antiglobalistas, os neointegralistas, neonazistas e outros apoiadores do fascismo, além de diversos profissionais de elite com diplomas do ensino superior.[15] Enquanto se tornou lugar comum avaliar que estes grupos foram reunidos sob a bandeira da revulsão ao Partido dos Trabalhadores e ao comunismo/socialismo/política de esquerda, isso encobre até certo ponto como estes diferentes movimentos foram cooptados estrategicamente pela campanha de Bolsonaro e como, em seu governo, muitos deles foram rapidamente descartados ou tiveram seus interesses ignorados.

Enfim, ao proceder com a pesquisa que serviu de base para o livro, a análise das reportagens buscou encontrar nos discursos sobre *fake news* e pós-verdade tentativas de legitimação – ou seja, tentativas de dar respostas a questionamentos como "esta pessoa tem autoridade para dar esta opinião?", "esta informação é verdadeira?", "esta afirmação possui embasamento na realidade ou na especialidade teórica de uma autoridade competente?", que buscam dar validade aos enunciados como proposto por Lyotard – por meio de reconhecimento de competência (ou falta dela) no enunciante e na fonte, assim como aquelas feitas por meio de métodos científicos de aferição e experiência para estabelecer as narrativas como verdadeiras e reais. E, da mesma forma, tentativas de deslegitimação, pelo que se entende serem

15 GIELOW, Igor. Datafolha mostra Bolsonaro com 58% e Haddad, 42%, na largada do 2º turno. **Folha de S.Paulo**, 10/10/2018. Disponível em: https://www1.folha.uol.com.br/poder/2018/10/datafolha-mostra-bolsonaro-com-58-e-haddad-42-na-largada-do-2o-turno.shtml Acesso em: 09/06/2019

tentativas de invalidar enunciados, por meio da redução dos fatores basilares da informação a mera narrativa ou ideologia.

Ressalve-se que, apesar do foco da pesquisa ter sido o uso e finalidade política da pós-verdade e o termo *fake news*, os efeitos destes são sentidos na maioria das interações sociais e não apenas nas comunicações de políticos ou articulistas do poder. As conversas de pessoas com ideologias opostas, por exemplo, se tornaram tão frustrantes nos últimos anos não só pelas marcas da radicalização política, mas porque os diálogos ideologicamente motivados na pós-verdade têm menos uso para os fatos, além do emprego deles como peças num jogo de damas, onde se busca vencer e calar o outro (NICHOLS, 2017, p.41), e não há interesse em chegar a um consenso ou a um conhecimento que os participantes ainda não possuíam no começo do diálogo. A busca é apenas pela confirmação da crença e aquiescência da parte contrária, pelo direito de o indivíduo manter suas próprias convicções.

Esse é indubitavelmente um problema, mas a pesquisa focou neste mesmo processo em ação na esfera política, no jornalismo profissional, e em como, neste nível, a discussão não se resume às convicções pessoais dos agentes políticos e a satisfação de estabelecê-las na esfera pública, mas à manipulação das emoções do eleitorado por meio de declarações sabidamente falsas, mas instrumentalizadas com um objetivo comunicacional. Ele tem mais impacto como forma de ação social abrangente quando falamos das outras crises do jornalismo profissional como fenômeno integrado, e como ele aparece com a obsolescência do modelo de "jornalismo objetivo" em ambientes que recompensam desproporcionalmente a subjetividade emocional.

As principais emoções manipuladas durante os últimos anos foram a raiva, o medo e a frustração. Isso ficou claro na campanha que levou a Inglaterra a optar pelo *Brexit*, a saída do país da União Europeia. A propaganda a favor da saída explorou a insatisfação e a desconfiança da população com os processos migratórios e de asilo internacional da UE, com as políticas econômicas e com a burocracia instituída por uma administração situada em solo estrangeiro. Nos Estados Unidos, a recessão financeira, previsões econômicas erradas e a malfadada incursão no Iraque atrás de armas de destruição em massa que jamais se materializaram criaram terreno fértil para a frustração do público.[16] No Brasil, uma barreira de contenção, que mantinha em xeque anos de medo e ódio contra as sucessivas promessas de progresso e segurança sem efeitos reais para a população estourou (CORBELLINI; MOURA, 2019, p.34-37). O dique se rompeu também na Itália do Movimento 5 Estrelas, nas Filipinas de Rodrigo Duterte, na Turquia de Recep Erdogan, na Hungria de Viktor Orbán, na Rússia de Vladmir Putin e em vários outros países conduzidos à pós-verdade por seus líderes tecnopopulistas.

Destaca-se aqui como estas emoções negativas estão, todas, intimamente ligadas com a relação entre especialistas, intelectuais e uma população que se sente cada vez mais vitimizada pelos seus governos. Os peritos, cujas falas são legitimadas pelas metanarrativas de autoridade, validação e certificação de conhecimento, compõem as administrações públicas, as entidades acadêmicas, as corporações de mídia, entre outras instituições, e embasam as ações delas na esfera pública em grande parte dos casos. São vistos como membros da elite, que legislam em nome da elite, mas que estabelecem as regras do jogo para todas as pessoas, à revelia da vontade da maioria da população.[17]

Sempre existiu uma parcela da população revoltada com a percepção de domínio do discurso público pela nata intelectual

16 FÁBIO, André Cabette. *O que é 'pós-verdade', a palavra do ano segundo a Universidade de Oxford*. **NEXO**, 16/11/2016. Disponível em: https://www.nexojornal.com.br/expresso/2016/11/16/O-que-%C3%A9-%E2%80%98p%C3%B3s-verdade%E2%80%99-a-palavra-do-ano-segundo-a-Universidade-de-Oxford. Acesso em 06/10/2019

17 ANJOS, Ana Beatriz. *Brasileiros não querem "Estado mínimo", diz cientista político*. **Agência Pública**, 10/04/2019. Disponível em: https://apublica.org/2019/04/brasileiros-nao-querem-estado-minimo-diz-cientista-politico/. Acesso em 06/10/2019

e, outra, pelos erros de análise históricos vistos como uma traição da confiança depositada em especialistas. Uma outra parcela considera o trabalho intelectual irrelevante e excessivamente teórico e uma quarta possui um nível de educação formal tão baixo que se torna muito difícil para ela aferir o que é verdadeiro e o que é falso, ficando, realmente, ao sabor dos discursos mais sedutores (NICHOLS, 2019, p.210-212).

Estes discursos, infelizmente, são aqueles que confirmam aquilo no que as pessoas já acreditam, ou que permitem que elas ignorem ou subvalorizem evidências que contrariam suas crenças, ou que subvertem seu entendimento acerca da realidade e do papel delas mesmas no mundo. Ou, ainda, que parecem ser os mais prováveis em meio a uma verdadeira enxurrada indiscernível de informação arremessada contra o público pela pluralidade de meios de comunicação na era digital. Por meio deste processo, ou por outros motivos, o público atribui autoridade a pessoas usando critérios totalmente confusos. Por exemplo, um político pode ter anos de experiência com as muitas áreas da administração pública, ou um homem de negócios pode ter muito sucesso na sua área de atuação, ou a sua mãe pode fazer comidas deliciosas, e ainda assim todos os três podem saber muito pouco ou absolutamente nada sobre, digamos, aeronáutica, tornando a opinião deles sobre o assunto tão pertinente (ou até menos) quanto à de um carpinteiro. Se olharmos para as opiniões destes mesmos personagens sobre a práxis jornalística, ou seja, se eles decidirem chamar a imprensa de "inimiga do povo", não possuem nenhuma especialidade que permita que sua fala seja legitimada, nem sua autoridade se estende automaticamente a todos os assuntos (LEVITIN, 2017, p.134-135).

A nossa sociedade se acostumou a isto, no entanto: a todos terem opiniões sobre todos os assuntos, por meio da lógica dos meios digitais e do uso das redes sociais. E os políticos mencionados anteriormente foram chamados de tecnopopulistas por terem compreendido como atingir seus objetivos dentro do jogo destas redes. Eles são, apesar de suas falhas, vanguardistas, homens de visão, que desvendaram (ou tiveram senso o suficiente para se cercar daqueles capazes de decifrar os sinais) como utilizar o potencial das ferramentas de comunicação e organização social digitais.

A sociedade da era digital, com milhões de pessoas iludidas quanto ao seu próprio nível de conhecimento e quanto ao conhecimento possuído por outros interlocutores, sobre uma miríade de assuntos (NICHOLS, 2019, p.13-14), possui um entendimento rudimentar (na maioria dos casos apenas uma leve impressão) do estado real do jornalismo profissional moderno, das ferramentas de comunicação digitais que elas usam todos os dias e do sistema democrático no qual elas têm participação. Da criação do jornalismo, como mecanismo decisório de quais fatos e quais interpretações sobre esses fatos merecem larga divulgação para o público (LIPPMANN, 2007, p.107), à atual organização por meio das diversas formas de comunicação, os processos são mais do que um pouco misteriosos para a maioria do público. Há pouca reflexão fora da profissão e de setores da academia quanto às suas dificuldades de financiamento, diferentes modelos administrativos, diferentes graus de envolvimento e acesso a setores da política e da economia, apesar do seu papel central ao bom funcionamento da democracia. Mesmo dentro da profissão há muito mais perplexidade do que ideias de como sair das crises e vencer as dificuldades.

Deste panorama geral do jornalismo, ainda se destaca o exemplo brasileiro, com todas as suas peculiaridades e, dentro deste contexto, o caso específico da *Folha de S.Paulo*. Jornal de maior circulação no país, pertencente a um grupo com dois portais de notícias entre os mais visitados pelos internautas brasileiros, parte de uma organização bilionária e, mais importante, o veículo mais criticado pelo presidente da república, Jair Bolsonaro. Em suas reportagens, a *Folha* abordou todos os elementos descritos anteriormente e, a partir do ponto de vista expresso nelas, compôs uma interpretação do momento atual. Nas páginas a seguir, discutem-se as teorias por trás das ideias de pós-verdade, anti-intelectualismo, *fake news* e da práxis jornalística, assim como uma breve reflexão acerca do pós-modernismo, um resumo da história e práticas da *Folha* e dos eventos mais marcantes da eleição de 2018. Com base em todos estes elementos e fundamentada nestas teorias e histórico, aliada à análise da produção dos repórteres profissionais selecionados do jornal, para determinar se, a partir dela, podemos aceitar a existência da pós-verdade, descrever como ela foi representada nas páginas do jornal e determinar a existência de um paradigma de pós-verdade e uma adoção completamente acrítica do termo *fake news* por um veículo representativo da imprensa nacional.

Este livro busca apresentar, com base na minha pesquisa e análise, pela observação de diversos aspectos essenciais da indústria de comunicação e de *broadcast* de notícias, evidências da prevalência da pós-verdade e seus efeitos no jornalismo moderno, na comunicação das pessoas, no processo democrático e na própria ideia de verdade, colocados sob os holofotes durante o período das eleições de 2018, e o que o termo realmente significa. Por meio da aferição de como os elementos reconhecidos como basilares ao paradigma da pós-verdade são representados nas reportagens da *Folha de S.Paulo*, tentamos avaliar o papel do jornal na popularização destes temas no discurso público e, assim, o papel do jornalismo como fenômeno neste contexto. E como estes elementos, e é isto que nós vamos argumentar, são centrais à crise que a comunicação moderna atravessa, a qual chamamos de "pós-verdade", e o perigo que isso representa a todas as pessoas.

O que está em jogo para mim, jornalista, é a desvalorização da minha profissão escolhida e que existe, hoje, como um fantasma combalido e à beira da obsolescência após a promessa de que este século seria seu ápice tecnológico. Também para mim, mas agora falando como ser político, está em jogo meu papel na reorganização dos governos em torno de ideais em constante mudança, dançando ao sabor da maré de suas próprias popularidades nas redes sociais e sempre a momentos de serem completamente devorados pelos Leviatãs do extremismo. Finalmente, para os seres humanos, esta discussão é sobre nossa capacidade de existir como colegas de realidade, compartilhando um mundo coerente no qual todos nós concordemos sobre um conjunto de fatos nos quais podemos embasar nossos valores e escorar as justificativas para as nossas ações, investindo no acúmulo de conhecimento que pode nos dar um nível de proficiência em alguns assuntos suficiente para tornar-nos valiosos às nossas comunidades e reconhecidos de alguma forma por isto, sustentando um nível de confiança na informação em circulação e nas outras pessoas que permita a manutenção da nossa saúde mental.

Há muitas considerações postas a seguir que são embasadas ou reproduções fiéis dos pensamentos de muitos pensadores e grandes nomes das áreas de comunicação, filosofia, direito, jornalismo, tecnologia e comportamento. Sinto que falho menos ao dar espaço a suas palavras para fazer as conexões que proponho. Minha contribuição, apenas, é quanto a um questionamento inquietante e bastante subjetivo. Creio que será possível, nestas páginas, dar provas de que existem esforços em muitos países de usar novas técnicas de comunicação para atingir objetivos políticos, mas o que acontecerá se essas técnicas quebrarem a confiança das pessoas no sistema democrático ou nas instituições das quais depende o funcionamento da nossa sociedade? Será este o objetivo dos agentes da pós-verdade? Pois o seu produto, pelo que iremos aferir, é a redução da capacidade de concordar sobre quais são as fontes confiáveis de informação e quais são os fatos nos quais podemos basear nossas vidas. O enfraquecimento do Judiciário, da Academia, do jornalismo profissional, das instituições democráticas e dos laços entre os cidadãos fora de pequenos grupos polarizados e com crenças distintas sobre coisas básicas relacionadas a ciência, raça, organização social e moralidade, numa época de amplificação por meios digitais, é o maior desafio da nossa época.

1

Como alimentamos o fogo

Nos Estados Unidos, um crescimento no número de farsas *online* começou a chamar a atenção dos especialistas ainda em 2014. Em outubro, um jornalista de origem canadense chamado Craig Silverman (certamente não o primeiro a fazê-lo, mas um dos primeiros notáveis) usou "*fake news*" numa postagem no Twitter[18] para caracterizar uma história da página *The National Report* (conhecida por fabricar histórias em massa para se espalharem com abrangência na internet) sobre uma cidade no Texas que tinha sido posta em quarentena depois de se tornar um foco do vírus de Ebola. Totalmente inventada, a reportagem era uma de muitas publicadas por cerca de uma dúzia de produtores recorrentes de desinformação que imitavam a imagem, o *branding*, do jornalismo profissional, mas cujo conteúdo era falso e capaz de enganar os leitores desavisados. Naquele mesmo ano, vários meses antes, o *Washington Post* criou uma coluna sobre cultura digital chamada "*What was fake on the Internet this week*" (O que é falso na Internet esta semana) para observar, como uma curiosidade, o crescimento desse tipo de enganação nas redes. Eram histórias bizarras sobre novos gostos de biscoito que nunca chegariam às lojas, shows de celebridades em

18 SILVERMAN, Craig. *I Helped Popularize The Term "Fake News" And Now I Cringe Every Time I Hear It*. **BuzzFeed News**, 31/12/2017. Disponível em: https://www.buzzfeednews.com/article/craigsilverman/i-helped-popularize-the-term-fake-news-and-now-i-cringe Acesso em 13/11/2020

cidades minúsculas e bebês com nomes absurdos. O tipo de coisa que meu avô chamava de "anedota". Havia uma parcela relativamente grande de histórias sobre políticos e mortes de pessoas famosas capaz de causar comoção, mas estavam mais para a sátira do que tentativas reais de desestabilizar as crenças das pessoas.

Cerca de um ano depois, em outubro de 2015, a coluna, escrita por Caitlin Dewey, foi encerrada porque, segundo a jornalista, embora a produção de rumores e pegadinhas não tivesse diminuído, o ritmo e tom das *fake news* (aqui o termo era realmente usado com o significado "notícias falsas", pois estas imitavam com alguma fidelidade a produção jornalística) havia mudado.[19] Naquele ano as falsidades eram muito mais fáceis de desmascarar, mas a tendência dos consumidores parecia ser menos a da aceitação pela ignorância ou erro e mais a da aceitação por ódio ou gozo na desgraça alheia. Em 2017, Silverman, refletindo sobre aquela postagem de 2014 e as centenas de milhares de pessoas que acreditaram e compartilharam uma história falsa sobre o Ebola decimando uma cidadezinha no Texas, afirmou que, como membro do Centro Tow para Jornalismo Digital da *Columbia Journalism School* e fundador da agência de checagem de informações *Emergent*, ele usou o termo *fake news* como uma crítica aos agentes da desinformação partindo do ponto de vista de alguém que sabia a diferença entre o trabalho deles e um erro honesto de um jornalista profissional. No entanto, na Era Trump, o termo seria reutilizado como ameaça, como insulto e como arma contra o jornalismo.[20]

19 DEWEY, Caitlin. *What was fake on the Internet this week: Why this is the final column*, **The Washington Post**, 18/12/2015. Disponível em: https://www.washingtonpost.com/news/the-intersect/wp/2015/12/18/what-was-fake-on-the-internet-this-week-why-this-is-the-final--column/ Acesso em 13/11/2020

20 SILVERMAN, Craig. *I Helped Popularize The Term "Fake News" And Now I Cringe Every Time I Hear It*. **BuzzFeed News**, 31/12/2017. Disponível em: https://www.buzzfeednews.com/article/craigsilverman/i-helped-popularize-the-term-fake-news-and-now-i-cringe Acesso em 13/11/2020

A mais antiga referência encontrada na mídia brasileira, em pesquisa[21] na plataforma Google, é da *Folha de S.Paulo*, no dia 13 de agosto daquele ano de 2016. E, de lá para os tweets do então candidato Jair Bolsonaro, antigo adversário de jornalistas e fã assumido de Trump, não demorou muito. No ano da eleição que o levou ao Planalto, o primeiro registro relevante no qual Bolsonaro usou o termo *fake news* foi ao desmentir[22] que levaria Alexandre Frota para o Ministério da Cultura se fosse eleito, mesmo tendo feito um vídeo para suas mídias sociais no qual dizia exatamente isso. A realidade provou que Frota não chegaria ao Ministério, o que deve ter contribuído para o parlamentar abandonar o apoio ao governo. Como deputado federal, Frota passou a maior parte de 2019 e 2020 envolvido em uma série de delações[23] e depoimentos[24] contra a família do presidente, implicando os três filhos mais velhos de Bolsonaro – todos ocupantes de cargos públicos eletivos – na vasta rede de disseminação de desinformação que é determinante, se não para desestabilizar eleições, para manter coesa a massa de partidários do presidente.

Segundo o que apurou a Comissão Parlamentar Mista de Inquérito focada no assunto, há indícios de que ao menos Carlos Bolsonaro e Eduardo Bolsonaro, assim como seus assessores, além de políticos, empresários e outros agentes ligados à família criaram uma grande máquina de criação e propagação

21 *Pesquisa: "fake news"*. **Google.com**. Disponível em: https://www.google.com/search?q=%22fake+news%22&safe=active&rlz=1C1GCEU_pt-BRBR821BR822&biw=1360&bih=657&source=lnt&tbs=cdr%3A1%2Ccd_min%3A4%2F1%2F2016%2Ccd_max%3A5%2F1%2F2016&tbm=nws - Acesso em 06/10/2019

22 CIPRIANI, Juliana. *Após vídeo sobre Frota, Bolsonaro diz que vai acabar com Ministério da Cultura*, **Estado de Minas**, 29/03/2018. Disponível em: https://www.em.com.br/app/noticia/politica/2018/03/29/interna_politica,947798/efeito-frota-bolsonaro-diz-que-vai-acabar-com-ministerio-da-cultura.shtml. Acesso em 06/10/2019.

23 BATISTA Jr., João. *A "prova" de Alexandre Frota contra os Bolsonaro no inquérito do STF*, **Veja**, 27/07/2020. Disponível em: https://veja.abril.com.br/blog/veja-gente/a-foto-da-versao-de-alexandre-frota-no-inquerito-das-fake-news/ Acesso em 10/10/2020

24 BOMFIM, Camila. *Frota depõe à PF e aponta relação direta de Eduardo Bolsonaro com difusão de fake news*, **G1**, 06/10/2020. Disponível em: https://g1.globo.com/politica/noticia/2020/10/06/frota-depoe-a-pf-e-aponta-relacao-direta-de-eduardo-bolsonaro-com-difusao-de-fake-news.ghtml Acesso em: 10/10/2020

de ataques caluniosos a adversários políticos e críticos na esfera civil, mentiras generalizadas acerca de diversos assuntos capazes de gerar polarização, material não-oficial de campanha distribuído de forma digital para burlar as regras e restrições eleitorais e até mesmo a coordenação de eventos físicos de demonstração de apoio a Bolsonaro (durante a campanha e depois da eleição) e repúdio a instituições como o Congresso e o STF, e pedindo intervenção militar (após a eleição). A missão da comissão era investigar "os ataques cibernéticos que atentam contra a democracia e o debate público; a utilização de perfis falsos para influenciar os resultados das eleições 2018; a prática de *cyberbullying* sobre os usuários mais vulneráveis da rede de computadores, bem como sobre agentes públicos; e o aliciamento e orientação de crianças para o cometimento de crimes de ódio e suicídio". No horizonte, buscava-se punição a possíveis infrações e dar nome e rosto aos caluniadores digitais, tudo para levar a uma possível legislação mais moderna e arrojada para lidar com essas ameaças à democracia. Com o nome simplesmente desastrado de CPMI das *Fake News*.

Com o nome como um mal agouro, os procedimentos foram marcados pelo inusitado, o irresponsável, o indecoroso, o criminoso e quase todo tipo de espetáculo político possível. Ex-ministros do governo depuseram sobre sofrer ofensivas virtuais de perfis inautênticos orquestradas por pessoas próximas à Presidência. Deputados que abandonaram a base do governo, como o próprio Alexandre Frota, apontaram os filhos do presidente e seus assessores como os idealizadores do chamado "gabinete do ódio", órgão informal de comunicação digital do governo que planeja, cria e organiza ataques virtuais usando grupos de WhatsApp e Facebook, perfis inautênticos e uma rede de apoiadores para disseminar informações falsas e coordenar postagens ofensivas a qualquer pessoa (jornalistas, desafetos e até outros países). Joice Hasselmann, envolvida numa briga pela liderança do Partido Social Liberal com Eduardo Bolsonaro durante a investigação, não apenas levou suas denúncias contra as "milícias virtuais" para a Comissão, mas apresentou-as no plenário da Câmara num depoimento feito entre lágrimas e, num gesto muito mais frio, retirou bolsonaristas filiados a seu partido da CPMI, onde o PSL agia até então como tropa de choque na proteção dos Bolsonaro. Empresários e assessores de campanha depuseram negando conhecimento e envolvimento com criação e disseminação de *fake news*, mas poucos depoimentos tiveram o impacto da fala de um ex-funcionário de uma das empresas apontadas como responsáveis pelos disparos em massa de desinformação com apelo político e fraude no período eleitoral chamado Hans River do Rio Nascimento.[25]

Demitido pela firma de marketing digital Yacows, River foi procurado pela jornalista Patrícia Campos Mello, que investigava a participação de outras empresas desse ramo e, de acordo com documentos apresentados pela jornalista e pela *Folha de S.Paulo*, foi assim que ela se apresentou a ele. No entanto, para a CPMI, River contou uma história muito diferente. Disse que a jornalista o contactou demonstrando interesse por um livro que ele estava lançando e que depois ofereceu favores sexuais em troca de acesso a um computador pessoal que continha informações sobre seu ex-empregador. Nada do que foi dito naquele dia pode ser comprovado (MELLO, 2020, p.79-83). Muito pelo contrário, há evidências mais do que suficientes para desmentir todo o depoimento. Apesar disso, como é da natureza do momento de pós-verdade, a mentira teve maior repercussão e abrangência do que

25 BBC NEWS BRASIL. *Os principais momentos da CPMI das Fake News, que ampliou racha na base de Bolsonaro*, **BBC.com**, 06/03/2020. Disponível em: https://www.bbc.com/portuguese/brasil-51745900 Acesso em 10/10/2020

a verdade e, logo, os filhos do presidente faziam estardalhaço com o ocorrido nas redes sociais e o presidente da República fazia piadas, apelando para o trocadilho "dar o furo" na frente de seus apoiadores de plantão no Planalto.

Depois destes e outros momentos escandalosos, a CPMI foi eclipsada no ideário popular pela pandemia do coronavírus. Então, após longos embates políticos entre o governo federal e o Legislativo para barrar as investigações ou desacreditar o processo, ela prosseguiu por todo o ano de 2020 em estado semicomatoso. A comissão só teve força para nascer e se manter porque, durante as eleições e no primeiro ano de governo, muitos dos políticos do chamado Centrão, um grupo grande, mas de afiliação informal entre partidos ideologicamente desalinhados, do qual depende muito da governança do país, foram vítimas preferencias das milícias virtuais lideradas pelo "gabinete do ódio". Ao longo do ano, a articulação do presidente por apoio no Congresso teve vitórias significativas, inclusive porque, prodigiosamente, Bolsonaro conseguiu manter sua popularidade no ápice se distanciando das consequências mórbidas do caos na administração da crise causada pela COVID-19. Conquistando figuras-chave do Centrão, como o deputado Arthur Lira, líder do Partido Progressista, que buscava substituir Rodrigo Maia, do Democratas, na Presidência da Câmara dos Deputados, o presidente firmou alianças com aqueles mesmos deputados que, anteriormente, eram a base de sustentação da CPMI. Próxima de poder apresentar conclusões incriminadoras para todo o clã Bolsonaro, a comissão esbarra com a realidade de que muitos dos seus antigos apoiadores já não têm interesse na sua existência e os líderes do governo na Câmara e no Congresso, intimamente próximos dos principais suspeitos da investigação, ocupavam cargos de liderança dentro da CPMI até o momento em que ela foi suspensa sob o pretexto de respeitar o distanciamento social imposto pela pandemia, lançando uma pesada sombra sobre os procedimentos. "Quando nós começamos a CPMI, a bancada do governo repetia que *fake news* não existia no Brasil. Hoje, não há dúvida de que existe," afirmou ao *Congresso em Foco* a deputada Lídice da Mata (PSB-BA), relatora da comissão, apresentando isso como resultado positivo dos trabalhos.[26] Uma conquista dúbia.

O termo *fake news*, como muitas das narrativas contidas nas peças de desinformação que recebem esse rótulo, depende de um processo social e comunicacional complexo para ser aceito como realidade, quer políticos aceitem sua existência ou não. Parte deste processo, o uso do termo por jornais e jornalistas como os da *Folha de S.Paulo* foi crucial para a aceitação dele pela sociedade em geral. A pesquisa e análise de matérias jornalísticas publicadas pelos veículos do *Grupo Folha*, do dia 15 de agosto de 2018 até 1º de janeiro de 2019, e períodos semelhantes nos quatro anos anteriores, envolveu a detecção e quantificação das menções dos termos-chave "fake news", "notícias falsas" e "pós-verdade" exatamente com o objetivo de monitorar esse processo. Ficou claro pelo resultado da pesquisa que o crescimento do número de usos dos termos conexos aos pilares da pós-verdade com a passagem do tempo não foi uma coincidência, mas um produto de uma estratégia comunicacional dos círculos do poder que tinham um interesse em popularizá-los ao mesmo tempo que disseminavam informações falsas.

No seu âmago, o meu entendimento é no sentido de que o jornalismo não criou a assombração das *fake news* nem

26 CALIXTO, Larissa. *Relatora da CPMI das fake news vê ameaça em aliança entre governo e Centrão*, **Congresso em Foco**, 28/11/2020. Disponível em: https://congressoemfoco.uol.com.br/legislativo/relatora-da-cpmi-das-fake-news-ve-ameaca-em-alianca-entre-governo-e-centrao/ Acesso em 10/12/2020

incentivou seus detratores e algozes a tentar de várias formas destruí-lo. Isso seria como culpar a vítima de um crime pelo crime, colocando o criminoso em segundo plano, como um aproveitador de uma oportunidade. Apesar disso, o jornalismo alimentou esses fatores. Não poderia ter deixado de alimentá-los, talvez, e vamos falar disso quando olharmos mais de perto a natureza da indústria de notícias e sua conexão com seus atuais predicamentos. O jornalismo abraçou o termo *fake news*, fez propaganda eleitoral gratuita para figuras que declaradamente queriam desqualificá-lo, deu espaço em suas páginas para todas as narrativas que buscavam fazê-lo perder a confiança do público e, no processo, reproduziu em suas páginas, com as devidas correções ou não, diversos conteúdos de desinformação.

Essa não é uma grande novidade na esfera da comunicação política. Diversas pesquisas e esforços de pessoas de prestígio estão em curso desde 2015 para desvendar os segredos sobre as campanhas de desinformação e de ataques ao jornalismo. A diferença são os ângulos de aproximação, por assim dizer. Durante a campanha eleitoral de 2018, o Atlantic Council e o seu Centro Adrienne Arsht para a América Latina, uma organização sem fins lucrativos que observa situações e apresenta pautas ao governo dos Estados Unidos com o objetivo de solidificar posicionamentos diplomáticos e legislativos por soluções para problemas globais, incluíram o Brasil entre os países nos quais eles atuam monitorando e capacitando jornalistas locais para identificar e entender *fake news* para compreender a estratégia e objetivos de possíveis campanhas de desinformação.[27] Logo após a votação do segundo turno, a Avaaz, especializada em campanhas de mobilização por

27 BERCITO, Diogo. *Pesquisa monitora notícias falsas na eleição*; **Folha de S. Paulo**, 09/09/2018. Disponível em: https://www1.folha.uol.com.br/poder/2018/09/pesquisa-monitora-noticias-falsas-na-eleicao.shtml Acesso em: 16/11/2020

políticas globais e apoiada por uma fundação sem fins lucrativos, encomendou uma pesquisa que visava apontar o impacto das *fake news* entre os eleitores brasileiros.[28] O levantamento, feito pela IDEA Big Data com 1.491 pessoas apontou que não apenas as peças de desinformação tiveram um vasto alcance nacional, mas 89,77% do eleitorado que apoiou o candidato vencedor, Jair Bolsonaro, acreditava na veracidade do conteúdo dessas peças, como a que dizia que as urnas eletrônicas estavam fraudando votos para favorecer Fernando Haddad, o candidato do PT. Essa peça de desinformação em particular é uma das mais utilizadas pelo governo Bolsonaro e pode ser uma das chaves da campanha dele à reeleição em 2022.

Com outro foco, alguns jornalistas prestigiados começaram pesquisas mais objetivas e menos teóricas sobre quem era na realidade responsável pela produção e disseminação da desinformação. Foi o caso da repórter Patrícia Campos Mello no Brasil, com um trabalho que acabou central à minha própria pesquisa, – decididamente muito mais teórica que a dela – e da filipina Maria Ressa. O prestígio dos jornalistas é parcialmente apoiado na truculência dos regimes aos quais eles se opõem e, nesse quesito, poucos conseguem a estatura de Maria Ressa e sobrevivem.

Rodrigo Duterte, o atual presidente das Filipinas, fala abertamente da sua guerra contra as drogas na qual traficantes e usuários merecem execuções sumárias em igual medida. Milhares de pessoas foram mortas e outras tantas estão desaparecidas. Sobre jornalistas, além de usar palavrões para classificá-los, Duterte gosta de dizer que eles não estão "acima de serem assassinados" e é conhecido por usar uma vasta rede de desinformação para comandar seus apoiadores, se

28 PASQUINI, Patrícia. *90% dos eleitores de Bolsonaro acreditaram em fake news, diz estudo*; **Folha de S. Paulo**, 02/11/2018. Disponível em: https://www1.folha.uol.com.br/poder/2018/11/90-dos-eleitores-de-bolsonaro-acreditaram-em-fake-news-diz-estudo.shtml Acesso em: 16/11/2020

comunicando através de influenciadores radicais, contas inautênticas e robôs, formando milícias virtuais que promovem o linchamento da reputação de seus críticos. Ressa, alvo frequente destas milícias, também é perseguida pelo sistema institucional do Estado, tendo sido presa duas vezes, pago fiança para evitar o encarceramento outras oito e, em 2020, tendo sido condenada de forma extremamente atípica pelo crime de "cyber-difamação".[29]

É importante mapear as redes de desinformação pois, segundo ela, os ambientes virtuais em que os assassinatos de reputações acontecem se beneficiam de algoritmos que não diferenciam mentiras de fatos e por isso os agentes da desinformação usam a as redes sociais para poluir a internet com informação falsa contra os jornalistas, levando a ataques no mundo real.

Seja por causa de pessoas ou grupos violentos intimidando os profissionais, seja por governos agindo contra eles com a chancela de uma parcela da população mais suscetível a ser manipulada, identificar a desinformação e suas origens, responsabilizando as redes sociais juntamente com aqueles as utilizam para disseminar falsidades, é essencial para expor as intenções e objetivos desses agentes – maliciosos ou não – aos olhos do público, para que as pessoas vejam que há tentativas de manipulá-los.[30] Mesmo sendo que, na pós-verdade, os apoiadores partidários parecem cada vez mais imunes a este tipo de revelação, mantendo-se fiéis a agentes que tentam manipulá-los mesmo quando confrontados com provas.

---

29 GUTIERREZ, Jason; STEVENSON, Alexandra. *Maria Ressa, Crusading Journalist, Is Convicted in Philippines Libel Case*; **The New York Times**, 14/06/2020. Disponível em: https://www.nytimes.com/2020/06/14/business/maria-ressa-verdict-philippines-rappler.html?utm_source=dailybrief&utm_medium=email&utm_campaign=DailyBrief2020Jun15&utm_term=-DailyNewsBrief Acesso em: 16/11/2020

30 PINTO, Ana E. de S.; *Entrevista da 2ª: 'É preciso mapear as redes que estão espalhando fake news', diz jornalista filipina premiada*; **Folha de S. Paulo**, 17/12/2018. Disponível em: https://www1.folha.uol.com.br/mundo/2018/12/e-preciso-mapear-as-redes-que-estao-espalhando-fake-news-diz-jornalista-filipina-premiada.shtml Acesso em: 16/11/2020

Tanto a estratégia que escolhi, de analisar de forma mais acadêmica o impacto dos mecanismos de desinformação, como a atuação de Ressa e Campos Mello de investigar e expor estes mecanismos, assim como outras formas de pesquisar sobre *fake news* são, claro, válidas e importantes. A minha curiosidade, no entanto, que outras abordagens não conseguiam satisfazer, era se os jornais, inadvertidamente usando termos de ataque contra eles mesmos, estavam ajudando as próprias forças desinformantes que buscavam combater. Estaria o discurso do noticiário alimentando o ideário da pós-verdade e garantindo a prevalência dela? A verdade é que o jornalismo, como todas as instituições anteriores ao pensamento pós-moderno e a nossa era de comunicação digital de massas, faz parte dos processos de tensão de legitimação dos enunciados, então, ao mesmo tempo que a disseminação de informações e checagem do que era veiculado na internet estava atingindo o objetivo dos jornalistas de responsabilizar os agentes, reverter os efeitos da desinformação e fortalecer as reputações de veículos, dos especialistas e do conhecimento científico, os próprios veículos tradicionais publicavam ideias capazes de desestabilizar, ocultar e garantir a eficácia das *fake news*. O pensamento pós-moderno e o conceito de legitimação do conhecimento são a chave para a compreensão da pós-verdade.

A minha pesquisa revelou que a distribuição das matérias publicadas na *Folha* que investigavam termos conexos ao tema *fake news*, ao longo dos cinco meses da campanha presidencial, não foi uniforme. Nos últimos 17 dias de agosto de 2018, foram publicadas 48 matérias que se encaixam ao perfil pesquisado. Os números cresceram para 55 em setembro, e para 183 em outubro, mês no qual ocorreram de fato as votações. Este pico, e foi de fato o ápice numérico das ocorrências de uso dos termos relevantes, poderia levar a uma série de especulações, incluindo a vontade dos jornalistas de trazer atenção aos temas ou mesmo de influenciar o resultado das eleições, mas o conteúdo das reportagens apontava para uma verdadeira campanha de desinformação e repercutia o uso dos termos no mundo real. O que vale observar é que os temas indiscutivelmente se popularizaram em razão dos eventos considerados efetivamente pertinentes à cobertura no período eleitoral pelos editores do jornal. Na sequência, 73 matérias foram publicadas no mês de novembro e, por fim, 52 em dezembro.

Não obstante isso, os profissionais da *Folha de S.Paulo*, além de dividir uma redação, compartilham, primeiro, o olhar guiado por uma orientação editorial única e, segundo, de uma ética e uma formação profissional ditada explicitamente por uma publicação, elemento único e documento ímpar no jornalismo brasileiro, o *Manual de Redação da Folha*. Assim, mesmo que não possamos dizer que olhar para um é olhar para todos, há comunalidade suficiente para podermos fazer uma análise do posicionamento do jornal a partir de uma porção significativa da sua produção. Afinal, as notícias das autoras selecionadas – três nomes que representam 2% de todos os profissionais cujo trabalho entrou no corpo da pesquisa – representam mais de 13% de todos os textos que se encaixaram em todos os critérios da pesquisa.

Podemos, também, especular sem muito receio de conduzir o leitor ao erro que os profissionais estavam unidos mais do que nunca naquela cobertura, considerando que Otávio Frias Filho, diretor de redação da *Folha* e filho do reverenciado Octávio Frias de Oliveira, faleceu seis dias após o fechamento de registro para as chapas eleitorais. A morte dele e a ascensão de sua irmã, Maria Cristina Frias, cristalizaram a missão dos jornalistas do veículo e seguraram uma convulsão administrativa, que eventualmente sacudiu o jornal e todo o *Grupo Folha*, até o início de 2019.

As matérias citadas que foram o objeto da pesquisa foram, em sua maioria, baseadas em conteúdo jornalístico corriqueiramente tipificado como *hardnews* – matérias focando em questões de consideração pública atual, relatos factuais de eventos públicos, questões sociais e controvérsias que tenham impacto na audiência, feitas e entregues ao público consumidor de forma rápida ou previsivelmente agendada[31] – mas também foram considerados para compor o escopo do trabalho os textos opinativos das páginas de editoriais do jornal, que explicitam a visão e direção da própria publicação, ou de autores especialistas, cuja opinião serve como apoio ou contraste à posição institucional da *Folha*. Foram excluídos, no entanto, textos opinativos publicados em colunas, pela suposição de que a opinião dos colunistas goza de certa independência das posições do veículo, assim como pelo fato de que são textos mais estreitamente identificados com os colunistas, cujos nomes e imagens aparecem no topo das páginas e, portanto, podem ter impacto diferenciado na audiência.

Depois de delimitado o perfil e peneirado o número de textos, só restou fazer a nossa análise para, essencialmente, responder à pergunta "O que dizem os números?", que supostamente não mentem, e, depois, "O que isso quer dizer?". O objetivo de quantificar as matérias que mencionam *fake news* e notícias falsas com o mesmo sentido de informações jornalísticas falsificadas como contrainformação, quantas mencionam *fake news* e notícias falsas no contexto de ataque à reputação de indivíduos ou veículos de imprensa e quantas abordam o tema da pós-verdade, era entender como estes termos cresceram em

31 SCOTT, David K.; GOBETZ, Robert H. Hard news/soft news content of the national broadcast networks, 1972–1987. **Journalism quarterly**, v. 69, n. 2, p. 406-412, 1992.

relevância cultural durante os anos imediatamente antecedentes ao início do governo Bolsonaro em 2019 e o que, de fato, este crescimento pode representar.

As particularidades do processo de desinformação conduzido durante as Eleições de 2018 excluem boa parte do material classificado como *fake news* da definição presumida pela tradução direta do termo. Não são "notícias falsas", porque jamais se passariam por "notícias". Não possuem o formato, a linguagem ou qualquer dos elementos comumente associados com a práxis jornalística. Da mesma maneira, a aglutinação dos diferentes tópicos sob um mesmo termo, que busca uniformizá-los, concede legitimidade à narrativa que equaciona todas as formas de contrainformação, indo da mais sofisticada à mais, nos termos do pesquisador Ivan Paganotti, "tosca" (PAGANOTTI, 2019), à produção jornalística legítima, mas contestada por ser crítica de agentes poderosos.

O jornal se inseriu, portanto, num contexto em que a mídia jornalística está sob ataque por criticar e apurar corretamente, por uma sensibilidade extrema a erros corriqueiros e vieses naturais dos profissionais, e por um discurso institucionalizado dentro do próprio jornalismo que o iguala à produção maliciosa de mentiras projetadas para criar confusão no público leitor ao chamar mentiras de *fake news*.

As reportagens, sob a ótica da teoria de Jean-François Lyotard de legitimação (LYOTARD, 2018, p.11-15) e deslegitimação (Ibid., p.69-74) de narrativas, foram analisadas buscando identificar posicionamentos sobre seis temas: informações divulgadas dentro e fora dos veículos jornalísticos tradicionais apontadas por pessoas de fora da *Folha* como sendo suspeitas; corroboração ou contestação de ataques à autoridade ou confiabilidade de veículos jornalísticos; validação e respeito ou impugnação e ridicularização de posições expressas por pessoas que falam de uma posição de autoridade embasada em conhecimento científico ou acadêmico específico acerca dos eventos noticiados; validação ou contraposição a narrativas baseadas em evidência ou fato científico; atribuição de autoridade ou reprovação, embasada na validação científica das suas credenciais ou pela atribuição indevida, baseada em ideologia; avaliação de culpabilidade, responsabilidade ou dolo de pessoas que divulgam ou criam informações falsificadas, ou chamado por consequências. Estes temas foram escolhidos pela sua conexão com os elementos de base da pós-verdade.

O discurso da maioria das reportagens busca legitimar três destes temas: a responsabilização de agentes propagadores de *fake news*; as alegações de intelectuais e especialistas; e o reconhecimento ou reprovação de atribuições de autoridade. Por outro lado, as micronarrativas contidas na maioria das reportagens selecionadas deslegitimam os temas das alegações feitas como ataque às mídias jornalísticas, da valorização de emoções e vieses cognitivos e das informações veiculadas cuja veracidade as matérias buscam aferir.

Os veículos jornalísticos, por seu formato, apresentam uma forma de pensamento acadêmico, crítico e focado em evidência, que é popular apesar de manter estas características capazes de legitimar enunciados e verificar a autoridade dos enunciantes. Nos resultados da pesquisa usando as matérias jornalísticas, primeiramente pode-se concluir que a *Folha* faz uma escolha pelo termo *fake news* que, consciente ou não, já é de relevância para considerar seu papel na construção da pós-verdade. Ao se alinhar ao discurso largamente veiculado que iguala todos os aspectos de desinformação, contrainformação e ataques aos veículos jornalísticos, o jornal opta por priorizar o entendimento rápido do assunto de uma forma generalizada em detrimento de uma compreensão específica dos atos que foram noticiados.

Em textos como "TSE manda remover da internet 35 'fake news' que atacam Haddad",[32] de autoria de Letícia Casado, a legitimação dada ao discurso racional e baseado em evidências vem acompanhada de material que pode compelir exatamente o tipo de reação que a reportagem expressamente busca combater. Neste exemplo, a decisão do TSE é apresentada como desapaixonada e equilibrada, com o objetivo de desmentir material de desinformação que buscava escandalizar o público. Mas também, ao sensacionalizar o caso e reapresentar o conteúdo fraudulento na íntegra, a reportagem oferece legitimação a esses chamados à emoção, além de usar no título o termo *fake news* para descrever conteúdo mentiroso, falacioso e fabricado que, em muitos casos, não possui coincidência nem no fazer, nem na aparência, nem no conteúdo com notícias.

Nesta análise não se desconsiderou o pensamento de Jacques Derrida, outro dos grandes pensadores do pós-modernismo, e sua teoria da desconstrução. Até certo ponto, é sua perspectiva quanto à verdade, que propõe uma noção divisível – compartimentada, na qual não existem grande verdades, mas pequenas evidências sobre a realidade compartilhada em pequenos grupos – e de definição imprecisa que permanece, sem dúvida, relevante. Isso serve para determinar alguma base de atuação da pós-verdade já que, segundo Stuart Sim:

> "[E]la descreve o que os pós-verdadeiros aspiram a, para estabelecer algum semblante de credibilidade com sua audiência; como se a aparência da verdade fosse tudo que importa, a habilidade de produzir efeitos para gerar uma pré-requerida resposta emocional. Enquanto as notícias falsas tiverem o efeito da verdade, isto será o suficiente para apoiadores de tipos como Trump. Para o desconstrutivista, no entanto, tudo que

32 CASADO, L. TSE manda remover da internet 35 'fake news' que atacam Haddad. **Folha de S. Paulo**, 06/10/2018. Disponível em: https://www1.folha.uol.com.br/poder/2018/10/tse-manda-remover-da-internet-35-fake-news-que-atacam-haddad.shtml. Acesso em: 02/10/2019

efeitos-verdade fazem é mascarar a falta de completa presença de significado[33] (SIM, 2019, p.101, tradução nossa).

O filósofo francês propôs, só para tentar condensar aqui algo importante para entendermos a construção da nossa percepção de realidade, que certas mensagens já estão suficientemente enraizadas em nossa sociedade e, portanto, que sua aparição, mesmo que esvaziada de um conteúdo factual (ou seja, mesmo que nada representem ou apareçam associadas com ações ou fatos opostos a seus sentidos), geram uma resposta repetida com certa consistência previsível. É impossível medir se é algo premeditado ou correspondente, mas muitos especialistas apontam para a atuação política moderna nas redes sociais se apropriando deste método, representando a forma ou evocando a ideia de alguma outra coisa para causar no público a reação controlada.

Outro embasamento teórico relevante para a análise presente em Derrida é a crítica textual focada nas ambiguidades, omissões e contradições como lacunas de presença de significado. Esse método permite que não apenas o que é dito nas reportagens, mas também o que não é dito ou o que é dito de forma obtusa ou obscura, possa se tornar revelador a partir do seu contexto. Ou seja, se um tema é abordado de uma determinada forma, esta forma específica não é o único objeto da análise, mas também a escolha por ela e não por outras possíveis. A escolha de uma palavra e não outra é relevante. Se o candidato Bolsonaro prometia uma "limpeza" no país para acabar com os "bandidos vermelhos", a escolha destes termos tem significado.[34]

O problema, na minha visão, com o pensamento de Derrida é no sentido de desconsiderar a capacidade da asserção

---

33 SIM, Stuart. Postmodern Relativism: Jean-François Lyotard Versus Jacques Derrida. In: **Post-Truth, Skepticism & Power**. Palgrave Macmillan, Cham, 2019. p. 97-123.

34 MARQUES, José. *Folha é a maior fake news do Brasil, diz Bolsonaro a manifestantes*; **Folha de S. Paulo**, 21/10/2018. Disponível em: https://www1.folha.uol.com.br/poder/2018/10/folha-e-a-maior-fake-news-do-brasil-diz-bolsonaro-a-manifestantes.shtml Acesso em 21/11/2020

da verdade em estabelecer sentidos e é por isso que acho mais apropriado utilizar a probabilidade, como em Lyotard, para dar base às nossas certezas. Afinal, é difícil termos plena certeza daquilo que não experimentamos diretamente e mesmo o empiricismo pode acarretar conclusões errôneas. Então, faz sentido pensar no que é mais provavelmente verdadeiro. É também uma imunização contra as teorias da conspiração que muitas vezes formam o conteúdo da desinformação, já que são logicamente improváveis.

A abordagem pragmática de Lyotard para fazer julgamentos de valores, onde cada julgamento é feito caso a caso, sem buscar uma prescrição universal de regras é extremamente interessante. É difícil de reproduzir, já que ao produzir categorias eu busquei aglutinar os exemplos sob alguns temas, mas foi um norte a seguir. Em outra distinção do pensamento de Derrida, assumo que seria pouco frutífero considerar as questões postas pela minha pesquisa sem poder valorar as ações tomadas pelos jornalistas, pelos agentes políticos – tanto disseminadores quanto elaboradores de desinformação – e as situações relatadas nas reportagens, as interações sociais que elas envolvem e a realidade compartilhada construída a partir de todos estes elementos.

Importantíssima, no entanto, é a visão do filósofo quanto ao conceito da legitimação do saber, como reintrodução do relato como validade do saber (LYOTARD, 2018, p. 56). Um conhecimento legitimado é um pensamento ou teoria ou *enunciado* que se torna válido além do campo do que é verificável por fatores que não fazem parte dele. Pode ser uma validação pois o emissor do conhecimento é um especialista reconhecido ou porque especialistas reconhecidos dão seu aval ao que é posto por um outro emissor. Pode ser uma validação porque um grupo concorda que aquilo é o certo, o real ou o mais provável. Há muitas formas de legitimar ideias e, da mesma forma, conhecimento pode ser deslegitimado usando os mesmos critérios, com enunciados sendo rejeitados por especialistas ou por grupos e, portanto, nunca se consolidando como saber e permanecendo como narrativa. A partir destes pensamentos, tentei identificar como o jogo de linguagem da *Folha de S.Paulo* ajuda a legitimar ou deslegitimar informações classificadas como *fake news*, ataques a autoridade de especialistas e ao jornalismo dentro dos discursos individuais de cada matéria, e como esse processo e o acúmulo de mensagens de diferentes níveis de veracidade e as narrativas de legitimação e deslegitimação, destas e de seus defensores e detratores, se tornam a própria matéria prima da pós-verdade.

A visão de como a percepção social da realidade se constrói que assumi se identifica com o pensamento de Lyotard, como apresentado no livro "A Condição Pós-Moderna" e por Sim,[35] por perceber que estou inserido num contexto histórico que molda o discurso – e, portanto, a percepção da realidade – e por não querer permitir que a ausência de uma certeza absoluta, sobre o que quer que seja, inviabilizasse minha capacidade de me posicionar politicamente sobre as questões. Mais importante ainda, o entendimento de Lyotard de que há o conhecimento legitimado pela autoridade de especialistas catedráticos, o chamado conhecimento científico, cujo único objetivo é fornecer informações ao sujeito, assim como o conhecimento legitimado pelo bem que realiza a serviço da comunidade (Ibid., p.65.) é central a como eu, também, me oriento sobre o que é real. Como veremos adiante, quando discutirmos sobre teoria do jornalismo, o conhecimento

35 SIM, Stuart. Postmodern Relativism: Jean-François Lyotard Versus Jacques Derrida. In: **Post-Truth, Skepticism & Power**. Palgrave Macmillan, Cham, 2019. p. 97-123.

gerado e veiculado por meios jornalísticos existe em ambas essas facetas, como já mencionamos anteriormente: é tanto a informação de serviço público quanto o discurso legitimado de autoridades enunciantes.

Curiosamente, da necessidade de legitimação pode surgir a deslegitimação. Se um determinado saber busca legitimação num discurso que é refutado como mera narrativa, como ideologia, ele é deslegitimado. Na própria ciência, o caráter especulador e contestador que legitima esses relatos como conhecimento científico também cria um ceticismo que o mina, que o nega como conhecimento positivo. Ou seja, a necessidade de contestar o saber posto pelas autoridades, pela experimentação e pela verificação, ao mesmo tempo que confirma este saber, também cria um perene estado de desconfiança que trata de desvalorizá-lo (Ibid., p.69-71). Esse preceito também é bastante visto nos discursos de todos os lados na pós-verdade, quando os atores demonstram incrível agilidade para alegar que fatos que contrariam seus interesses são apenas parte de alguma narrativa. Não é preciso desmentir, nem provar qualquer coisa, nem sequer negar. É apenas preciso dizer, com toda razão, que qualquer coisa é narrativa, como se fosse impossível narrar a verdade. É como uma tentativa de bloquear a articulação e expressão do real, mas que funciona, porque realmente impede a consolidação dos enunciados em um saber.

Da mesma forma, a legitimidade dada ao discurso pela autoridade do seu enunciante é ligada à autonomia e emancipação do indivíduo. Engajados em prática ética, social e política. O que acontece quando estes não estão engajados nesta prática ética, no entanto? Quando esta legitimidade é revelada como um jogo de linguagem com regras próprias, atreladas à competência do falante e sem vocação natural para afetar as regras práticas, sendo apenas um discurso ou narrativa, ela fica equiparada a todas as outras falas. No mundo em que todas as vozes recebem o mesmo espaço na esfera pública através dos meios sociais digitais, isso complica muito mais as coisas. Em termos mais claros, quando a especialidade e autoridade legitimam o verdadeiro sem preocupação se este é também justo, se não há preocupação com como esta verdade serve ao todo da sociedade, ocorre o que Lyotard chama de deslegitimação por emancipação. Mas o que ocorre hoje é a deslegitimação por percepção dos emancipados. A liberdade das pessoas em avaliar as ações dos especialistas e autoridades também permite que elas avaliem de forma errada, ou aceitem – como vamos debater mais adiante – a avaliação de alguma outra pessoa dentro do grupo da qual elas fazem parte que não possui capacitação ou especialização para fazer uma avaliação correta.

Um saber científico, na visão do filósofo, não pode ser legitimado apenas pela fala das autoridades do campo, nem podem essas autoridades legitimar saberes em outras áreas. As regras de legitimação das narrativas são diferentes das regras para o conhecimento científico, pois elas se auto autorizam por métodos retóricos e pragmáticos naturais à sua própria transmissão (Ibid., p.49). Uma das questões centrais da pós-verdade, talvez, seja que os mecanismos de legitimação e deslegitimação se tornam confusos, por misturar conceitos sobre quem possui a autoridade de legitimar os enunciados, o que pode torná-los verdadeiros ou não, justos ou não, e como podem ser deslegitimados. Um enunciado científico só é verdadeiro se é verdadeiro sempre (na questão da reprodutibilidade do experimento científico), mas e um não-científico, tem que passar pelo mesmo teste? E um enunciado científico pode ser deslegitimado simplesmente no jogo da interação comunicacional? Na pós-verdade, a resposta a estas perguntas é "sim", pela confusão de critérios e atribuição de autoridade indevida. A exceção nunca "comprova a regra", como diz o velho conhecimento popular, ou só o faz quando existe um capital social a ser conquistado dentro de um grupo com esta comprovação. E as descobertas científicas passam a serem legitimadas apenas quando podem compor e apoiar narrativas pré-existentes dentro dos grupos.

De uma forma que poderia ser considerada natural, as forças que buscam se apossar do poder precisam subverter alguns dos valores dos detentores do poder e nosso entendimento da realidade tem muito de coincidente com a legitimação dada a certos enunciados. Segundo Lyotard:

> O Poder (...) legitima a ciência e as leis com base na sua eficiência, e legitima esta mesma eficiência com base na ciência e nas leis. (...) Desta forma, o crescimento do poder e a sua autolegitimação agora estão tomando o rumo do acúmulo de dados, acessibilidade e a operacionalidade da informação (LYOTARD, *apud* BENHABIB, p.109).[36]

A forma como os insurgentes encontraram um ponto de sustentação no novo mundo interconectado, que opera de fato com a acumulação de dados pessoais e a operacionalidade da informação, é expor, por um lado, a natureza desta autolegitimação como narrativa que se autoalimenta enquanto busca desmantelar a confiança das pessoas nos elementos que funcionam como pilares. É de conhecimento comum de qualquer pessoa que frequenta a internet de que há um discurso vigente quanto à inadequação das leis (e dos Poderes do Estado em fazê-las valer ou mudá-las para atender a anseios da população) e contra a ciência, como exploraremos mais quando falarmos do anti-intelectualismo.

36 BENHABIB, Seyla. *Epistemologies of postmodernism: A rejoinder to Jean-Francois Lyotard,* **Feminism/Postmodernism.** Routledge, Chapman & Hall Inc., Londres, GB, ed. 1, 1990, p.107-109

É com um certo pesar que informo que vamos apenas tangenciar um ponto, talvez central, desta discussão, que é a substituição filosófica da consciência pela comunicação, mas este é outro paradigma social que deveria estar posto a todas as pessoas que observam ou participam das nossas – todas – interações sociais. Acho que testemunha contra a minha pessoa, de certa forma, que me entristeça não poder me aprofundar neste assunto, mas este livro é, afinal, sobre desinformação e jornalismo, não sobre filosofia. Assim, temos que considerar que há muito menos espaço para a introspecção e análise do nosso universo interior no mundo moderno do que temos ferramentas para garantir nossa constante conexão com o outro. Somos constantemente alimentados com informações e, de fato, a análise do impacto desta comunicação constante com número cada vez maior de pessoas, empresas e outras entidades digitais na nossa consciência se tornou uma preocupação menor ou uma das áreas automatizadas do mundo moderno para a maior parte da sociedade. Isso não significa, no entanto, que essa consideração é insignificante.

Lyotard teoriza que a emissão do enunciado, ou seja, o ato da fala ou de escrever imediatamente coloca o agente emissor no papel de "sabido" ou "conhecedor" daquilo que ele fala ou acerca daquilo que ele fala, enquanto o recebedor – o ouvinte, receptor ou leitor – é colocado na posição de aceitar ou rejeitar o enunciado. Mesmo que não exista preocupação na teoria de Lyotard quanto ao processo de aceitação ou rejeição, este processo de reflexão interna é a chave para o fim da pós-verdade. Da mesma forma, a atribuição de autoridade ao emissor deveria acontecer, pelo menos, num processo de duas etapas: uma de validação, quanto à atribuição de autoridade sobre alguma coisa dada a alguém, e outra de poder, quanto à capacidade de exercer a autoridade atribuída.

Para ser claro, Lyotard parece sugerir,[37] em oposição a este processo de atribuição, que apenas aqueles capazes de exercer autoridade são imbuídos dela. No entanto, eu creio que este não é o caso. Acho que, para a nossa realidade, a visão que mais se aproxima da verdade é que toda pessoa que se propõe a produzir enunciados acerca de qualquer assunto se atribui a autoridade e todo receptor fica incumbido de passar julgamento sobre esta autoridade. Só que, com a velocidade da informação digital e a demanda de ritmo de consumo imposta pelas mídias que entregam esta informação, não há tempo nem motivação de fazer uma verificação antes de julgar. O receptor raras vezes teria o tempo, a paciência ou o interesse em descobrir se qualquer pessoa na internet tem as credenciais procedimentais, normativas e embasadas para tecer comentários acerca de qualquer assunto. O volume de fluxo da comunicação e a ressonância emocional – a identificação afetiva – com as mensagens substitui a reflexão, não por ser um procedimento alternativo a ela, mas por roubar de nós o espaço que ela ocuparia no nosso processo decisório.

O contexto da teoria de Lyotard é um mundo em que a comunicação em massa, ou seja, a que vai além das conversas, telefonemas e correspondências, era feita por pouquíssimos emissores para milhões de receptores. Era o sistema das transmissões de rádio, televisão, jornais, revistas e cinema. Neste momento histórico, era fácil misturar (não confundir) a atribuição de autoridade com o poder de exercer autoridade e com de fato ter a autoridade embasada e legitimada para enunciar. Parte do caos comunicacional atual é que a comunicação de massa da internet transformou todos os emissores em receptores e vice-versa, acelerando o processo informacional de tal

37 BENHABIB, Seyla. *Epistemologies of postmodernism: A rejoinder to Jean-Francois Lyotard,* **Feminism/Postmodernism.** Routledge, Chapman & Hall Inc., Londres, GB, ed. 1, 1990, p.115-116

forma que ninguém tem a capacidade de discernir quem de fato está tomando de forma inapropriada a autoridade para propor enunciados sobre cada tema.

Nas redes digitais, há até mecanismos postos para substituir este julgamento, que deveria ser o foro mais íntimo da intelectualidade individual, como por exemplo o *blue checkmark* do Twitter. O sistema de verificar os usuários e atribuir-lhes um significador visual que, supostamente, o estabelece como destacado entre os demais e confere a ele autoridade em todas as suas manifestações, não apenas na sua área de especialidade. Fica a cargo dos usuários verificados pelo Twitter usar de forma responsável suas comunicações na rede para transmitir conhecimento verdadeiro sobre aqueles assuntos dos quais ele possui conhecimento fundamentado. Ele usa a plataforma assim? Ou usa para seu divertimento descomprometido? E quem o lê, tem preservado o seu direito de tirar suas próprias conclusões ou passa, rapidamente, à postagem seguinte e internaliza aquela mensagem, qualquer que seja a veracidade ou acurácia do seu conteúdo?

Uma das questões da pós-verdade é a transformação dos processos de legitimação e atribuição de autoridade, que dificultam a capacidade da sociedade como um todo de produzir consensos e gerar conhecimento ao mesmo tempo em que o fenômeno da miopia dos receptores quanto a propriedade da fala dos emissores – e aqui a comparação com a condição ótica é apta porque o que se estabelece é um distância intransponível entre o receptor e o emissor que torna praticamente nula a capacidade de discernir uma autoridade embasada de uma autoridade fabricada ou apenas percebida – cresce exponencialmente.

É dessa forma que lideranças surgem nas figuras mais inusitadas, extremadas e, por vezes, perigosas. Sem ponderar se Donald Trump realmente tinha as credenciais (e o temperamento e o caráter) para ocupar a Presidência, as pessoas se deixaram levar pelo seu carisma e pelas mentiras fáceis que ele propunha. Duterte, nas Filipinas, foi de prefeito a presidente sem que a nação ponderasse o impacto social quando qualquer das suas políticas linha-dura de combate ao tráfico de drogas fossem postas em prática. Jair Bolsonaro tem todo um histórico no Legislativo nacional, nas Forças Armadas e de ligações com poderes locais no Rio de Janeiro que passou completamente despercebido durante a sua campanha para presidente. Um dos seus apoiadores de primeira hora mais fervorosos, o autor e ideólogo Olavo de Carvalho, foi alçado ao patamar de guru e filósofo por uma massa de "alunos" enamorados com as suas falas que realmente não se importavam com credenciais, mas sim com receberem retorno positivo de alguém que esposava, com a aparência de autoridade, os valores da direita, contra o politicamente correto e contra as minorias raciais e de gênero. Esse processo de ascensão de políticos de extrema direita radicais é muito mais complexo que só isso, mas sem dúvida passa pela inabilidade dos indivíduos em determinar se eles realmente tinham qualquer habilidade, talento ou intelecto para desempenhar suas funções além de serem capazes de reproduzir aquilo que as pessoas queriam ouvir.

A pós-verdade, como veremos a seguir, é um termo que, apesar de fruto de um reducionismo típico da nossa época, age como indicativo de uma grande fusão de tendências ascendentes de discursos polarizantes, confusão nos nossos processos sociais de legitimação e produção de conhecimento, intolerância intelectual, caos comunicacional e obsolescência institucional frente a uma mudança paradigmática tão difícil de ser compreendida que praticamente imobilizou todo o aparato de autoridade tradicional. O jornalismo, como uma destas instituições e dotado de autoridade historicamente, não foi diferente e sofre com este processo e com diversos outros numa crise profissional e mercadológica que precisa ser cautelosamente estudada para ser compreendida, mas cuja solução escapa à maioria das pessoas que seriam capazes de implementá-la. A pós-verdade é o maior desafio cultural da nossa era e um risco sério à segurança não apenas das nossas organizações sociais, que demoraram centenas de anos para serem desenvolvidas, mas também às minorias vulneráveis, aos laços sociais de pessoas que não mais conseguem compartilhar de experiências em comum pois os filtros pelos quais absorvem estas vivências é totalmente distorcido e à nossa capacidade de manter coesa uma população que, num país como Brasil, de distâncias fenomenais e cultura rica em diversidade, vai substituindo aquilo que tinha em comum por novas crenças, muitas delas completamente divorciadas da realidade aferível.

2

Luz, calor e fumaça
Elementos da pós-verdade

O jornalista Igor Gielow publicou na *Folha*, no dia 11 de novembro de 2018, uma entrevista com o professor emérito e historiador Modris Eksteins, radicado no Canadá, para falar o sobre o risco da ascensão de filosofias autoritárias análogas ao fascismo atualmente.[38] Para o intelectual canadense havia semelhanças entre 2018 e 1918, mas a chance de retorno dos movimentos mais violentos da extrema direita, apesar de real, é baixa, já que a "crise mundial de hoje não é nem um pouco próxima ou aguda como era nos anos 1920". Após a 1ª Guerra Mundial, as pessoas questionavam a palavra das autoridades e colocavam suas experiências pessoais acima dos discursos oficiais. Comemorar vitórias, políticas ou pessoais, entre os escombros e os enterros de milhões de pessoas desafiava o senso de realidade dos sobreviventes tanto durante a pandemia de gripe espanhola como durante a pandemia do novo coronavírus. Em 2022 isso não parece assim tão diferente da situação apresentada durante os primeiros quatro anos do governo Bolsonaro.

Da mesma forma, uma revolução na tecnologia de comunicação, com a popularização do rádio na década de 1920 e com a internet *web 2.0* na década de 2010, levou muito mais

38 GIELOW, Igor. *Mundo atual lembra o que emergiu da Primeira Guerra Mundial, diz historiador.* **Folha de S. Paulo**, 11/11/2018. Disponível em: https://www1.folha.uol.com.br/mundo/2018/11/mundo-atual-lembra-o-que-emergiu-da-primeira-guerra-mundial-diz-historiador.shtml?origin=folha Acesso em 15/11/2020

informação às pessoas que ficaram atônitas com a velocidade e volume das notícias. Por fim, frustração e decepção profundas se espalharam pela população da época, muito como no nosso passado próximo, provocando extremismo religioso e conservadorismo moral que geraram grande polarização política.

As diferenças, segundo Eksteins, estavam no grau de impacto dos grandes eventos nos anos englobando e subsequentes à 1ª Guerra, vistos como mais alarmantes pelo historiador. É difícil rivalizar com cerca de 18 milhões de mortos e 23 milhões de feridos, seguidos pelas cerca de 50 milhões de mortes causadas pela pandemia de gripe espanhola que afligiu o mundo nos anos seguintes ao final da Guerra. Não foi apenas a popularização e o uso político de rádio que causaram uma crise informacional, mas também a quase impossibilidade de articular de maneira apropriada o tamanho da tragédia.

Essa entrevista foi publicada em 2018. Em 2022, em meio a uma nova pandemia, desta vez causada por um novo coronavírus, com cerca de 6 milhões de mortos em todo o mundo, a situação atual parece muito mais precária do que parecia cinco anos antes. Some-se 11 milhões de pessoas encarceradas ao redor do mundo, relatos de campos de concentração para minorias políticas e religiosas na China, anos a fio de "guerra às drogas", conflitos praticamente perenes no Oriente Médio e África, uma nova guerra na Europa – desta vez entre Rússia e Ucrânia – deslocando cerca de 2,5 milhões de refugiados e reacendendo velhas tensões entre potências nucleares, e com a internet representando uma mudança paradigmática na organização social global e uma verdadeira hecatombe de obsolescência para diversas profissões e instituições, a comparação entre 1920 e 2020 parece muito mais próxima, no quesito "trauma psicológico compartilhado", por mais estranho e desconfortável que a comparação possa parecer.

Estudiosos como Jason Stanley, Timothy Snyder, Steven Levitsky, a ex-secretária de Estado Madeleine Albright e, no Brasil, Odilon Caldeira Filho e Leandro Pereira Gonçalves têm alertado nos últimos anos para um crescimento relevante nas movimentações de grupos e crescimento da relevância de pensadores e organizadores fascistas e de extrema direita, alguns defendendo que estas ideologias passam por um ressurgimento como resposta aos desafios da modernidade. Em uma entrevista no início de 2021 concedida ao *podcast Throughline* da rede *National Public Radio,*[39] duas semanas após a invasão do Capitólio por apoiadores incentivados pelo presidente Donald Trump e seu discurso de que a eleição fora fraudada, Snyder argumentou que o retorno das vertentes mais venenosas do fascismo não era mais uma especulação, mas uma realidade. No Brasil, a reação do presidente Bolsonaro a um evento de insurreição de extremistas inflamados por alegações mentirosas de fraude eleitoral foi declarar:"Aqui no Brasil, se tivermos o voto eletrônico em 22, vai ser a mesma coisa. A fraude existe".[40] Cerca de um ano depois, a imprensa e o eleitorado procediam docilmente rumo às eleições como se o presidente da República nunca tivesse dito tamanha sandice.

Porém, se é possível creditar a uma impossibilidade de processar e comunicar as complexidades de uma realidade em mutação e o caos informacional, de alguma forma, a amplificação dos ideais autoritários, o momento atual é indiscutivelmente fértil. Na comunicação moderna, a rápida transformação tecnológica, metodológica, econômica e política deixou desamparadas

---

39 THROUGHLINE: The Anatomy of Autocracy. Entrevistado: Thimoty Snyder. Entrevistadores: Ramtin Arablouei e Rund Abdelfatah. NPR, Washington D.C., EUA, 21 jan. 2021. Podcast. Disponível em: https://www.npr.org/2021/01/20/958828047/the-anatomy-of-autocracy-timothy-snyder Acesso em 22/01/2021

40 JORNAL NACIONAL. *Bolsonaro usa invasão no Congresso dos EUA para questionar eleições no Brasil,* G1, 07/01/2021. Disponível em: https://g1.globo.com/politica/noticia/2021/01/07/um-dia-apos-a-invasao-do-capitolio-bolsonaro-volta-a-dizer-sem-provas-que-houve-fraude-na-eleicao-dos-eua.ghtml Acesso em 07/01/2021

milhões de pessoas que encontram nas ideias de controle, ordem, força e conservadorismo ressonância que vai além da lógica, entrando na paragem dos sentimentos e sensações. Quando as escolhas baseadas nesses critérios superam as escolhas racionais e orientadas em evidência de forma paradigmática, surge a prevalência da pós-verdade, no seu sentido mais enciclopédico.

A escritora Hannah Arendt, grande responsável pelas definições modernas de "regime autocrático", totalitarismo e da ideia de que estes regimes são o objetivo dos movimentos fascistas e politicamente extremos, chegou próxima de descrever os mecanismos da pós-verdade ao detalhar o método dos tiranos-aspirantes, para quem a quebra com a realidade é a principal base da mobilização das massas em um movimento em apoio a seus governos. Líderes populistas, antes de tomar o poder de dar à realidade os contornos de sua escolha, tem que revelar seu profundo desprezo pelos fatos para demonstrar que os fatos são determinados pelo poder daquele que os fabrica. Em seu livro, *Origens do Totalitarismo*, Arendt afirma, ainda, que:

> O súdito ideal do governo totalitário não é o nazista convicto ou o comunista convicto, mas aquele para quem já não existe a diferença entre fato e ficção (isto é, a realidade da experiência) e a diferença entre o verdadeiro e o falso (isto é, os critérios do pensamento). (ARENT, 2017, p. 632)

O livro *Fogo e Fúria:Por dentro da Casa Branca de Trump* (WOLFF, 2018) parece ser um bom exemplo do que é a pós-verdade. Não apenas porque ele descreve em detalhe a atitude anti-intelectualista, antiespecialista, antifactual e antidemocrática do presidente norte-americano Donald Trump – como a desavença dele com evidências fotográficas sobre o tamanho da multidão que foi assistir à sua posse – e não somente por ser o primeiro de uma verdadeira avalanche de publicações detalhando os bastidores e intimidades de uma das administrações mais disfuncionais a ocupar a Casa Branca e a degradação causada por ela da democracia norte-americana. O livro também mostra que esse novo paradigma não está restrito ao presidente Trump, quando traz detalhes classificados por jornalistas experientes como Ashley R. Parker, setorista da Casa Branca no *The Washington Post* e vencedora do prêmio Pulitzer, como "suculentos", "divertidos" e "cobiçados por muitos repórteres".[41] Detalhes que nenhum jornalista havia publicado antes porque eles eram patentemente falsos. O sucesso do livro se deu muito em parte por essa mistura quase indiscernível entre o que de fato aconteceu com o que não aconteceu nem poderia ter acontecido, mas que é tão típico dos personagens absurdos que povoam a política contemporânea que adquire uma verossimilhança irresistível. Existem fortes indícios que o livro foi idealizado por Steve Bannon após sua saída da equipe de Trump, como uma forma de criar ainda mais caos e instabilidade na política norte-americana.

Fosse a pós-verdade apenas isso, não seria muito mais do que um truque ou um modismo passageiro. Uma febre da internet a ser superada pela próxima, como o modismo dos filmes de paródia da primeira década do milênio.

Talvez ainda mais representativo desse fenômeno é a descrição do repórter e autor James Ball sobre o desentendimento relativo à audiência da posse de Trump. É um exemplo ao qual diferentes autores retornaram diversas vezes para retratar o quão divorciada da realidade a presidência de Trump estava desde o início. Ao contrário de todos os relatos e das provas (fotos, vídeos, imagens de drones, etc.), a recém-iniciada administração decidiu bancar a afirmação de que a maior audiência de todos os

41 WARZEL, Charlie. Fire and Fury is The First Book Of The Post-Truth Social Media Era. **BuzzFeed News**. Disponível em https://www.buzzfeednews.com/article/charliewarzel/fire-and-fury-is-the-first-book-of-the-post-truth-social. Acessado em 09/05/2019

tempos havia se reunido para presenciar o juramento e empossamento do novo presidente (BALL, 2017, p. 37). Não é apenas a mentira, mas a insistência da mentira, quase como uma birra infantil ou como um trato entre membros de uma máfia. Uma versão alternativa da história que deve ser relatada e defendida, mesmo sob interrogatório policial, que é ao mesmo tempo juramento de fidelidade e aperto de mão secreto entre irmãos de alguma fraternidade criminosa. A posse foi televisionada, assim como muitas das anteriores. Havia uma pletora de fotos publicadas na internet, muitas delas com comparações lado-a-lado com as cerimônias que marcaram o início dos mandatos de Obama. Os vídeos estavam disponíveis no YouTube. Todos os grandes jornais cobriram o evento. A população da cidade de Washington foi testemunha ocular. Não importando quanta pressão aplicassem os fatos e os defensores da realidade aferível, Sean Spicer, o primeiro porta-voz da Casa Branca sob Trump, seguia na sua ladainha, com olhos e boca exangues, titubeando como um homem que vai contar a uma viúva como morreu seu marido e se decidiu a muito por poupá-la dos detalhes mais cruéis:

> Fotografias do procedimento inaugural foram intencionalmente posicionadas [...] para minimizar o enorme apoio que se reuniu no National Mall (gramado em frente ao Congresso). Esta foi a primeira vez, na história da nossa nação, que coberturas para o chão foram usadas para proteger a grama no Mall. Isto teve o efeito de acentuar qualquer área em que as pessoas não estavam de pé, quando nos anos passados a grama eliminou este efeito. [...] Números imprecisos envolvendo o tamanho da multidão também foram postados no Twitter. Ninguém tinha números! Porque o Serviço Nacional de Parques, que controla o National Mall, não publica nenhum número. Este foi a maior público a testemunhar uma inauguração, ponto final! Tanto em pessoa como ao redor do mundo.[42]

42 CNN. *Spicer: Inauguration had largest audience ever*, **CNN YouTube Channel**, 21/01/2016. Disponível em: https://www.youtube.com/watch?v=PKzHXelQi_A Acesso em: 16/11/2020.

Tudo nesta afirmação era mentira. Então, por que mentir numa situação em que a desmentida seria tão simples, tão rápida e tão óbvia?

A pós-verdade é construída a partir da determinação de enunciados e narrativas válidas para um conjunto de pessoas, que escolhem acolhê-los não pela preponderância de evidências a seu favor, mas por uma série de fatores internos ao grupo e ao indivíduo, incluindo o alinhamento político. Em uma pesquisa, as fotos do evento foram mostradas lado a lado com outras, mostrando concentrações maiores de pessoas, e os participantes foram perguntados qual multidão era maior. Os partidários de Trump responderam errado de propósito (Ibid., p.38).

Também porque a mera existência de uma narrativa, contrária a um fato desabonador ao discurso sustentado pelo grupo, serve de instrumento para reafirmar o que é acreditado por estas pessoas, mesmo em face de preponderantes evidências que desmintam as crenças. Porque apenas a autoridade reconhecida dentro dos grupos pode legitimar qualquer fato. Porque qualquer admissão de crença num fato deslegitimado pelo grupo representa perda de capital social pelos indivíduos. Porque a provocação de pessoas de grupos opostos é apresentada como recompensadora, mesmo que exija sustentar um discurso ridículo. Por muitos outros fatores que, agora, ultrapassaram em valor a verdade e a defesa da verdade.

O termo "pós-verdade", ou "*post-truth*" no seu original em inglês, é uma expressão que foi arremessada ao primeiro plano do mundo da comunicação em 2016 quando se tornou a *Palavra do Ano* do Dicionário Oxford da Língua Inglesa. As pessoas que não têm um contato direto com o tema associam o termo à figura de Donald Trump e ao plebiscito que votou pela saída da Inglaterra da União Europeia (o *Brexit*) por vários motivos, e um dos mais obscuros talvez seja o fato de que os dois termos que concorriam à distinção dada pelo glossário britânico com a "pós-verdade" tenham sido "*alt-right*", a denominação dada a facções extremistas de direita, que se afastam dos indicadores visuais e nomenclaturais tradicionais do nazifascismo sem se distanciar das suas mensagens, e formam parte do núcleo duro de apoiadores de Trump, e "*Brexiteer*", literalmente "pessoa que apoia o *Brexit*", designação dada a apoiadores do movimento de abandono da UE pelo Reino Unido. As pessoas que têm mais familiaridade com o tema sabiam da sua ligação com os pensadores pós-modernos e Arendt, por entenderem que o termo representa uma tendência latente da comunicação de massa exacerbada pelos discursos autoritários projetados mundialmente pelo advento das redes sociais, do jornalismo declaratório e os canais de notícias 24 horas, com seus ciclos repetitivos, seus programas de debate e simulações de objetividade que apenas garantem ao discurso extremista uma plataforma de onde poderia seguir se propagando.

No verbete do dicionário[43] lê-se exatamente que a pós-verdade é "relativa a ou denota circunstâncias nas quais os fatos objetivos são menos influentes para moldar a opinião pública do que apelos à emoção ou crenças pessoais" (tradução nossa). É difícil contestar a precisão dessa definição, mas não podemos deixar de elaborá-la de modo mais aprofundado para representar a realidade com a devida acurácia. Pois essa definição não nos apresenta um objeto concreto e imutável, mas um processo. Esse processo de construção de um momento histórico, marcado pela degradação da confiança nos discursos públicos, têm alicerces complexos, mas compreensíveis. Tem, também, objetivos e rumos com impacto real.

43 *Definition of post-truth in English*. **English Oxford Living Dictionaries**. 2019, Oxford University Press. Disponível em https://en.oxforddictionaries.com/definition/post-truth - Acesso em 28/05/2019

O próprio Timothy Snyder afirma que este processo faz parte da transição de uma "sociedade de confiança" para uma "sociedade de crenças".[44]. Enquanto as sociedades baseadas em confiança operam sobre a ideia de que todos os indivíduos, apesar de terém visões diferentes, compartilham o mesmo acesso às mesmas fontes de informação e, portanto, todos têm o mesmo comprometimento com as bases sociais e com a realidade compartilhada. Na sociedade baseada nas crenças, as pessoas não se reconhecem como pares a não ser que elas compartilhem das mesmas crenças entre si e, assim, não há fundamento para as trocas sociais normais, como a aceitação automática de que o outro fará sua parte para garantir uma eleição segura e isenta, ou que o outro não doutrinará ou assediará crianças se ocupar o cargo de professor primário. A pós-verdade é um dos estágios de um processo de desagregação social, no qual o comprometimento exacerbado dos indivíduos com suas convicções pessoais, seus líderes e suas fontes de informação começa a impedir que exista um consenso acerca da realidade, dos fatos, das funções sociais desempenhadas por instituições e agentes e as funções normais públicas e da coletividade ou são ressignificadas ou simplesmente param de funcionar ou perdem seu sentido.

Eu não quero contestar a definição enciclopédica da pós-verdade, mas também não posso usá-la sem expandi-la. Trabalhando etimologicamente, a junção das palavras "pós" e "verdade", que dá origem ao tema, apresenta algumas respostas, como aponta o trabalho do professor e pesquisador Lee McIntyre, que também analisa o verbete em seu livro de mesmo nome:

44 THROUGHLINE: The Anatomy of Autocracy. Entrevistado: Thimoty Snyder. Entrevistadores: Ramtin Arablouei e Rund Abdelfatah. NPR, Washington D.C., EUA, 21 jan. 2021. Podcast. Disponível em: https://www.npr.org/2021/01/20/958828047/the-anatomy-of-autocracy-timothy-snyder Acesso em 22/01/2021

> [Na definição], os dicionários sublinham que o prefixo "pós" não deve indicar tanto a ideia de que nós estamos "além" da verdade num sentido temporal (como em "pós-guerra"), mas no sentido que a verdade está sendo eclipsada - que ela é irrelevante. [...] [A pós-verdade] não é necessariamente uma campanha para dizer que os fatos não importam, mas, pelo contrário, uma convicção que fatos sempre podem ser sombreados, selecionados e apresentados dentro de um contexto político que favorece uma interpretação sobre outra. [...] Se olharmos para a definição de Oxford, e como tudo transcorreu nos recentes debates públicos, alguém pode depreender que a pós-verdade não é tanto a afirmação de que a verdade *não existe* quanto *fatos estão subordinados aos nossos pontos de vista políticos* (MCINTYRE, 2018, tradução nossa).

Na opinião de McIntyre, ouvimos ecos de trivialidades recorrentes da comunicação moderna nos ambientes digitais. Quando ele afirma que os fatos podem ser selecionados e apresentados de tal forma que sempre favoreçam nossas visões políticas, eu penso em dezenas de discussões sobre eventos pontuais da política brasileira que terminaram degenerando para as mesmas acusações de sempre sobre os governos de Luiz Inácio Lula da Silva e Dilma Rousseff, e eventualmente levaram à ubiquidade do meme do personagem de série japonesa estilo *tokusatsu* que se materializa do nada apenas para perguntar "Mas, e o PT? E o Lula?", como se qualquer crime, percalço ou crise fosse menor que ou esquecível frente a memória da corrupção da administração federal entre 2002 e 2016. Do outro lado do espectro político, mais de um apoiador do presidente já expressou para mim a frustração com a repetição das acusações de negacionismo e responsabilidade pela falha institucional nas respostas à pandemia de Covid-19. É a argumentação como forma de calar o outro, não como forma de dar espaço à troca de pontos de vista ou para alcançar o consenso.

Alguns críticos da pós-verdade, como Michael Schudson, professor de jornalismo da Columbia University, sequer acreditam que exista algo como um momento de predomínio da pós-verdade (SCHUDSON, 2018, p. 94). Professores de algumas das melhores universidades brasileiras (que permanecerão anônimos aqui, já que não concordaram em colaborar com este projeto) também concordam com a visão de Schudson, indo além e afirmando que este é mais um "discurso canalha de marqueteiros". Essa crença faz parte de uma análise da história da imprensa e uma percepção de que os elementos que constituem o que se percebe como pós-verdade sempre existiram. Atentos à natureza do termo "*fake news*", estes estudiosos têm receio em fazer qualquer análise que vá além do aspecto de ataque à imprensa e ao jornalismo, dando respeitabilidade ou validação a este discurso perigoso. Consideram também como o perigoso o reducionismo inerente a usar termos simples como "*fake news*" e "pós-verdade" como signos para processos comunicacionais muito mais complexos. Eu concordo com esta segunda visão, mas como fica evidente neste livro, acho útil empregar estes termos quando o restante da obra se dedica exatamente a aprofundar suas definições e detalhar o tipo de situação em que são apropriadamente ou indevidamente apresentados.

Outros, como James Ball, não repudiam a visão anterior totalmente, mas expõem que aqueles que mais se beneficiam da pós-verdade buscam exatamente impossibilitar e inviabilizar a percepção de que existe uma *verdade objetiva*, ou evitar que qualquer um seja capaz de produzir uma contranarrativa definitiva contra os discursos propostos por essas forças (BALL, 2017, p. 276). Não são pensadores que negam que os elementos constituintes da pós-verdade sempre existiram, mas argumentariam que, na pós-verdade, estes elementos se amplificam ou se arranjam de forma a ganharem uma força que é ou inédita, ou semelhante a outros momentos históricos de profunda crise, como a comparação feita com a 1ª Guerra Mundial por Eksteins, Arendt e Snyder. Nem negariam que *fake news* é uma nomenclatura nascida da vontade de desacreditar as mídias jornalísticas tradicionais, mas também nenhum dos autores pesquisados perdeu muito tempo tentando dizer que analisar o tema é ser conivente com ataques ao jornalismo, como os acadêmicos anônimos citados anteriormente parecem pensar. Tentar conter o uso do termo *fake news* agora é como tentar ignorar a fumaça parado sobre a fogueira.

Contudo, aqui, apesar de admirar muitos comunicólogos, professores e jornalistas que não compartilham da mesma teoria que eu, a minha visão de mundo admite a existência da pós-verdade, tendo identificado na mídia jornalística (usando critérios analíticos) e nas minhas próprias interações sociais (tentando usar bom senso) indícios para confirmá-la, como processo que inclui elementos únicos na história da Humanidade, mesmo que possuindo semelhanças ou partes análogas a outros. É, ao menos, um momento condizente com o entendimento mais popular sobre ela, em que agentes políticos mentem sem a intenção de enganar, mas usando a mentira como sinalizador da posição aceitável às suas bases de apoio para criar uma instabilidade institucional e de formas como nunca foi possível até aqui. Afinal, mesmo que isto pareça óbvio para mim, pode precisar de mais fundamentação e evidências aos olhos de outras pessoas. Não é fácil ou desejável discordar – ou parecer discordar – de pensadores como Schudson ou Ball. É necessário, no entanto, visto que podemos entender a pós-verdade como um passo em direção aos regimes autocráticos.

Quando McIntyre identifica a visão de que o posicionamento político dos indivíduos se tornou mais importante do que os fatos ou a verdade acerca deles, ele não nega que os agentes que criam essa situação se beneficiam de elementos da identificação da pós-verdade. Também não nega que estes elementos sempre existiram, como aponta Schudson, mas percebe que estes elementos históricos, exacerbados por outros fatores (mercadológicos, tecnológicos, políticos, discursivos, psicológicos, sociais, culturais), encontraram no período da segunda década do século XXI uma sinergia que permitiu que tivessem um efeito único na história humana. Depois que Peter Pomerantsev entrevistou a jornalista filipina Maria Ressa, criadora do site *Rappler*, sobre o papel que ela e seu veículo desempenharam, ainda que involuntariamente, para levar Rodrigo Duterte ao poder, ele ponderou que "o trabalho dos jornalistas é relatar as informações sobre onde está a ação. Mas, como a própria história de Maria mostrou, a própria informação é, agora, onde a ação está" (POMERANTSEV, 2019, p.8).

Ressa foi uma das jornalistas mais visionárias atuando no jornalismo digital no sul da Ásia no início do século XXI, mas quando sua cobertura de Duterte passou de mera reportagem da sua campanha sensacionalista para a crítica de seu governo, ela viu uma parcela do seu público se virar contra ela e contra o *Rappler*. Quando as reportagens passaram a cobrar a administração sobre as execuções extrajudiciais de traficantes de drogas, o rótulo de *fake news* se tornou diário e as ameaças contra a vida dos jornalistas viraram uma constante. Para os apoiadores de Duterte, a verdade não importa. O importante é calar as vozes dissidentes. As turbas de apoiadores julgaram que o *Rappler* de Ressa não possuíam autoridade para fazer críticas ao governo e deslegitimaram seus enunciados para mantê-los como narrativa e ideologia, e não como fato. As condenações contra Ressa impostas pelos tribunais, controladas pelo regime de Duterte, são celebradas por estes apoiadores.

Paralelamente, ao empossar em 2020 como ministro da Saúde o interino Eduardo Pazuello, militar da ativa e sem credenciais na área para ocupar a pasta, Jair Bolsonaro disse que a culpa do fechamento das escolas durante a pandemia do novo coronavírus não era do surto da doença e da prevenção profilática de contágio, mas sim da "mídia catastrófica" do Brasil.[45] Há alguns fatos na reportagem: a posse, o discurso, os presentes, o contexto. O que nunca foi sequer proposto por qualquer pessoa honesta é que a decisão de autoridades estaduais, regionais e municipais de fechar instituições de ensino foi motivada pelo medo instigado pela cobertura jornalística de uma doença letal. Aqui, os apoiadores do presidente olham para a autoridade da imprensa em ditar temas relevantes para o debate público, eles a reconhecem, mas a deslegitimam por estar agindo sem justiça. Jogar a opinião pública contra a imprensa, apontando o jornalismo como vilão de uma situação da qual ele é mero expectador, é o ponto em comum com a situação entre Maria Ressa e Duterte nas Filipinas e os jornalistas e o ex-militar brasileiro que ocupa o Planalto. Quando dizemos que a ação está na informação é porque, na pós-verdade, os interesses políticos de lado a lado fazem com que a repercussão dos fatos, a cobertura jornalística, as posições políticas de jornalistas, editores, donos de veículos e dos próprios veículos sejam vistos como tão ou mais importantes do que os acontecimentos que são relatados.

A visão proposta por Lee McIntyre (MCINTYRE, 2018, p. 12) afirma que a pós-verdade é uma forma de supremacia ideológica, onde seus praticantes buscam compelir algum interlocutor a crer em algo, existindo evidências para

45 CANCIAN, Natália; URIBE, Gustavo. Em posse de Pazuello, Bolsonaro diz que escolas não deveriam ter fechado na pandemia. **Folha de S. Paulo**, 16/09/2020. Disponível em: https://www1.folha.uol.com.br/cotidiano/2020/09/em-posse-de-pazuello-bolsonaro-diz-que-escolas-nao-deveriam-ter-fechado-na-pandemia.shtml Acesso em: 18/09/2020.

confirmar tal crença ou não. Assim, entende-se pós-verdade como um mecanismo de ataque à verdade. Esta é uma posição de agressão. É uma concepção cinética, de que há alguém forçando uma outra pessoa a deslocar sua percepção do que é real de um local a outro, simbolicamente. E não por meio do livre-convencimento e da argumentação. É semelhante à violência do *gaslighting*,[46] uma estratégia de manipulação em que uma pessoa é levada a questionar a própria sanidade ou a sanidade de um terceiro através de pequenos ardis pelos quais a realidade de pequenos ou grandes eventos é contestada com o propósito de dominar e controlar um relacionamento. A confusão e a exaustão causadas pela tentativa de defender uma crença ou verificar a veracidade de uma narrativa frente a uma afirmação fantástica ou sensacionalista, além de ter que lidar com a alegação imediata de supremacia da alegação fantástica, levam ao descrédito, embaraço e frustração de quem debate de boa-fé contra um agente da pós-verdade.

McIntyre defende que o fato desses elementos constituintes terem sempre existido não leva à possibilidade de refutar a existência da pós-verdade. Leva na prática à conclusão de que a cumulação desses fatores e a exacerbação deles por formas de disseminação de informação modernas levaram a sua capacidade de impacto a um certo ápice histórico, percebido como o momento da eleição de Donald Trump à Presidência dos Estados Unidos, em novembro de 2016, e à saída do Reino Unido da União Europeia. Esses dois eventos de relevância internacional são considerados como marcos da Era da pós-verdade nos trabalhos de McIntyre, Matthew D'Ancona, Christian Dunker, Evan Davis e muitos outros, não como início desse processo, mas como seu objetivo. Claro, isso é um ponto de vista bastante

46 CALEF, Victor, WEINSHEL, Edward M. *Some clinical consequences of introjection: Gaslighting.* **The Psychoanalytic Quarterly** 50.1 (1981): p.44-66.

centrado nos Estados Unidos e na Europa. O avanço do partido de Narendra Modi,[47] na Índia, o genocídio Rohingya,[48] em Myanmar, a anexação da Criméia pela Rússia em 2014 e o projeto de anexação da Ucrânia e Belarus revelado em 2022, a ascensão do Movimento 5 Estrelas na Itália, a passagem dos veículos de mídia das mãos da oposição para as mãos de aliados na Turquia de Recep Erdogan, a campanha anti-intelectual e ultraconservadora de Viktor Orbán na Hungria e, claro, a eleição de Jair Bolsonaro, são todos pontos de exclamação na história da pós-verdade em outros cenários globais. É preciso entender o que é este objetivo, então, que foi conquistado. E mesmo o ponto de referência norte-americano ganhou um novo ponto focal com a invasão do Capitólio no dia 06 de janeiro de 2021, quando apoiadores de Trump que acreditaram numa fraude eleitoral tentaram mudar o resultado do pleito à força, caçando parlamentares, quebrando gabinetes e atacando policiais.

Parte desta tendência ascendente, para o que se poderia chamar de fenomenologia da pós-verdade, está exemplificada nos movimentos estatais de controle de mídia criados na Rússia da virada do século XX para o XXI. Um deles foi a redação de um manual chamado *Operações de Guerra Psicológica-Informacional: Uma pequena enciclopédia e guia de referências* (POMERANTSEV, 2019, p.81). A ideia de uma guerra informacional encontra ressonância na teoria da pós-verdade como posição agressiva de argumentação proposta por McIntyre, mas possui outros fatores complicadores. Sem elaborar além do necessário a questão, guerra informacional, ou guerra de espectro total, ou guerra híbrida, ou guerra não-linear, se resume a alguns elementos que propiciam a pós-verdade.

47 PAL, Joyojeet, CHANDRA, Priyank e VYDISWARAN, VG Vinod. *Twitter and the rebranding of Narendra Modi.* **Economic & Political Weekly**, ed. 51.8, 2016, p.52-60.

48 ZARNI, Maung, e COWLEY, Alice. *The slow-burning genocide of Myanmar's Rohingya.* **Pac. Rim L. & Pol'y J**. ed.23, 2014, p.683.

Ela envolve uma nacionalização da verdade, chamada de "soberania da informação". Essa é uma ideia popular entre membros do governo russo e seus simpatizantes, que acreditam que gigantes digitais, como Google e Facebook, têm por objetivo principal desestabilizar lideranças de países fora da esfera de influência dos Estados Unidos e devem, portanto, ser combatidas por empresas análogas e ideologias opostas, mas que imitam e pegam emprestados elementos das suas bem-sucedidas contrapartes no Vale do Silício para fabricar informações com sua própria ideologia. Estas são, geralmente, *fake news* voltadas para apoiar as narrativas de controle do poder central. Na questão do desmatamento da Amazônia, vimos o governo Bolsonaro usando esta estratégia, colocando as informações sobre queimadas e destruição do meio ambiente – produzidas, diga-se de passagem, pelas próprias instituições de controle e fiscalização brasileiros – como uma campanha de desinformação internacional, patrocinada por países que querem quebrar a soberania brasileira e roubar as riquezas da floresta.[49]

Há também uma sensível influência da cultura coorporativa na ideia de guerra assimétrica, já que é comum há décadas nas disputas empresariais o conceito de informação assimétrica. Ele descreve um processo no qual uma empresa usa algum conhecimento que seus concorrentes não possuem para conseguir uma vantagem desleal num determinado mercado. O tema se popularizou no início dos anos 1990, quando a Microsoft sofreu um processo de antitruste nos Estados Unidos. Rob Larson, professor de economia e colunista em diversas publicações norte-americanas, recuperou a discussão nos autos judiciais em relação ao que ficou conhecido como "as

49 ESTADO DE MINAS. *Bolsonaro reclama de 'campanha brutal de desinformação' sobre incêndios na Amazônia e Pantanal*, 22/09/2020. Disponível em: https://www.em.com.br/app/noticia/politica/2020/09/22/interna_politica,1187732/bolsonaro-reclama-de-campanha-brutal-de-desinformacao-sobre-incend.shtml Acesso em 16/11/2020

guerras dos *softwares*" para o seu livro de 2020, *Bit Tyrants*, e refresca nossas memórias que a empresa de Bill Gates foi a primeira verdadeira gigante digital porque não tinha medo de jogar sujo. Um dos seus truques era esconder *application programming interfaces* (interfaces de programação de aplicativos – APIs), contidos no seu sistema operacional Windows, de outras empresas que faziam programas de computador que pudessem concorrer com programas feitos pela própria Microsoft. Assim, processadores de texto ou criadores de planilhas nunca teriam uma performance comparável com o Word ou o Excel e, assim, a empresa garantiria um monopólio do mercado de programas, além do quase-monopólio que já tinha com seu sistema operacional (LARSON, 2020, p.35). A guerra assimétrica, de forma similar, oculta informações cruciais de adversários políticos através de campanhas de desinformação, sonegando detalhes e poluindo a esfera informacional com falsidades, irrelevâncias, relatos conflitantes e tudo o mais possível para confundir.

Outra questão segundo Pomerantsev, identificada pela Academia Militar da Letônia, é que a nova estratégia de guerra na Rússia não mais parece objetivar a aniquilação do outro lado, mas sua decadência, de dentro para fora. Assim, se estabelece um estado constante de conflito, em que os ataques informacionais nublam a diferença entre guerra e paz, com a inundação do discurso público com informações falsas (POMERANTSEV, 2019, p.87). Pomerantsev fala especificamente do conflito entre nações, usando como contexto a invasão russa da Ucrânia. Após meses do uso de desinformação para fomentar confusão não apenas na antiga nação soviética, mas entre os países do Ocidente que foram lentos a reagir à invasão, já que a torrente de desinformação ofuscou quem era o agressor, forças russas sem identificação foram enviadas e passaram a controlar a região da Criméia. Mas este tipo de estratégia também tem comunalidades com a estratégia dos governos tecnopopulistas e as campanhas de agentes da pós--verdade contra instituições, empresas e adversários. É de certa forma como agem contra a mídia, declarando-a como inimiga e, assim, roubando-a imediatamente da neutralidade da qual ela depende para obter a confiança do público.

Foi exatamente esta a estratégia de Steve Bannon como eminência parda da campanha de Donald Trump à Casa Branca em 2016. Em 2018, Bannon declarou abertamente ao escritor Michael Lewis que, na visão dele, na política norte-americana "o Partido Democrata não importa. A verdadeira oposição é a mídia e o jeito de lidar com ela é soterrá-los na merda".[50] Há algumas formas de interpretar essa fala. Ele poderia estar falando de saturar os ambientes midiáticos com conteúdo falsificado e malicioso e esta é a interpretação mais largamente aceita. Ou ele poderia estar falando de produzir tamanho volume de desinformação que o público ficasse sem opção a não ser realmente abandonar sua fé nas informações veiculadas.

Também em 2018, especialistas como Piero Leirner apontavam que a campanha do PSL, recheada de militares, era versada nas estratégias da guerra assimétrica.[51] A influência nas Forças Armadas brasileiras tem um histórico mais antigo do que a Rússia de Putin, usando como referência os Vietcongs, que usavam ações de baixa relevância militar, mas alta visibilidade, para causar impacto e mudar o foco das derrotas para a derrocada moral do seu inimigo, priorizando o impacto psicológico. Outras técnicas desse tipo de ação de comunicação

50 STELTER, Brian. *This infamous Steve Bannon quote is key to understanding America's crazy politics.* **CNN.com**. 16/11/2021. Disponível em: https://edition.cnn.com/2021/11/16/media/steve-bannon-reliable-sources/index.html Acesso em 16/03/2022.

51 SETO, Guilherme. *Comunicação de Bolsonaro usa tática militar de ponta, diz especialista*; **Folha de S. Paulo**, 14/10/2018. Disponível em: https://www1.folha.uol.com.br/poder/2018/10/comunicacao-de-bolsonaro-usa-tatica-militar-de-ponta-diz-especialista.shtml Acesso em 16/10/2020

militar são o uso de contrainformação e desinformação além de informações contraditórias partindo de altos oficiais da campanha. Segundo Leirner:

> Esses movimentos criam um ambiente de dissonância cognitiva: as pessoas, as instituições e a imprensa ficam completamente desnorteados. Mas, no fim das contas, Bolsonaro reaparece como elemento de restauração da ordem, com discurso que apela a valores universais e etéreos: força, religião, família, hierarquia.

Pior, este alistamento de toda informação como arma de guerra não permite uma resolução que leve a uma concordância sobre a verdade, mas apenas à "paz informacional", ou seja, à aceitação da soberania informacional de lado a lado (Id., 2019, p.85). Este é um uso geopolítico da estratégia, mas é possível traduzi-la para um contexto local e mudar um pouco o resultado. Quando a questão é internacional, o conceito de guerra de informações é interessante para impedir a resolução de questões em narrativas que permanentemente apontem agressores, criminosos e perdedores, exibindo discursos alternativos para apresentar outras interpretações para os fatos, fazendo um espetáculo da desinformação, como foi o caso da invasão russa na Ucrânia em 2014. No uso de técnicas semelhantes, mas no contexto intranacional, o espetáculo é trocado por uma visão "de bastidores". O agente governamental pego numa situação desabonadora, revelado num momento torpe ou falando algo absurdo ou abusivo, "confidencia" a seus apoiadores e interlocutores que o verdadeiro problema é que a mídia é sua ferrenha opositora.

Isso não é totalmente falso. Jornalistas de todas as vertentes e em todas as décadas se orgulham de serem fiscais do poder, céticos dos discursos governamentais, opostos aos interesses dos poderosos, mas geralmente isso é visto como um serviço ao público, não como uma rusga pessoal. Jornalistas apoiam políticas públicas e políticos o tempo todo, por uma pletora de razões. É raro ou raríssimo que jornais centenários, de vasta circulação, com reputações a zelar, se arrisquem em campanhas sistemáticas para arruinar reputações. Mais importante que perguntar se veículos fazem ou não oposição aberta a agentes políticos específicos por inimizade, é a imaterialidade da afirmação: ela é uma acusação impossível de ser provada e impossível de ser refutada, uma vez que trata especificamente do fórum íntimo dos afetos dos profissionais, administradores e donos dos veículos jornalísticos. No entanto, se a afirmação criar na população a dúvida, o político fica, ao menos aos olhos de alguns, imune às críticas, revelações escandalosas e questionamentos dos veículos de imprensa. Criar a percepção de inimizade e antagonismo da imprensa para com um candidato ou líder político ou até com alguma ideologia cria uma camada de imunidade nos indivíduos e remove uma de confiabilidade do jornalismo. Na verdade, criar a dúvida é um dos objetivos da pós-verdade.

As *fake news* sobre o sistema eleitoral brasileiro, como as que circularam em 2018 e persistiram nos círculos bolsonaristas pelos quatro anos do primeiro mandato do capitão reformado, e as sobre o sistema eleitoral norte-americano que circularam em 2020, quando Trump perdeu para Joe Biden, tiveram este objetivo. Criar a dúvida sobre a lisura, precisão e segurança das eleições traz ao discurso populista a necessidade da figura forte que imporá nova ordem, que eliminará a bagunça, que fará fazer valer a lei. Dá margem à desestabilização de candidatos, de governos e, em última análise, ao próprio regime democrático, já que este depende da confiança da população.

Outro desses movimentos, também uma especificidade da pós-verdade russa mas semelhante a outras expressões nacionais de agressão informacional como, por exemplo, na Turquia (onde o governo pressionou a mídia, originalmente crítica aos impulsos autocráticos de Recep Erdogan, até substituir os donos originais por empresários simpáticos ao regime que impuseram suas visões e mudaram a forma como os veículos cobriam a administração), foi o investimento do governo no canal internacional de notícias *Russia Today* (*RT*), que transmite 24 horas por dia em 5 línguas diferentes para diversos países, embora este controle direto não seja um pré-requisito na pós-verdade.

A emissora é considerada internacionalmente como um veículo para a propaganda do governo russo e como megafone do seu programa de políticas externas. Durante a guerra entre Rússia e Geórgia, o canal propagou notícias falsas de que o governo inimigo promovia um genocídio. Quando Vladimir Putin decidiu anexar a Crimeia, o canal fabricou evidências de que a Ucrânia estava sendo tomada por fascistas (Id., 2014, p.47-48).

Agentes políticos apontados como produtores e propagadores de contrainformação e *fake news* são convidados frequentes nos programas da *RT*, de Julian Assange a Nigel Farage, de teóricos da conspiração a extremistas de esquerda que apoiaram Saddam Hussein, de antiglobalistas a acadêmicos radicais. A maioria dos jornalistas que lá trabalham são expatriados americanos ou britânicos. Muitos se demitem rapidamente e, ainda mais rápido, removem a *RT* de seus currículos. Alguns denunciam o canal enquanto fazem suas últimas reportagens ao vivo, no ar. Alguns ficam, ideologicamente motivados pelo ódio ao Ocidente, ou pela oportunidade de aparecer na TV, ou por um sentimento de desilusão com o jornalismo que permite a infração da ética profissional em nome da crença que a maior parte das notícias mundiais sempre foi baseada em fabricações. Isso deixa claro que a produção se baseia na manipulação das notícias para apresentar apenas o ponto de vista institucionalizado do governo russo.

A emissora baseia seu formato em emular os canais ocidentais a tal ponto que podem parecer paródias, ou uma afronta. Como o jornalista Peter Pomerantsev observa sobre os comerciais para o programa do famoso jornalista Larry King para o canal russo, "há uma sensação de estar mostrando ambos os dedos (do meio) para as tradições da mídia ocidental: qualquer um pode falar a sua língua! Ela não tem significado" (Id., 2014, p.49).

Muitos dos executivos da emissora são, supostamente, agentes do serviço secreto do Kremlin. Outros, ao saírem da emissora, assumem funções diplomáticas de grande importância estratégica para o governo russo (Ibid., p.51). Esses executivos, assim como os de outros veículos, como o site *Sputnik*, são versados na linguagem da guerra informacional. São capazes de enganar até pessoas experientes com os meios digitais, algo que pode ser depreendido pela franca surpresa de alguns usuários do Twitter quando a plataforma passou a rotular a *RT* como veículo associado ao governo russo. No entanto, para mim, a pior parte é que nos países em que a *RT* e *Sputnik* se estabelecem fora da Rússia, contratam bons jornalistas que produzem boa cobertura e fidedigna sobre diversos assuntos, tomando emprestado deles a reputação e confiabilidade para ajudar a disseminar propaganda da administração Putin.

De forma mais semelhante ao que aconteceu na Turquia, o governo brasileiro gosta de brincar com o financiamento das mídias de oposição. Com constantes ameaças à *Rede Globo*, à *Folha de S.Paulo* e outros jornais, Bolsonaro eliminou por decreto assinaturas governamentais de jornais, campanhas publicitárias federais, exigências de publicidade de balancetes de empresas e passou leis que permitiram aos clubes de futebol quebrarem seus contratos de transmissão televisiva com a *Globo*, interrompendo uma importante linha de arrecadação da empresa. Ao mesmo tempo, novos fundos foram destinados a canais com postura mais amigável, como a *Record* e o *SBT* (*Sistema Brasileiro de Televisão*), mais inclinados a produzir notícias simpáticas a Bolsonaro. Estas ações, que poderiam ser discutivelmente legítimas em outros contextos, são ataques abertos ao jornalismo crítico ao governo. Não existe ainda um panorama de controle da mídia no Brasil, mas a posição do governo ajudou a dividir a realidade dos brasileiros, onde alguns habitam um mundo em que o governo é retratado como autoritário, incompetente e retrógrado, e onde outros vivem num país em que a mídia corrupta ataca um governo moral que tenta salvar a alma da nação.

Essa relação entre Estado e mídia produz um ambiente propício para a pós-verdade e o controle do público por meio dela, já que o objetivo não é enganar com informações falsas, mas causar desestabilização.[52] Um dos principais ideólogos por trás da administração Putin, Vladislav Surkov, que se autoproclamou como um dos "autores" do novo sistema político russo, usa a retórica democrática para avançar intenções antidemocráticas, ditando os temas, os personagens e os enfoques do noticiário (POMERANTSEV, 2014, p.65). Surkov se tornou um adulto durante um período conturbado da história russa, o que pode tê-lo influenciado. Segundo Pomerantsev, naquele período as mudanças eram rápidas e constantes:

> A Rússia experimentou diferentes modelos numa velocidade estonteante: a estagnação soviética levou à perestroika, que levou ao colapso da União Soviética, euforia liberal, desastre econômico, oligarquia e o Estado mafioso. Como você pode acreditar

52 JACK, C. **Lexicon of lies**: Terms for problematic information. *Data & Society*. 2017, Ed.3, p.9-10.

em qualquer coisa quando tudo à sua volta está mudando tão rápido? (POMERANTSEV, 2014, p.71, tradução nossa)

Ecoando esta mesma tendência na sua vida pessoal, Surkov estudou uma gama de diferentes temas numa série de universidades, sem nunca terminar os cursos e, depois, trabalhou e desenvolveu diversos projetos como economista, executivo, escritor e, finalmente, como relações públicas (POMERANTSEV, 2014, p. 69). Seus estudos acadêmicos, que incluíram a leitura de autores pós-modernos que até hoje embasam as afirmações de Surkov sobre a derrocada das grandes narrativas, a impossibilidade da verdade e que tudo é *simulacra* (cópia) ou *simulation* (simulação), complementaram as ideologias esposadas pelos profissionais da área de relações públicas (RP) russos. Segundo eles, após anos de transição para sucessivos modelos econômicos e políticos, chegaram à percepção de que essas mudanças eram ilusões baseadas em narrativas de RP (Ibid., p.73-74). A realidade das atividades de governos e governantes não seguia nenhum paralelo ou linha coincidente com os discursos promovidos, políticas alardeadas ou princípios exaltados. O resultado é uma política de comunicação governamental niilista e amoral que ajuda a ocultar os objetivos dos Estados, igualmente liberados para agir sem bússola ética, colocada em prática até o momento em que Surkov deixou o núcleo do governo russo, após o vazamento de diversas comunicações eletrônicas dele que revelação as intenções da administração Putin de invadir a Criméia ainda em 2013 e desestabilizar os governos de países do Leste Europeu.[53]

A atuação de Surkov, segundo sua própria admissão, nas estratégias de informação e tecnologia do Kremlin, buscava

53 BARINI, Felipe. *Em meio à invasão militar, ataques contra sites e sistemas sugerem o acirramento da guerra cibernética entre Rússia e Ucrânia*. **O Globo**. 26/02/2022. Disponível em: https://oglobo.globo.com/mundo/em-meio-invasao-militar-ataques-contra-sites-sistemas-sugerem-acirramento-da-guerra-cibernetica-entre-russia-ucrania-1-25412093 Acesso em 16/03/2022.

objetivos com nomes confusos, como "democracia gerenciada" e "modernização conservadora", mas com resultados claros, no sentido de que usam a informação para desestabilizar outros países, criar incerteza para controlar as reações das pessoas e até simular a criação de posições opositoras para dar suporte às ideias do governo (Ibid., p.74). Estes termos são raramente reproduzidos por agentes com objetivos semelhantes em outras partes do mundo, mas o conteúdo desse ideário é encontrado com facilidade nas redes sociais. Pessoas que se dizem conservadoras e que pregam o resgate de valores tradicionais, mas que também cobram o uso de tecnologias (principalmente na área do desenvolvimento econômico e controle social) pelo Estado, por exemplo. Um outro exemplo de fácil compreensão desta estratégia fora da Rússia foi o debate sobre o *#DefundThePolice*.[54]

Na campanha presidencial, Donald Trump recorrentemente acusou Joe Biden, o candidato Democrata, de ser a favor da proposta radical da extrema esquerda norte-americana de tirar todo o apoio financeiro às forças policiais, acusadas de comportamento desnecessariamente violento e racista. Só que esta tal proposta estava longe daquela defendida por Biden e por uma acachapante maioria de Democratas e seu eleitorado, a da reforma da polícia para fornecer treinamento de sensibilidade cultural aos seus oficiais e para repensar o orçamento, deixando funções desconexas do uso de força para parar ou coibir crimes para outras agências, especialistas em suas áreas. Criando uma posição radical, mas semelhante suficiente da de seu opositor para criar confusão comunicacional, Trump conseguiu diminuir o apoio ao Democrata, conquistou os votos dos policiais e seus simpatizantes e efetivamente

54 FABIAN, Jordan. *Trump Uses 'Defund Police' as Weapon Against Biden*, **Bloomberg**, 08/06/2020. Disponível em: https://www.bloomberg.com/news/articles/2020-06-08/trump-uses-defund-police-as-political-weapon-against-biden Acesso em 10/10/2020

bloqueou avanços à questão que, mesmo sendo derrotas políticas para ele, poderiam salvar centenas de vidas. É um sintoma recorrente dos atingidos com mais força pela cacofonia comunicacional permitir que narrativas conflitantes sejam aceitas, racionalmente aceitando os argumentos racionais e emocionalmente acolhendo argumentos com apelo moral ou às preferências individuais.

Identificar essa correspondência nas técnicas da guerra informacional russa com os momentos de mais fácil reconhecimento da pós-verdade no Ocidente é de extrema importância, pois é preciso identificar as tendências e as referências para buscar as prevenções e soluções adequadas. Pomerantsev identifica na técnica russa um embasamento ideológico e intelectual no pensamento pós-moderno, assim como McIntyre vê no pós-modernismo as raízes dos movimentos anti-intelectuais e de oposição ao jornalismo que produzem a pós-verdade (MCINTYRE, 2018, p.137). A deslegitimação dos grandes discursos e a dúvida quanto à possibilidade de uma verdade objetiva alimentam igualmente a desestabilização premeditada de sistemas de governo e o estado de confusão criado pelo caos informacional no Ocidente. Em setembro de 2020, o Tribunal Superior Eleitoral usou a figura do biólogo Átila Iamarino para dar fôlego a uma campanha contra as *fake news* eleitorais e, no anúncio de televisão especificamente tratando de *Deepfakes* (a substituição de falas reais ou rostos de pessoas por adulterações em vídeos usando tecnologia de ponta), estava incluída a frase "hoje em dia, não dá pra acreditar nem no que a gente vê".[55] Ou seja, mesmo aqueles que buscam combater a desinformação colaboram com a criação de um clima de perene desconfiança de todas as informações.

55 TSE. **Deepfake**. Justiça Eleitoral, 02/09/2020. Disponível em: http://www.tse.jus.br/imprensa/noticias-tse/2020/Setembro/nova-campanha-do-tse-contra-a-desinformacao-vai-ao-ar-a-partir-desta-terca-feira-1o Acesso em: 16/09/2020.

Há, também, um elemento de coincidência no *animus* social, uma atmosfera de ressentimento da classe trabalhadora para com a classe política[56] e com a mídia. Há uma ideia unificadora de retomada de glórias passadas e de Estado que responde aos anseios da população.

Na Rússia, os anseios eram por unificação nacional e recuperação do humilhante fim da URSS,[57] enquanto nos EUA e Reino Unido era a recuperação econômica da classe média e um combate à ameaça percebida da imigração desenfreada. No Brasil, durante a campanha, houve apelos semelhantes, mas também à segurança pública e moralidade na administração, principais temas da campanha vencedora de Jair Bolsonaro e um dos principais medos do eleitorado. No entanto, os elementos práticos da guerra informacional dependem de peculiaridades do sistema político e social russos além da sua atuação geopolítica e infelizmente não há espaço suficiente aqui para entrar nesta tangente e para analisar qualquer possível extensão, impacto ou intenção de uso dessas práticas globalmente, bastando observar que ela e a pós-verdade são semelhantes e dividem métodos e objetivos, além de uma certa coincidência temporal, mesmo que seja minha opinião pessoal que a estratégia comunicacional russa traçou alguns dos mapas que nos trouxeram à pós-verdade. Também acredito que não é preciso crer que estamos em guerra comunicacional para aceitar a ideia de que estamos vivendo a pós-verdade. No Ocidente, tanto nos Estados Unidos como no Brasil, é mais comum se falar de guerra cultural do que em guerra comunicacional.

A comparação com o esquema russo de desinformação é interessante por ser, aparentemente, o ponto de partida moderno

56 POMERANTSEV, P. I left Russia to escape Putin's assault on reason. Now I fear the UK is on the same path. **The Guardian**, Disponível em: https://www.theguardian.com/commentisfree/2019/sep/14/i-left-russia-to-escape-putin-assault-on-reason. Acesso em: 26/09/2019

57 POMERANTSEV, P. Normalnost. **The Los Angeles Review of Books.** Disponível em https://lareviewofbooks.org/article/normalnost/. Acesso em: 26/09/2019

da pós-verdade e seu campo de testes. Mas é aparente a quem vive em outros países, principalmente nos americanos, que a realidade pode ser diferente dependendo das referências culturais. Já falamos de como vários estudiosos monitoram a ascensão de movimentos fascistas modernos e todos eles observam os ensinamentos de Hannah Arendt, que foi uma das primeiras pessoas a identificar o caos comunicacional como uma arma dos aspirantes a autocrata para enfraquecer as instituições democráticas, seguindo nos moldes do fascismo alemão, o nazismo.

Tocamos tangencialmente, antes, nos objetivos da pós-verdade e falamos sobre os objetivos – até certa forma, de curto e médio prazo – dos agentes propagadores da pós-verdade, mas não apontamos qual o objetivo final deste processo. Isto demanda um pouco de foco nos mecanismos produtores da pós-verdade mais do que na sua composição teórica, da mesma forma que a minha avó sempre dizia para prestar mais atenção no que as pessoas faziam do que no que elas diziam. Deve ter começado a ficar claro que acredito que, a longo prazo, a pós-verdade visa destruir a democracia e a confiança mútua entre os indivíduos de uma sociedade, mas a forma como ela faz isso é importante. Para chegar na pós-verdade, é preciso desvalorizar o jornalismo, a autoridade dos especialistas e de outras instituições democráticas capazes de produzir conhecimento com uma avalanche de enunciados falaciosos postos ao público para mobilizar grupos, mirando na obtenção de ganho político.

Falamos rapidamente sobre a sombra da dúvida e o impacto dela na cobertura política no jornalismo, mas temos que olhar para este mesmo fenômeno por outra ótica. Este outro aspecto, no entanto, que não tem uma característica agressiva, mas sim defensiva e corrobora posições que dão sustentação para a teoria da cumulatividade dos efeitos, e no qual já tocamos, é a crise de confiança (D'ANCONA, 2018, p.42). Impugnar a objetividade e isenção da mídia é sempre um bom primeiro passo se o seu objetivo é governar sem ter que se preocupar com as críticas da imprensa. Uma crítica classificada como parcial é fácil de ser atacada e tem todas as suas notícias, os seus enunciados, resumidos a narrativa. Não sendo mais um relato dos fatos e uma força democrática de fiscalização do poder, o jornalismo vira só mais uma voz partidária imersa, na nossa era de redes sociais, num mar de outras vozes. Isso não é nem algo exclusivo ao jornalismo.

O que jornalistas e intelectuais têm em comum? Essa é uma pergunta com muitas respostas – da mais óbvia (ambos são altamente ligados ao uso da linguagem) à mais obscura – mas capaz de produzir a conclusão correta: ambos produzem enunciados, baseados em experiência, especialidade e evidências, acerca da realidade. É o mesmo que pode ser dito, até mesmo mais categoricamente ainda, acerca de magistrados, por exemplo. Tente recordar, ao longo do último ano, quantas vezes você viu notícias criticando decisões e atuações de juízes e magistrados na mídia tradicional. Garanto que foram várias, criadas pelo tipo de sensacionalismo consequente que não apenas afeta as pessoas, não apenas é um dos valores basilares do jornalismo (fiscalizar os atos do poder), mas apela a uma vontade quase instintiva das pessoas de ver a hipocrisia desmascarada.

O que é menos aparente é como estas notícias foram transformadas em armas nas mídias sociais para vilanizar elementos fundamentais do sistema judiciário. Em 2018, os alvos favoritos da desinformação foram os ministros Ricardo Lewandowski[58] e Marco Aurélio,[59] do Supremo Tribunal

58 RESENDE, Leandro. *#Verificamos: Lewandowski não aparece em foto do Movimento 8 de Outubro*, **Agência Lupa**, 05/12/2018. Disponível em: https://piaui.folha.uol.com.br/lupa/2018/12/05/verificamos-lewandowski-foto/ Acesso em 10/10/2020

59 RESENDE, Leandro. *#Verificamos: Ministro Marco Aurélio Mello, do STF, não tirou foto com Fidel Castro*, **Agência Lupa**, 20/12/2018. Disponível em: https://piaui.folha.uol.com.br/lupa/2018/12/20/verificamos-marco-aurelio-mello-fidel/ Acesso em 10/10/2020

Federal, sempre apresentados como esquerdistas que conspiravam para beneficiar os partidos socialistas e comunistas.[60] Por outro lado, quando era em serviço da narrativa, a atuação do Judiciário era trazida sob os holofotes para ser enaltecida[61] e justificada.[62] Não estamos mais falando de uma atuação exclusiva de um único grupo político, mas de uma tendência social cooptada para uma aspiração política. Esta aspiração política parece ser instalar na sociedade dúvidas acerca das motivações e capacidade de qualquer pessoa de produzir estes enunciados sobre a realidade e impossibilitar a adoção destes enunciados como conhecimento, deslegitimando todos eles ao patamar de narrativa e ideologia.

Não me parece polêmico afirmar que todas as sociedades minimamente evoluídas dependem para seu funcionamento de um grau elevado de confiança entre seus membros de uns para com os outros e para com as instituições constituídas. Se os indivíduos não se sentem seguros para viver entre seus pares e que a sociedade trabalha para essa segurança, nada de muito importante pode ser feito. Mais ainda, se as instituições não têm poder para produzir conhecimento ao redor do qual a sociedade pode se organizar, já que sem a confiança da sociedade todas as suas produções são reduzidas a narrativas (sujeitas a alguma contranarrativa e deslegitimação), não é possível que consensos surjam, ou discursos especializados, ou uma realidade compartilhada que mantenha os indivíduos em uma sociedade democrática coesa.

60 AFONSO, Nathália. *Lewandowski tenha agendado 'sessão secreta' para julgar Lula em 26 de novembro*, **Agência Lupa**, 07/11/2018. Disponível em: https://piaui.folha.uol.com.br/lupa/2018/11/07/verificamos-lewandowski-sessao-lula/ Acesso em 10/10/2020

61 RESENDE, Leandro. *Com vídeo editado, Bolsonaro insiste que Barbosa o citou como 'único deputado' não comprado pelo PT no Mensalão*, **Agência Lupa**, 27/10/2018. Disponível em: https://piaui.folha.uol.com.br/lupa/2018/10/27/bolsonaro-video-editado-joaquim/ Acesso em 10/10/2020.

62 BECKER, Clara. #Verificamos: Patrícia Campos Mello não foi condenada por acusar Bolsonaro de espalhar fake news via WhatsApp, **Agência Lupa**, 17/12/2018. Disponível em: https://piaui.folha.uol.com.br/lupa/2018/12/17/verificamos-patricia-campos-mello-condenada-bolsonaro/ Acesso em 10/10/2020.

Como aponta D'Ancona, décadas de dissonância entre os discursos governamentais veiculados nos jornais e a experiência empírica das pessoas em suas próprias vidas (e nos relatos de pessoas próximas e consideradas de confiança) gestaram um repúdio generalizado que, como ainda vigora enquanto este trabalho é escrito, é de difícil medição. Notícias sobre a solidez de mercados que teimaram em naufragar, sobre a santidade de figuras públicas pegas em escândalos, sobre melhorias nas condições de vida que, na verdade, nunca se concretizavam por completo levaram a opinião pública a duvidar de todo tipo de narrativa institucionalizada ou associada com esses fatores.

Por extensão, esta desconfiança (que em certos momentos pode ser considerada saudável e até científica) tem evoluído, com frequência cada vez maior, para a paranoia, a vertente doentia do mesmo sentimento, e para a conspiração, que seria uma conclusão ilógica da paranoia (D'ANCONA, 2018, p.62). A comunicação globalizada, conectada pelos formatos multimídia e os algoritmos digitais, como os do YouTube,[63] funciona como um amplificador dos discursos que não apenas plantam as suspeitas acerca de informações jornalísticas e oficiais, mas que também buscam suplantá-las com seu próprio discurso. Sem entrar imediatamente em detalhes, vale lembrar que o mecanismo de recomendações do YouTube é baseado numa lógica que não leva em conta debates sobre ética ou discurso público. Após traçar um perfil do usuário, a plataforma cria um "roteiro" de vídeos a recomendar que manteve o maior número de usuários de perfil semelhante na plataforma. Se isso se traduz numa enxurrada de desinformação, teorias da conspiração, aproveitadores e charlatões, é isso que será entregue à audiência. A economia da atenção, em que o olhar da

63 FISHER, Max; TAUB, Amanda. How YouTube Radicalized Brazil, **New York Times**. Disponível em: https://www.nytimes.com/2019/08/11/world/americas/youtube-brazil.html. Acesso em 12/08/2019

audiência é precificado e vendido aos anunciantes, estimula o sensacionalismo a canibalizar o conteúdo menos atraente, mas mais verdadeiro.

Outra percepção acerca de teorias econômicas quanto à assimetria da informação (DAVIS, 2017, p.69-79) e como ela é determinante no mercado de ideias é pelo lado de como a atuação dos atores impacta o ambiente, e não só os atores. Basicamente, a teoria sustenta que o que existe é um jogo econômico de comunicação. O exemplo clássico que melhor elucida a situação é o de uma empresa que quer contratar apenas funcionários inteligentes. Se ela simplesmente perguntar aos candidatos às vagas se eles são inteligentes, todos responderão que sim. A empresa só está disposta a recompensar quem fornece a resposta correta, mas a vontade de conquistar a vaga gera uma forte motivação para que o candidato que não é inteligente minta.

Como a empresa não conhece os candidatos o suficiente para saber quem mente e quem fala a verdade, a mentira dos que não são inteligentes invalida a verdade dos que realmente o são. O proponente desta teoria, o economista Michael Spence, chegou à conclusão na sua tese ganhadora de Prêmio Nobel, que a certificação de uma instituição de ensino superior seria a resposta para o dilema, fornecendo a informação necessária por via autoritária e isenta.

Ao apresentar essa teoria, no entanto, Evan Davis apresenta ao leitor uma pergunta inquietante: e se o custo de uma educação universitária, tanto em tempo, em esforço e monetário, for desproporcionalmente grande para os candidatos menos inteligentes a ponto de motivá-los, como grupo, a deslegitimar a autoridade, utilidade e eficácia das universidades? A fragmentação das narrativas e legitimação destas dentro de microgrupos sociais propicia esse tipo de fenômeno, nocivo à formação de um consenso maior sobre a realidade.

A especulação de Davis toma tons apocalípticos se observarmos, como Clay Shirky em seu livro *Lá Vêm Todo Mundo* (2009), que as redes sociais diminuíram o custo da organização de grupos para zero e maximizaram a níveis sem precedente a motivação para estabelecer estes grupos.

Finalmente, há a definição da pós-verdade como *bullshit*, ou "balela", numa tradução livre (BALL, 2017, p.5-7). Como resposta aos que propõem o maniqueísmo da verdade oposta à mentira, a pós-verdade pode ser apresentada em termos de intenção e interesse. Num debate entre lados contrários, em que um diz a verdade e o outro mente, existe a intenção de provar ou falsificar a realidade com o interesse em vencer. O usuário da balela só pensa em vencer. Se o argumento é capaz de falsificar a realidade ou enganar qualquer um quanto à veracidade do conteúdo é uma ponderação imaterial. O que de fato importa é vencer a discussão imediatamente, criar uma informação alternativa à qual se possa recorrer mais tarde, e passar a conversa para o próximo tópico. É uma estratégia de controle do discurso e do debate público enquanto, de certa forma, é conexa às outras teorias anteriores. Na economia da atenção, a balela – rápida e sensacionalista – vence a verdade – complexa e menos interessante – ao mesmo tempo que a audiência, no geral menos identificada com o especialista do que com o leigo, vê-se motivada a deslegitimar a verdade.

Isso vai um pouco contra a seriedade do que eu estou escrevendo, mas quero propor uma situação que poderia ser real para ilustrar o que eu estou dizendo: Imagine um debate entre um político eleito, que é anti-imprensa, e um especialista em mídias e comunicação num programa de televisão. Você está assistindo a este debate do conforto do seu sofá, controle remoto em uma mão e sua bebida favorita na outra. O político diz: "A mídia canalha mente e os jornalistas só querem me derrubar". O comunicólogo responde afirmando que isso é obviamente uma mentira. O político rebate perguntando: "Você quer dizer que a mídia sempre diz a verdade e que os jornalistas não têm nenhum interesse em me derrubar?". E aqui surge um problema para o comunicólogo. Ele é ético e honesto. Logo, ele sabe que ele não pode simplesmente dizer "É isso mesmo!", porque ele sabe que todo veículo de comunicação não consegue produzir ou reproduzir apenas a verdade, mesmo que muito esforço seja feito neste sentido, e que para os jornalistas é inconveniente que um ocupante de um cargo eletivo seja declaradamente seu inimigo, portanto alguns deles certamente gostariam que este político caísse. Então, ele formula uma resposta, embasado em anos de experiência e pesquisa e, numa rebatida de cerca de 12 minutos, cita eruditos, tem *insights* geniais e formula um discurso coerente e altamente factual. E o ponto crucial é a resposta honesta que você espectador dará a esta pergunta:

— Você vai ouvir atentamente a resposta do especialista ou vai mudar de canal?

Esse é um exemplo terrível, eu sei. Mas não é extremo. Aposto que foi, de certa forma, tão cansativo ler esta pequena digressão quanto foi escrevê-la. Nossas combalidas capacidades de manter concentração jogam contra a resposta positiva e decisão de prestar atenção na resposta. É muito semelhante ao que acontece todos os dias nos Estados Unidos e mesmo no Brasil, em discussões em grandes palcos, plenários e até nas salas de TV.

Outra questão que este exemplo levanta é que a pós-verdade, como fenômeno comunicacional, social e político, também tem facetas psicológicas e todos estes diferentes aspectos devem ser esmiuçados para compreendê-la e, com sorte, eliminar seus efeitos. Desta forma, a análise dos elementos da pós-verdade é um dos fundamentos da discussão que eu proponho aqui. Considerados como alicerces da pós-verdade estão a desvalorização das mídias jornalísticas ditas tradicionais, a disseminação de *fake news* em suas muitas formas e o anti-intelectualismo, os quais trataremos um a um, em maiores detalhes, em capítulos subsequentes. Mas sua análise como componentes visa o entendimento do todo que é denominado pós-verdade, dado que sua existência implica que governantes e indivíduos detentores de poder decisório, econômico e social podem desafiar fatos e não pagar qualquer preço político. E eles assim o fazem por meio desse controle de narrativas.

O grande exemplo que será usado aqui para tanto é a eleição de Jair Bolsonaro à Presidência da República em 2018. Sua campanha foi marcada por afirmações que não possuem nenhum embasamento em fatos comprovados, dentre elas a acusação de que as urnas eletrônicas estavam sendo manipuladas a favor de seus opositores e a acusação de que Fernando Haddad, candidato do PT, defendia o sexo entre pais e filhos em livro da sua autoria. É, também, um grande exemplo de outra estratégia citada aqui, a de declarar a mídia como sua inimiga para se imunizar de acusações, e exemplo de diversas condutas que solidificam o momento de pós-verdade. Voltaremos diversas vezes à produção midiática e o uso de desinformação durante a campanha, mesmo apresentando subsequentes sintomas da pós-verdade que surgiram durante os primeiros anos da sua administração.

É possível especular que ele tenha sido beneficiado pela disseminação dessa informação falsa, mesmo que esta seja apenas a minha opinião pessoal, corroborada por diversas das obras e especialistas consultados para produzir este livro. No entanto, essa afirmação não será posta à prova cientificamente nesta obra e é, inclusive, o objetivo de um complexo processo judicial no Supremo Tribunal Federal, além de uma investigação da Polícia Federal e, indiretamente, de uma Comissão Parlamentar de Inquérito que ainda estava buscando uma forma de permanecer operante no início de 2022. Por enquanto, não passa de suposição e impressão, uma série de indícios e constatações de métodos, estratégias e discursos coincidentes com essa premissa. Talvez seja o suficiente para alguns, como certamente é o suficiente para mim. No julgamento na Justiça Eleitoral que visava determinar exatamente se a chapa Bolsonaro-Mourão se beneficiou do uso de disparos em massa de mensagens com conteúdo desinformativo e que atacavam seus adversários na campanha, caracterizando abuso de poder econômico e uso indevido dos meios de comunicação social – o que justificaria sua cassação – o TSE não conseguiu determinar com segurança a gravidade dos fatos. Para o ministro Luiz Felipe Salomão, relator nesta ação, para determinar quão grave foi a conduta deve ser observado o teor das mensagens e, nesse contexto, se continham propaganda negativa ou informações efetivamente inverídicas, de que forma o conteúdo repercutiu perante o eleitorado, o alcance do ilícito em termos de mensagens veiculadas, o grau de participação dos candidatos e se a campanha foi financiada por empresas com essa finalidade. No entanto, o ministro Edson Fachin divergiu desta posição, considerando esses critérios para aferição da gravidade dos fatos "impraticáveis e inviáveis" e nisso eu fico mais do que um pouco tentado a concordar com ele. Se a condenação de qualquer chapa for dependente de atender a estes critérios, a disseminação de desinformação ficaria praticamente liberada por determinação da mais alta corte eleitoral do país.

Apesar da absolvição da chapa, o ministro Alexandre de Moraes, relator da principal investigação sobre o uso criminoso de desinformação no Supremo e presidente do TSE durante as eleições em 2022, corroborou a minha tese ao afirmar que não há dúvidas de que os disparos ilegais de mensagens pela campanha de Bolsonaro ocorreram. Segundo ele, "[e]sse será precedente importantíssimo para que a Justiça Eleitoral possa ter mais um instrumento e passe um recado claro: se houver repetição do que foi feito em 2018, o registro será cassado e as pessoas que assim fizerem irão para cadeia, por atentar contra as eleições e contra a democracia no Brasil"[64].

O presidente da República, assim como as circunstâncias que o levaram ao cargo, é mais interessante para esta análise porque ganhou a eleição e por sua reverência ao presidente Trump e seus métodos, e pela capacidade de seus filhos e assessores de reproduzir alguns dos métodos mais atuais de manipulação informacional. Ele é um personagem de um momento, não um protagonista da nossa história, onde o principal personagem é a comunicação. Nem mesmo vamos abordar a ideia de que algum candidato tenha sido prejudicado pela veiculação de *fake news*. Até porque, de fato, nem a campanha pró-Bolsonaro nem outras candidaturas que usaram e abusaram da difusão de informações falsas sofreram qualquer consequência negativa significativa dos seus próprios atos, exceto que todas menos uma perderam a eleição. O impacto negativo é na capacidade dos muitos grupos em concordarem entre si quanto à veracidade dos muitos enunciados circulando durante aquele período. O resultado é a desintegração da percepção de uma realidade compartilhada pela maioria da sociedade.

Essa desagregação social, causa e causadora da pós-verdade, aqui resultou no maior indício da prevalência do estado de caos comunicacional, seu principal aspecto representado

64 SENNA, Carlos Eduardo de Azevedo. *Pronto para a guerra*, **Anuário da Justiça Brasil 2022**, ed. 16, ConJur Editorial, São Paulo, 06/2022, p.226-228

na definição enciclopédica que vimos anteriormente: os fatos foram menos importantes para as pessoas na hora de escolher em qual candidato votariam do que suas impressões e emoções quanto a esses políticos, e as considerações quanto à validade das táticas e enunciados propostos por eles foram decididos com esta mesma base antifactual. Em 2018, foi mais importante uma narrativa de alianças, de união nacional (um termo usado aqui e na eleição com o mesmo significado usado pelos governos da ditadura militar), de profundas e impopulares reformas econômicas, de segurança pública (que se resume, de fato, em segurança das elites por meio da opressão e coerção das camadas mais pobres), de desenvolvimento econômico (e por isso entenda-se "proteção dos interesses econômicos das elites") e de "revanche" política do que a realidade de um político com longa e pouco efetiva carreira, com ligações mal explicadas com elementos criminosos e disposto a reverter vários avanços democráticos das últimas três décadas. Os fatos, todos eles, indicavam que, assim como Trump, Bolsonaro era possivelmente a pessoa menos capacitada para o trabalho que a nação precisava e esperava que ele realizasse.

O que é fundamental sobre esse evento histórico é a confluência de elementos identificados como basais e fundadores de um momento de pós-verdade, compreendidos aqui como a veiculação massificada de conteúdo fabricado e falso, a desconfiança generalizada da população nos veículos e especialistas que antes exerceriam papel de mediadores da comunicação e legitimadores do conteúdo confiável, e a aceitação de narrativas baseadas não em um convencimento racional ou científico, mas sim na observância daqueles elementos que mais fielmente reforçam crenças pessoais, vieses cognitivos, posicionamentos de grupos e afiliações e, em última análise, aqueles que mais se alinham com os anseios e preferências de cada um.

No entanto, o resultado da pós-verdade e, portanto, seu aspecto menos alardeado, mas mais relevante, é a ausência de consequência negativa para seus produtores e aqueles que se beneficiam da produção de contrainformação e a confusão e caos informacional que ela cria (PAGANOTTI, 2019), produzindo um ambiente ideal para a ascensão política de agentes perigosos. Num dos textos seminais para a compreensão da pós-verdade,[65] publicado originalmente em 1992, o dramaturgo Steve Tesich avaliou como, após a queda do presidente norte-americano Richard Nixon, os governantes daquele país se tornaram convencidos da necessidade de ocultar a verdade da população e como o povo permitiu que eles assim o fizessem com facilidade e impunidade. Segundo ele:[66]

> Na esteira daquele triunfo, algo totalmente inesperado aconteceu. Ou porque as revelações do Watergate foram tão torturantes e na sequência imediata da guerra no Vietnã, que foi repleta de crimes e revelações próprias, ou porque Nixon foi tão rapidamente perdoado, nós começamos a virar a cara para a verdade. Nós passamos a equacionar a verdade com más notícias e nós não queríamos mais más notícias, não importa quão verdadeiras ou vitais para saúde da nossa nação elas fossem. Nós buscamos nosso governo para nos proteger da verdade (TERISH, *apud* KREITNER, R. *The Nation*, 2016, tradução própria).

Terish defendeu, também, que esta postura era ideal para ditadores e autocratas, já que estes sempre tiveram que trabalhar duro para ocultar a verdade. Na pós-verdade, o público surge como velho personagem com uma nova máscara. Antes

65 KREITNER, Richard. Post-Truth and Its Consequences: What a 25-Year-Old Essay Tells Us About the Current Moment. **The Nation**. Disponível em: https://www.thenation.com/article/post-truth-and-its-consequences-what-a-25-year-old-essay-tells-us-about-the-current-moment/. Acesso em 26/09/2019.

66 KREITNER, Richard. Post-Truth and Its Consequences: What a 25-Year-Old Essay Tells Us About the Current Moment. **The Nation**. Disponível em: https://www.thenation.com/article/post-truth-and-its-consequences-what-a-25-year-old-essay-tells-us-about-the-current-moment/. Acesso em 26/09/2019.

era a força por trás das reinvindicações de liberdade e justiça na esfera pública. No presente, se apresenta pronto a aceitar a desvalorização da verdade, ao ponto em que ela não tenha mais significado ou consequência. Essa observação pioneira foi confirmada pela definição do Dicionário Oxford, e é a mesma conclusão a que chega McIntyre, quando analisa a vitória de Trump nas eleições. Mesmo depois que jornais credenciados e tradicionais avaliaram que 70% das suas afirmações na campanha eram falsas, ele ainda assim venceu (MCINTYRE, 2018, p.152). Na derrota de Nixon germinou também a semente da ameaça definitiva à democracia americana e profundamente conexa aos elementos da pós-verdade.

Em 1971, o presidente Nixon estava no meio do seu primeiro mandato e os maiores jornais dos Estados Unidos começaram a publicar documentos vazados por um delator que mostravam que o governo agia há anos no Vietnã sabendo que a vitória era improvável, colocando milhares de vidas em risco. No ano seguinte, em meio à campanha presidencial, o presidente ordenou que a conferência do partido opositor fosse espionada. Um time de seis homens invadiu o hotel Watergate com a intenção de coletar informações sigilosas sobre a campanha Democrata. Cinco deles foram presos quando o sexto homem, colocado de vigia, se distraiu e não viu a chegada da polícia. Os jornais cobriram a história obstinadamente e havia indícios, desde junho de 1972, que a cúpula do partido Republicano estava por trás da invasão. A nação, conservadora e disposta a apoiar os militares quase que a qualquer custo, ignorou as acusações e se mobilizou para reeleger Nixon numa plataforma de lei, ordem, conservadorismo moral e fim da guerra do Vietnã. O incumbente jurava ter um plano para dar desfecho ao conflito que seria posto em risco se houvesse alguma mudança na Casa Branca. Os eleitores acreditaram e a vitória de Nixon foi esmagadora. Quando essa promessa de fim da guerra não se materializou e, em 1974, surgiram provas contundentes de que o presidente tinha dado a ordem de invasão da conferência Democrata, o trauma foi profundo.

Os conservadores ganharam na guerra de narrativas, mas perderam na guerra pela realidade. Quando a infinidade de possibilidades quânticas entrou em colapso, restando apenas o que de fato aconteceu, a produção de provas, o discurso das notícias dos jornais e a parada de evidências em depoimentos ao Congresso marcaram o fim da discussão sobre se o presidente era ou não um criminoso e o começo de um processo de luto que definitivamente não terminou. O país, investido profundamente no conflito no Vietnã, teve que lidar com a injustiça das ações do governo e dos militares. Uma maioria dos eleitores teve que se reconciliar com o fato de que fora enganada por um vigarista e deu a ele o cargo mais poderoso do planeta. Os especialistas do governo foram expostos como hipócritas, conspiradores e mentirosos, que sabiam dos problemas com a estratégia no sul da Ásia, mas que não foram apenas incapazes de mudar o curso e chegar à vitória, mentiram para encobrir sua inadequação, incompetência e ambição dos seus superiores. E a imprensa, em vez de ser vista como fiscal de uma terrível administração, foi vista como opositora, interessada em desestabilizar o governo, tentando impor a sua agenda liberal. A vontade das pessoas de aceitar que elas tinham errado e que o jornalismo tinha avisado do erro antes que fosse tarde demais foi decididamente menor do que a vontade de dizer que, se a imprensa tivesse apoiado o governo e sido mais patriótica, nada daquilo teria acontecido. A verdade magoava os sentimentos de parte da audiência, então ela simplesmente deu as costas a ela.

A conclusão do professor da FIAM-FAAM, pesquisador e especialista em *fake news* Ivan Paganotti é neste mesmo sentido.

Ele afirma que "estamos, sim, vivendo tempos de pós-verdade, pois parte dos envolvidos no debate público (entre eles, muitos representantes políticos) não estão preocupados em explicar o fundamento de suas decisões, pois parte do público não se importa com isso" (PAGANOTTI, 2019). No entanto, o professor observa que a excepcionalidade do momento é marcada pelo ataque às instituições que cobram, denunciam e apresentam evidências científicas para criticar os posicionamentos falaciosos dos poderosos. Este enfraquecimento das instituições ou a exploração das fraquezas naturais delas é um dos objetivos reconhecidos das campanhas de desinformação modernas e dos regimes autocráticos da primeira metade do século XX.

Entre estes ataques excepcionais, particulares às questões centrais à pós-verdade e os seus dispositivos de persuasão, está, também, o uso do termo *fake news*, já que ele perpetua a associação de notícias com mentiras. Organizações como a *First Draft* agem para eliminar o termo dos discursos legítimos de jornalistas e veículos de comunicação, não só pelo motivo de ele é um ataque a essas instituições, mas também por ser absolutamente impreciso. Há um número de tipos de conteúdo que se abrigam sob o guarda-chuva das *fake news* incluindo (mas não limitado a) fotos e vídeos manipulados, falas falsificadas ou erroneamente atribuídas, fabricações completas, memes e piadas. Eu concordo com iniciativas como a da *First Draft* por abominar o uso do termo e, aqui, proponho o meu próprio critério de substituição para o termo, trocando-o por desinformação e contrainformação, a depender da natureza do conteúdo e da intenção dos agentes responsáveis pela disseminação. Contrainformação seria o nome reservado ao material fabricado com a intenção de criar ou aumentar o caos comunicacional acerca de um tema ou personalidade. Desinformação seria a disseminação através de pessoas que ou acreditam no conteúdo enganador ou que buscam apenas aumentar sua aceitação ou capital social dentro dos grupos em que o conteúdo é compartilhado. Iremos mais a fundo na diferenciação entre os dois mais à frente.

A simulação dos conhecimentos e autoridades jornalística e política é outro dos sintomas singulares da pós-verdade, pela sua intensidade e abrangência. Ela compõe dois dos alicerces principais propostos aqui como construtores da pós-verdade. É com essa ficção de autoridade que ocorre a erosão da especialidade dos intelectuais e, com o mesmo mecanismo, é criado o fenômeno que conhecemos como *fake news*. Sua tradução direta, notícias falsas, é o vocábulo análogo escolhido por diversos veículos quando é apropriado trazer o termo na língua portuguesa, uma escolha que, pela popularidade do termo no original em inglês, já é puramente estilística e editorial. Pode-se optar, também, pela escolha de termos do professor Carlos Eduardo Lins da Silva,[67] que usa "notícias fraudulentas" (SILVA apud BUCCI, 2018, p.22), se achássemos que simplesmente chamá-las de falsas tomaria delas seu verdadeiro peso. Veremos mais à frente como ambas as denominações são problemáticas de suas próprias maneiras. Mas, pela necessidade de firmar uma tradução à qual possamos nos socorrer nesta obra, utilizaremos a mais comum e correntemente usada. Esta é a preferência, também, do objeto da minha pesquisa, a *Folha de S.Paulo*, que é a tradução literal.

Aproveito para estabelecer aqui a visão de que, em qualquer definição mais apurada, há de se considerar também uma tendência de influência dos atores na informação veiculada, que ganha força na dilação indevida da percepção de conhecimento e autoridade de um indivíduo. Empoderado por essa percepção,

67 SILVA, C. E. L. apud BUCCI, Eugênio. *Pós-política e corrosão da verdade*. **Revista Usp**, 116, (2018): p.19-30.

ele pode passar a fazer afirmações que descredenciam dados, fatos, falas de especialistas e reportagens de mídias jornalísticas, em áreas nas quais possui pouco ou nenhum conhecimento ou especialização. Aqui se inclui a legitimação da informação repassada por pessoas afetivamente, economicamente, profissionalmente e academicamente ligadas. As infames "Tias do WhatsApp" e outros parentes idosos não ganharam essa notoriedade apenas pela divulgação de material duvidoso, mas porque usufruem de influência, confiabilidade e poder dentro das estruturas familiares. De fato, nem todas as pessoas têm parentes especialistas em políticas públicas para detectarem com facilidade incompetências administrativas, nem estão em grupos com auditores forenses ou contábeis capazes de detectar elaboradas fraudes, nem têm chefes, colegas ou amigos próximos com conexões que fornecem rotineiramente informações de bastidores do poder. Apesar disso, todos conhecemos alguém do nosso convívio mais próximo (ou somos nós mesmos este tipo de pessoa) que sempre está recebendo informações "confiáveis" sobre assuntos dessa natureza e que se sente (ou nos sentimos) engrandecido em compartilhar com suas redes sociais (não só as digitais, criadas artificialmente pelas empresas do Vale do Silício), para ter a aparência de ser bem-informado, bem-conectado, criador de tendências, influenciador. No entanto, não existe muita reflexão se esse comportamento é apenas um exercício de influência sobre aqueles com os quais temos capital social e, especificamente, emocional.

Como observado por Quy Huy e Andrew Shipilov no seu artigo "A Chave para o Sucesso das Mídias Sociais Dentro das Organizações",[68] esses conceitos de capital social e capital

68 HUY, Quy; SHIPILOV, Andrew. *The Key To Social Media Success Within Organizations*, **MITSLOAN Management Review**, vol.54, nº1, 2012; p.72-82. Disponível em: http://faculty.insead.edu/quy-huy/documents/The%20Key%20to%20Social%20Media%20Success%20Within%20Organizations%20.pdf Acesso em: 16/11/2020

emocional se referem à boa-vontade disponível na sociedade para com indivíduos e grupos, mais especificamente:

> Como o capital social, o capital emocional é uma forma de capital porque constitui um valor ativo no qual outros recursos podem ser investidos, com a expectativa de benefícios futuros (mesmo que incertos). Investindo seus esforços na construção de sentimentos de boa-vontade baseada em emoções positivas, indivíduos ou grupos esperam ganhar outros recursos como informação ou apoio de outros. (HUY, SHIPILOV. 2012, p.73).

Esta é uma visão gerencial deste fenômeno, aplicado a como empresas podem exercer um tipo de *soft power* com seus consumidores e os administradores podem fazer o mesmo com seus funcionários e colaboradores, mas ele se aplica em várias áreas, incluindo nas dinâmicas familiares e de amizade. O que é chamado nesta teoria de "boa-vontade" pode ser facilmente traduzido nestas outras relações como "amor" ou "respeito" ou "coleguismo", sentimentos que criam fortes laços e que mudam a motivação das pessoas em legitimar os enunciados, independentemente de fatores externos às relações. Em termos mais simples, a questão pode ser reduzida a algumas perguntas: Você está disposto a aceitar um conselho dos seus pais ou dos seus melhores amigos, especialmente sobre assuntos com os quais você não tem tanta familiaridade? Você acredita com facilidade no que eles dizem? Você considera que eles são inteligentes? Se a resposta a estas perguntas foi "sim", é possível que você esteja mais inclinado a receber informações destas pessoas sem o nível de questionamento e escrutínio ao qual você submeteria outras fontes. Nisto incorre um risco de desinformação, sem culpa ou intenção nem sua (o receptor) nem deles (os disseminadores). Por outro lado, as pessoas mais velhas e mais isoladas do convívio social intenso são mais vulneráveis à contrainformação.

Paralelamente, está relacionada a essa definição a atribuição por agentes de fora do jornalismo do rótulo *fake news* a produtos jornalísticos. Esses agentes se beneficiam momentaneamente da dilação de autoridade provinda do capital social e emocional, mas normalmente estariam fora de lugar criticando a mídia. Donald Trump gosta de chamar diversos veículos de *fake news*, mas isso não quer dizer que ele tenha algum grau de especialidade no assunto para dizer isso. Mesmo se ele for considerado um excelente homem de negócios, sua especialidade é no ramo imobiliário e da construção civil. Levando-se em conta a experiência recente dele como presidente, podemos dizer que se tornou um especialista em administração pública (eu mesmo, observando as ações de seu governo, só estou disposto a admitir isso com muitas ressalvas e bastante má vontade). Ele também atua ou atuou no mercado financeiro, de hotelaria, educacional, alimentício e da indústria de entretenimento (com graus variados de insucesso). Até foi astro de televisão com a série *The Apprentice* (O Aprendiz) e, até hoje, gaba-se de consumir por vezes mais de nove horas de televisão por dia, além da leitura de notícias online. Nenhuma dessas atividades o capacita como especialista em jornalismo ou como comunicólogo. Diferente do que ele possa representar nas suas falas, ele não possui nenhum *insight* especial quanto às motivações de donos de jornais, editores e jornalistas, e muito menos sobre a práxis profissional deles. Em comparação, o presidente Jair Bolsonaro, que já publicou palavras cruzadas no jornal *O Estado de S.Paulo*, é um verdadeiro *insider*.

Entre desinformação e contrainformação há uma diferença quanto à intenção do indivíduo propagador. Um ponto comum entre estas definições, no entanto, é um discurso marcado pelo populismo[69] que apresenta a informação (que

69 CARDOSO, Gustavo, et al. "As fake news numa sociedade pós-verdade: Contextualização, potenciais soluções e análise." *Relatórios OberCom* (2018).

nestes casos é inautêntica ou falaciosa) como senso comum, como sabedoria popular empírica, e estimula o questionamento do saber estabelecido. O populismo valoriza autoridades alternativas fora da esfera dos especialistas.[70] É aqui que o paralelismo traçado por Ball (BALL, 2017, p. 280-281) entre Evo Morales, Hugo Chávez, Vladimir Putin e Donald Trump, todos líderes com traços autocráticos, alcança seu ápice de eficiência: o poder político deslegitima o discurso jornalístico como narrativa de uma verdade factual e o apresenta apenas como discurso de política de oposição, diminuindo seu impacto como descrição da realidade e tornando-o crítica ideológica. Na mão contrária, o populismo é um apelo de algumas elites, beneficiárias do sistema mesmo não sendo necessariamente lideranças, para que as massas adiram às suas reinvindicações e tornem membros destas elites líderes para, em teoria, "lutar contra o sistema".

E o paralelismo entre os que contestam os veículos jornalísticos e as pessoas que repassam notícias falsas inocentemente é que, apesar do termo "notícias" estar sempre ali, são propagadores de desinformações que não se apropriam formalmente dos formatos, formas e métodos de produção de informação, seja ela jornalística ou não. Pelo contrário, os políticos que acusam veículos sérios de serem *fake news* e as pessoas que se apresentam para concordar com ou atacar essa posição estão, como aponta Matthew D'Ancona (D'ANCONA, 2017, p. 58-59), engajadas num "grande videogame", em que tudo é simplificado para a dinâmica de um jogo, em que o valor da narrativa é sua capacidade de derrotar o adversário e que qualquer discordância com essa narrativa é mero ataque a ser contra-atacado.

70 YLÄ-ANTTILA, Tuuka. Populist knowledge: 'Post-truth' repertoires of contesting epistemic authorities. **European Journal of Cultural and Political Sociology**, vol.5. ed.4, 2018: p. 356-388.

Em texto publicado na revista *Science*,[71] pesquisadores defendem ainda que *fake news* são informações fabricadas que imitam as mídias jornalísticas em formato, mas não em processo organizacional ou em intenção. Haverá mais detalhamento de como as práticas do fazer jornalístico se apresentam e podem ser cooptadas por indivíduos e veículos com intenções outras que não o de transmitir informações factuais. Por enquanto, neste início de discussão, podemos dizer que se trata especificamente de produção que se assemelha em aparência e método ao jornalismo, mas que ignora seus compromissos éticos e profissionais. Mesmo que se observe que muito do material veiculado no Brasil durante as eleições, que recebeu o rótulo de *fake news*, não se encaixa neste perfil.

Essa observação leva à outra definição de *fake news*: é o material propagador de contrainformação que falsifica a especialidade do jornalismo e pega emprestado o prestígio da profissão jornalística. Por isto entenda-se sua imagem de confiabilidade, sua prerrogativa de servir ao direito do público de se informar. Aqui estão, inclusive, aquelas matérias jornalísticas que são tiradas de seu contexto original e instrumentalizadas para fundamentar narrativas enganosas. E, claro, os textos publicados por veículos que em tudo se assemelham ao jornalismo, mas que se ocupam de panfletagem partidária, de fomentar teorias conspiratórias e atacar reputações como pistoleiros de aluguel.

Na fundação destas modalidades de produção comunicacional, se encontra o anti-intelectualismo. E este é de difícil definição, até para o mais entendido especialista no assunto, como o historiador Richard Hofstadter, que afirma em seu livro *Anti-Intelectualismo na Vida Americana* que o conceito

---

71 LAZER, David MJ, et al. "The science of fake news." **Science** Vol.359, Ed.6380, 2018: p. 1094-1096.

serve mais como acusação do que como definição. Retomaremos mais adiante neste livro esta posição, para elaborá-la. Mas basta dizer que é uma tendência constante, cuja força oscila com o tempo, dependendo das mores sociais e os momentos políticos (HOFSTADTER1963, p. 6-7). No nosso momento, em que a força das redes sociais dita uma igualdade entre as vozes e opiniões que, na verdade, não pode existir nas searas da verdade e da ciência, a força desta tendência se encontra num ápice histórico que eu sinceramente não gostaria de ver superado durante a minha vida.

Para nós, o anti-intelectualismo será um posicionamento revelado pela suspeição da autoridade de especialistas, a valorização do senso comum e da sabedoria popular, opostas a um saber científico, e a desvalorização do saber estabelecido. Falaremos aqui da presença dessa atitude nas bases das *fake news*, mas serão identificados os traços do pós-modernismo e a manipulação dessa escola de pensamento filosófico. E como essa ação é tanto de ideólogos comprometidos com visões políticas promotoras da pós-verdade no anti-intelectualismo moderno, quanto da própria Academia e da mídia jornalística.

Assim, ao identificar na produção jornalística da *Folha de S.Paulo* as representações, traços e interpretações dessa pós--verdade, fundamentalmente revelamos se, de fato, estamos vivendo este fenômeno de desvalorização dos enunciados baseados em evidência, pensamento científico e especialidade legitima. O mecanismo de produção deste fenômeno inclui: atribuições de autoridade a indivíduos que não a possuem; rótulos de *fake news* por agentes sem competência para julgar a produção jornalística; reprodução ou avaliação de conteúdo que se mimetiza utilizando a forma jornalística e da comunicação típica das redes sociais com fins de propagar contrainformação; supervalorização do senso comum e sabedoria popular; descredenciamento de falas de especialistas ou informações produzidas sob condições criteriosas e científicas; chamados ou identificação de momentos em que sentimentos e impressões tomam precedência no processo decisório à consideração de fatos dados como verdadeiros. Encontrar nas matérias noticiosas indícios destes mecanismos e, por fim, concluir se os beneficiários desse processo são as instituições e interesse público ou, ao menos por não serem punidos por suas mentiras, se são os agentes criadores, propagadores e fomentadores do caos comunicacional é como creio ser possível determinar a prevalência deste momento.

Seria impossível fazer essa análise para identificar a representação destes elementos sem partir de uma consideração do paradigma jornalístico e das bússolas profissionais, éticas e teóricas que guiam a produção de notícias e reportagens. Ou que, pelo menos, deveriam guiar.

Vale também ressaltar aqui, com a linha de largada ainda à vista no nosso retrovisor, o quanto o termo "pós-verdade" é subutilizado na cobertura jornalística, e em particular na da *Folha*. Até 2016, não há usos significativos do termo nas publicações do *Grupo Folha* de acordo com o que eu pude apurar e, depois do início do período de eleições municipais naquele ano, surgiram na minha pesquisa 58 menções à pós-verdade, representando menos de 1,5% dos usos dos três termos pesquisados. Ainda em 2016, quando todos os termos ainda eram novos no noticiário brasileiro, *fake news* aparecia mais de 57 vezes para cada uma vez que pós-verdade era usada. No período eleitoral de 2018, foram 13 menções, 0,9% do total. Eu acho mais do que um pouco preocupante que o dramaturgo sérvio Steve Tesich tenha inventado a palavra na sua versão anglo-saxã em um texto para a revista *The Nation*, em 1992. Em 2004, ela foi título do livro de Ralph Keyes, *The Post-Truth Era*.

O blogueiro David Roberts usou o termo, com sentido próximo ao que se usa hoje, em 2010, para falar de como a opinião pública e as narrativas midiáticas e dos agentes políticos haviam se desligado completamente da práxis da política e da governabilidade (BUCCI, E., *et al.* 2019, p.276-277). Mas, no Brasil, até 2016, o termo não estava no radar da maioria dos jornalistas nem mesmo em qualquer que fosse a sua tradução possível. Comparativamente, o *The New York Times* trazia o termo "*post-truth*" em 28 matérias publicadas no mesmo período observado em 2016, entre o dia 15 de agosto e 31 de dezembro, 3,5 vezes mais menções do que na *Folha*.

Depois da explosão de menções dos termos "*fake news*" e "notícias falsas" em 2016, os números para estes termos continuaram crescendo pelos próximos dois anos, chegando aos números mais expressivos durante o início do período de campanhas para a Presidência da República, no mês de outubro de 2018, quando aconteceram os primeiro e segundo turnos, e em novembro, quando o resultado foi confirmado e um certo balanço do período passou a ser feito na mídia, assim como os prognósticos do que seria o governo liderado por Jair Bolsonaro, com a ascensão do PSL a importantes cargos no Legislativo. O conceito de pós-verdade, no entanto, não teve crescimento representativo durante esse período. Pelo contrário, apresentou queda em relação tanto ao mesmo período em 2017 como aos meses de 2018 que precederam a campanha e as eleições. É difícil ter uma conclusão clara quanto aos motivos desse decréscimo. No entanto, pode-se especular quanto à dificuldade de absorção de um tema complexo pelo discurso popular e que surgiu atrelado e, de muitas maneiras, crítico de um fenômeno ascendente como a desinformação em massa. Como conceito que busca elucidar como a cacofonia comunicacional e o caos informativo minam a capacidade das pessoas de tomarem decisões baseadas majoritariamente em evidências científicas, fatos constatáveis e declarações de especialistas e autoridades, a pós-verdade se apresenta tanto como um confronto dos vieses cognitivos, que pode causar estranheza e repúdio na população em geral, como uma contestação da autoridade inapropriadamente conferida. E, portanto, naturalmente seria menos legitimada dentro do próprio contexto que descreve. Podemos especular que um conceito complexo, num momento altamente emocional como aquela eleição, simplesmente não poderia ser facilmente digerido por um público muito abrangente. Da mesma forma, à imprensa restou esta mesma defesa, que estaria tão preocupada com a realidade prática dos eventos que não lhe restou espaço para um debate teórico pesado. A minha impressão, no entanto, é que o jornalismo deveria ter seguido o exemplo da Justiça Eleitoral e se preocupado mais, ou ao menos na mesma medida, com a lama jogada contra ele mesmo do que com a lama jogada de lado a lado pelos adversários políticos em campanha. Se a opção pelo termo tivesse sido feita em 2016, da mesma forma que se optou por utilizar *fake news*, a popularização e debate acerca do tema poderia ter viabilizado uma discussão mais informada entre a população e as autoridades, e uma estratégia para frear seus efeitos poderia ter surgido.

Vale a pena destacar que, enquanto o termo *fake news* é um termo, em si, cunhado para atacar a mídia, como já mencionamos algumas vezes, a pós-verdade é um termo criado em duas vertentes, a jornalística e a acadêmica. Supondo que falar em pós-verdade fosse criar um debate público que excluiria os não-iniciados nas teorias da comunicação e da filosofia nas quais este conceito se baseia, o uso de qualquer outro termo seria mais válido do que *fake news*, mesmo que somente pela carga anti-intelectual e antijonalística que a expressão carrega.

Esses termos são, portanto, respectivamente, parte integrante do próprio discurso que busca a erosão da verdade e parte do discurso que busca reverter esses efeitos. A escolha de um em detrimento do outro é curiosa e algo que, em si, merece sua própria pesquisa. Os jornalistas da *Folha* procurados para a minha apuração e análise de reportagens, muitos deles que preferiram se pronunciar anonimamente, reconhecem o momento da pós-verdade, mas eram unânimes na opinião de que é algo passageiro ou, como pondera Paganotti (PAGANOTTI, 2019), é algo que sempre existiu. Com a notável exceção de Patrícia Campos Mello que, desde o início da minha apuração para escrever a pesquisa acadêmica que eventualmente me levou à este livro, já publicou ao menos duas obras relacionadas ao assunto: *Pós-Verdade e Fake News*, uma compilação publicada em 2019, e *A Máquina do Ódio*, que saiu em 2020 e narra os percalços da carreira da jornalista e da política do país após a publicação da matéria sobre disparos em massa pagos em favor da campanha de Jair Bolsonaro, que também é considerada central à minha pesquisa.

As *fake news*, por outro lado, são levadas muito mais a sério e o seu combate por profissionais do jornalismo é muito mais valorizado. A atenção do Judiciário e das próprias instituições jornalísticas mundiais sobre o assunto garantiu a preponderância do tema. Existe uma explicação provável para isso.

Nos últimos anos, pesquisadores[72] e jornalistas começaram a perceber que um dos fatores estruturais para o crescimento do fenômeno das *fake news* é a demanda por elas. É uma ideia relacionada àquela de que o próprio povo passou a rejeitar a verdade e demandar ser protegido dela e de seus efeitos. Enquanto os serviços de checagem, os veículos sérios

72 MUIGAI, Jane Wambui Waweru. Understanding Fake News. **International Journal of Scientific and Research Publications**, Vol. 9, Ed. 1, janeiro, 2019

e outros agentes combatem a oferta por notícias falsificadas, ou seja, os produtores delas, nada ou pouco foi feito para combater "a vontade, o verdadeiro desejo que grandes quantidades de pessoas têm de acreditar em falsidades transparentes".[73] A frase, atribuída ao colunista canadense Andrew Coyne, descreve perfeitamente o estado da pós-verdade.

Na sua análise da afirmação de Coyne, Ilya Somin conclui que essa vontade de consumo de contrainformação vem da ignorância das pessoas e do viés de confirmação. Receber uma informação que confirma uma crença pré-estabelecida é mais importante do que saber se aquela informação é verdadeira ou não. Somin diz ainda que:

> Numa sociedade relativamente livre, sempre existirão pessoas dispostas a disseminar mentiras e contrainformação. O verdadeiro perigo está no fato de tantas pessoas quererem consumir esse material - e ansiosamente acreditarem nele quando o fazem. Se não fosse por esses ávidos consumidores, a contrainformação política causaria pouco ou nenhum estrago[74] (SOMIN, 2019, tradução nossa).

Essa linha de argumentação poderia levar ao debate do combate das *fake news* por meio de alfabetização digital e de mídia, um processo pedagógico de instrução dos consumidores sobre os mecanismos e riscos dos ambientes digitais e da produção de conteúdo para eles. Mas seria ignorar acadêmicos que propõem que a própria velocidade do fazer jornalístico, atrelado ao caráter sensacional das *fake news*, levam ao crescimento da demanda do consumidor por conteúdo de curtíssimo prazo. O engajamento maior, a repercussão, o

73 SOMIN, Ilya. Why the Demand for Fake News is a Far More Serious Problem than the Supply. **Reason**, 05/02/2019. Disponível em: https://reason.com/2019/02/05/why-the-demand-for-fake-news-is-a-far-mo/. Acessado em 29/05/2019

74 SOMIN, Ilya. Why the Demand for Fake News is a Far More Serious Problem than the Supply. **Reason**, 05/02/2019. Disponível em: https://reason.com/2019/02/05/why-the-demand-for-fake-news-is-a-far-mo/. Acessado em 29/05/2019.

número de acessos a matérias sobre *fake news* e o sensacionalismo do material falsificado garantem que estes sejam priorizados acima de discussões sobre pós-verdade. Há cada vez mais vozes, incluindo especialistas na área de tecnologia da informação, engenheiros da computação e designers de *software*, que acham que a falta de regulação da internet garante que este tipo de material seja regularmente produzido e, priorizado pelos algoritmos, veiculado em larga escala. Ou seja, a alegação de que a grande solução para a pós-verdade é a alfabetização comunicacional e digital é, em si mesma, um escudo usado pelas empresas gigantes da área de tecnologia para se esquivar da responsabilidade que o modelo de negócio da internet dos últimos 15 anos tem no atual momento da humanidade, da democracia e da comunicação.

Apesar de tudo que já foi dito até aqui, ainda há muito mais a considerar sobre as *fake news*. Desinformação e contrainformação são o cartão de visita, o mestre de cerimônias, o rosto institucional, o garoto-propaganda, a logomarca da pós-verdade. Enquanto o anti-intelectualismo e o viés psicológico agem no subconsciente da população, como a produção de um espetáculo acontece nos bastidores do teatro, e as concomitantes crises do jornalismo são, de certa forma, os diferentes cenários onde se desenrola a trama da pós-verdade, o elenco da peça são as muitas informações falsas que povoam o noticiário e as redes sociais. Sempre aparentando ser o que não são, elas saltitam em frente à audiência, capturam a imaginação e, quando as pessoas param para pensar mais a fundo sobre elas, surgem com uma nova roupagem para enganar de uma nova forma. O padrão da informação pública como ainda a conhecemos, no formato de difusão, não existe mais. O que surgiu em seu lugar ameaça todos os outros paradigmas com os quais nos acostumamos ao longo dos últimos séculos. Estas ferramentas de comunicação apresentam fraquezas ideais a autocratas, totalitários, projetos de déspotas, corruptos, aproveitadores e charlatões que emulam os comportamentos dos seus antecessores de épocas em que a grande novidade da comunicação era o rádio e, de fato, ao transplantar esses métodos para a internet, transforma biribas em dinamite. E não há agência de checagem, educação midiática ou estilo de vida off-line que, sozinhos, possam nos salvar.

3

Envenenamento involuntário

Há quem esteja farto de falar de *fake news* e há quem tenha transcendido a questão. Tão irritados e saturados com a ubiquidade do termo, já esbravejam até contra aqueles que lutam contra o seu uso e enxergam nele todos os problemas e cargas de um sistema comunicacional belicoso e politicamente polarizado, preparado e redesenhado para se opor exatamente à verdade factual e ao jornalismo como veículo de divulgação desta verdade. Indiscutivelmente, existe um esforço internacional e extremamente plural de chegar a um novo consenso acerca de qual nome dar aos veículos de desinformação, sejam eles textos, imagens ou qualquer outra montaria que a mentira decida utilizar para viajar pelo discurso público. Também é difícil disputar que superpovoar o espaço com diversos termos, alguns simplórios, outros demasiadamente técnicos e acadêmicos, serve para aumentar a confusão da qual o caos comunicacional se alimenta.

Eu imagino que todas as pessoas, em suas áreas de atuação, detestam quando ouvem algum termo leigo ligado à sua prática ou algum termo técnico da sua área que é usado muito e incorretamente. Para mim, este termo é *fake news*. Mas talvez o que eu mais deteste é como os próprios profissionais da área de comunicação e jornalismo foram rápidos em começar a usá-lo, sem preocupação com as possíveis consequências. Como verdadeiras brancas de neve, aceitaram a fruta envenenada da bruxa com o pior disfarce de doce velhinha imaginável.

Aí a bruxa fala "Filha, vai me desculpar, o teu jornal, com todo o respeito, é o jornal mais esquerdopata, mais mentiroso, mais *fake news*", pegando a maçã mordida do chão. "Eu estou dando entrevista aqui por uma questão sua, mas a organização *Folha* é uma vergonha. E é bom todo mundo gravar, vamos ver o que vão botar lá". E lá vai Branca de Neve, em seu caixão de cristal, levar essa novidade ao reino, como se fosse o pomo de ouro. Estas frases de profunda intelectualidade e primoroso criticismo foram publicadas, praticamente sob ameaça, dez dias antes do segundo turno da eleição presidencial de 2018, como parte de uma reportagem mais longa de entrevista com o pastor evangélico e televangelista Silas Malafaia, líder de uma dissidência da Assembleia de Deus, a igreja Assembleia de Deus Vitória em Cristo.[75] O que o jornal esperava conseguir com ela não é 100% claro, pelo menos se olharmos apenas para este pedaço da fala do pregador. O que ela consegue, de fato, é mostrar o pastor como um personagem capaz de guiar uma congregação para os primeiros passos rudimentares de como evitar ser enganada por informações falsas. Depois, como algoz da mídia jornalística de massas, ele subverte seus próprios ensinamentos e pede que o "pensamento crítico" dos fiéis seja aplicado contra a imprensa séria e independente do país, ensinando de fato a usar o viés cognitivo da fé para deslegitimar enunciados baseados em evidências. Ele mesmo se mostra vulnerável a esse viés – ou usa do subterfúgio para manipular –, declarando que a *Folha* fazia cobertura tendenciosa contra o candidato Jair Bolsonaro e, quando a repórter

75 ALBUQUERQUE, Ana Luiza. *Em culto, Malafaia ataca a Folha e ensina fiéis a identificar fake news*, **Folha de S. Paulo**, 19/10/2018. Disponível em: https://www1.folha.uol.com.br/poder/2018/10/em-culto-malafaia-ataca-a-folha-e-ensina-fieis-a-identificar-fake-news.shtml Acesso em 16/11/2020.

rebate com fatos, mostrando que o jornal havia sido crítico em igual medida com o candidato Fernando Haddad, Malafaia rebate dizendo: "Deve ter sido em outro jornal, porque eu estou acompanhando todo dia. É desigual, desonesto, ridículo, uma imprensa esquerdopata...".

O termo *fake news* se popularizou ao ponto da ubiquidade durante a campanha presidencial norte-americana de 2016, como já falamos. Quando candidato, Donald Trump se apoderou dele para atacar as notícias e veículos que o criticavam, estimulando o mesmo comportamento em seus apoiadores. Sem muita reflexão, os próprios veículos que ele atacava adotaram o termo, primeiro para serem fiéis às palavras do candidato que cobriam e, depois, como atalho útil para uma ideia complexa, mas recorrente. Quando falarmos mais do lado do jornalismo na pós-verdade, vamos retomar como Trump e outros políticos tecnopopulistas da nova extrema direita usaram e usam a mídia para amplificar suas ideias. A captura e controle do *newscycle* (ciclo diário das notícias) permite que estes agentes imprimam na audiência suas visões. Observe-se que não é necessário a eles que a audiência concorde com eles, só que a mensagem alcance o maior número possível de pessoas, de forma repetitiva e marcante. Rapidamente *fake news* virou um tipo de índice para tudo que significa mentir, enganar ou falsificar. Mas, para analisar a construção da pós-verdade nas sociedades contemporâneas, é necessário entender o conceito completo do que este termo, *fake news*, abarca.

No Brasil, a cobertura acompanhou a dos nossos homólogos norte-americanos de forma estonteante pela sua velocidade de adaptação. Se ao menos fosse para algo de bom. Sem querer ser repetitivo, mas eu ainda considero chocante que uma dupla de palavras em língua estrangeira, que passou de zero menções nos grandes jornais em 2014 a 10 aparições em 2015, chegou a aparecer em 461 reportagens apenas em um jornal em 2016. É mais de uma reportagem por dia e um crescimento vertiginoso. Em 2017, o número de reportagens cresceu outros 165% e no ano da eleição, o pulo foi de mais de 255% em relação ao ano anterior. Raras foram as vezes em que a trajetória de um novo vocábulo, do seu surgimento à sua prevalência, foi tão clara e pública. Temos que apreciar o surgimento de uma estratégia comunicacional no campo político desta magnitude. De uma eleição para a outra, podemos debater a utilização ou não de campanhas de desinformação, mas é óbvio como o tema das *fake news* se tornou relevante e mudou totalmente o debate em apenas quatro anos.

A definição mais moderna e aceita de *fake news* é a postagem digital viral baseada em relatos ficcionais ou boatos com a aparência de informação jornalística.[76] Alguns trabalhos acadêmicos também usam a definição "textos noticiosos que são intencionalmente e comprovadamente falsos, e que poderiam enganar leitores". Observa-se que nenhuma destas definições contém o uso exemplificado antes, feito por políticos como Trump. Ou seja, no campo da comunicação, dentro do mundo acadêmico, o termo foi rapidamente identificado e reutilizado, quase que como justificativa do uso prático nas páginas dos jornais, mas descartando as formas de uso mais comum entre os leigos. E estas definições não são, muito menos, próximas da mais popular, adotada por milhões de pessoas do mundo e, certamente, no Brasil: mentira.

Uma motivação possível dos jornalistas, como mencionado anteriormente, é se esquivar do antigo problema de como afirmar, por escrito, que alguém mentiu, sem chamar aquela pessoa de mentirosa, ficando aberto a levar um processo por calúnia

76 TANDOC JR., E. C., ZHENG, W. L., LING, R. *Defining "fake news" A typology of scholarly definitions.* **Digital journalism**. Ed. 6.2, 2018, p.137-153.

e difamação na cabeça. O jornalismo sempre foi bom em dar espaço aos mentirosos para contarem suas lorotas e, depois, puxar-lhes o tapete, apresentando os fatos que os contradiziam. Na nossa época de necessidade de velocidade, com uma audiência ávida por manchetes, distraída demais para ler textos longos e tomada pela avidez por simplesmente ganhar a discussão e sair de cena com uma piadinha, essa capacidade foi diminuída, não por uma perda de aptidão por parte dos profissionais, mas por uma falta de interesse da audiência. Quem usa as redes sociais e está atento certamente já se deparou com (ou já fez) o comentário "mas lá vai de novo o 'jornal X' dar espaço para mais um mentiroso" ou algo no mesmo sentido. O que antes era o palco para desmascarar os falsários virou palanque para as falsidades, já que a audiência não tem paciência para chegar à revelação do confronto entre depoimento e apuração jornalística.

Mais aparente, óbvio, é que o jornalismo simplesmente não pode deixar de morder a maçã, tanto quanto uma atriz no papel de Branca de Neve pode se recusar a fazê-lo. Quando um candidato à Presidência fala, não pode deixar de haver repercussão. Se for um presidente eleito, a repercussão deve ser ainda maior. Esse sempre foi o *modus operandi* da imprensa e sua razão de existir. Dar publicidade aos atos dos poderosos para que sejam julgados pela opinião pública. E qual não foi a surpresa quando, ao revelar os malfeitos como de costume, os jornalistas começaram a ouvir mais vaias para si do que para os malfeitores? E quando as falas dos poderosos são sobre como os repórteres se esforçam em prejudicar o povo e a população parece concordar?

No Brasil, não bastasse usar o termo original, fez-se o esforço de traduzir o termo, como faz a *Folha de S.Paulo* (MACHADO, 2018, p.467), para "notícias falsas", o que deveria ajudar o entendimento dos lusófonos, mas não o faz. Ou se cria uma visão simplificada, semelhante à contida nas definições citadas anteriormente, ou se cria a associação nefasta entre conteúdo enganoso e jornalismo sério, ou se exige uma avaliação reversa do que os veículos apresentam como bom jornalismo para chegar a uma definição do que podem ser *fake news*. E os discursos oficiais vão na direção de criar esse desentendimento, não de solucioná-lo. O procurador-geral da República, Augusto Aras, em junho de 2020, levou a Associação Nacional de Jornais a protestar contra afirmação feita em seu voto no julgamento preliminar do processo sobre os ataques a ministros do Supremo nas redes sociais:

> Sabemos que o fenômeno maligno das *fake news* não se resume a blogueiros e a redes sociais. Ele é estimulado por todos os segmentos da comunicação moderna sem peias, sem aquele respeito que a nossa geração aprendeu a ler o jornal acreditando que aquilo era verdade. Temos que ter mais cuidado na leitura das notícias, para fazermos um filtro fino para encontrar um mínimo de plausibilidade em relação a essa campanha de *fake news* que não guarda limites de nenhuma natureza. E o pior, que vai estimulando comoções sociais, que vai sustentando pensamentos extremistas, que vai levando a sociedade já desesperada em meio a uma calamidade pública a sentimentos de revolta, incitação e submetida a reação muito delicadas para a nossa democracia.[77]

O procurador-geral não afirma categoricamente em nenhum momento que os jornais publicam notícias mentirosas, mas dois pontos da sua fala revoltaram os jornalistas: quando ele diz que todos os segmentos da comunicação moderna estimulam o fenômeno das *fake news* e, principalmente, que as pessoas deveriam tomar "mais cuidado na leitura das notícias". Mas não houve, nem naquele momento nem em nenhum outro, qualquer mídia jornalística tradicional encampada contra a

---

77 BRÍGIDO, Carolina; DE SOUZA, Rodrigo. *Procurador-geral da República relaciona leitura de jornais a notícias falsas*, **O Globo**, 10/06/2020. Disponível em: https://oglobo.globo.com/brasil/procurador-geral-da-republica-relaciona-leitura-de-jornais-noticias-falsas-1-24473393 Acesso em 10/11/2020.

reputação de qualquer ministro utilizando discursos sem lastro na realidade. Ou seja, ele levantou a ideia de perda da credibilidade do jornalismo tradicional como algo associado ao conteúdo que de fato caluniava os ministros – que era muito mais representado nas correntes dos grupos de *WhatsApp*, nos memes e eventos do *Facebook* e nas *hashtags* levantadas por centenas de usuários e milhares de robôs no *Twitter* – com o trabalho dos jornalistas sem nenhuma provocação aparente.

O jornalismo moderno, em curta análise, passa muito do seu tempo na defensiva, apresentando seu trabalho como o mais alto padrão de qualidade e ética jornalística. Em seu *Manual de Redação* (MACHADO, 2018), a *Folha* propõe a ideia de um bom jornalismo que se ocupa em ser "crítico, plural e apartidário, que se propõe a fazer um relato isento e confiável dos acontecimentos". Avalia, também, que "[a] atividade jornalística deve adensar o conhecimento do leitor, apresentar-lhe novos ângulos e desafiar o senso comum", além de ser "analítica, interpretativa e eventualmente (*sic*) conclusiva, identificando problemas e ponderando prós e contras das soluções cabíveis" (Ibid., p.63). No *Manual*, o veículo afirma, também, sua diferença dos veículos que propagam as notícias falsas, a *Folha* os separa entre aqueles que espalham esse conteúdo deliberadamente e aqueles que, por amadorismo, militância política ou vocação publicitária não têm compromisso com a busca da objetividade e o princípio do contraditório. Diz também (Ibid., p.15) que, no meio digital, as notícias se confundem às notícias falsas, pois estas últimas reproduzem a forma das primeiras, mas desligadas do contexto original. Isso é o mais próximo que o *Manual de Redação*, a mais completa publicação do gênero no país, ia no sentido de definir *fake news* diretamente em 2018.

Pensando nesta tentativa – que não é uma definição de nenhuma forma – eu decidi fazer um pequeno exercício criativo: e se, após estabelecer os princípios do bom jornalismo, tentássemos produzir seus opostos e, a partir deles, determinar qual o tipo de atividade capaz de produzir "notícias falsas"? O contrário das características apresentadas pela direção da *Folha* representaria não o mau jornalismo, mas uma nova atividade, um produto focado na bajulação, no discurso unitário e homogêneo, no partidarismo, sectário (a serviço de interesses específicos) e pérfido (disposto a enganar sua audiência) no relato dos acontecimentos, disposto a diluir o conhecimento do leitor, restringir-lhe o acesso a um número limitado de pontos de vista e aquiescendo ao senso comum. A produção das *fake news* desconsideraria, segundo essa observação, os detalhes em preferência do todo, encriptando e obscurecendo os problemas e apresentando apenas uma ou nenhuma solução para as questões. Seria uma avaliação verborrágica e pouco precisa, sem elucidar muito bem qual o foco dessas notícias falsas, mas é possível ver alguns dos traços reais da produção de material inautêntico. Algumas das características das peças de desinformação que apelidamos como *fake news* são a escolha de um favorito nos conflitos políticos (como a proclamação de Bolsonaro como o grande "Mito"), a destruição dos argumentos contrários como narrativa ideológica, o conteúdo enganoso e direcionado, contrário à formação de um conhecimento baseado em evidência que edifique o indivíduo (o elemento do anti-intelectualismo, com o qual lidaremos a seguir).

O principal agente de *fake news*, segundo essa análise, seria o discurso partidário. Contrariando o conselho de muitas pessoas mais inteligentes do que eu, decidi fazer essa abstração e, depois de feita, ela ainda me soa verdadeira, já que a desinformação é geralmente de caráter político ou ideológico. A contrainformação é uma atitude política e um processo de controle narrativo que carrega em si uma carga ideológica que tem como finalidade um projeto de poder e um projeto social, no sentido de que existe um plano de como a sociedade deve se parecer, se organizar, quais devem ser seus valores, quais devem ser suas regras. Como exposto pela repórter Yowei Shaw no podcast *Invisibilia*,[78] no episódio *The Chaos Machine: Wrathful Lord*, sobre como um site alternativo de jornalismo independente conseguiu jogar uma pequena comunidade americana no caos e descarrilhar a carreira de um promissor jovem político publicando uma mistura constante de notícias locais, conteúdo humorístico, chamados à ação e desinformação, alguns veículos e pseudojornalistas trabalhando como agentes de desinformação querem deixar de ser comunicadores e tornar-se *kingmakers*, jogadores no tabuleiro da política com a capacidade de influenciar decisões. Como flexão do músculo retórico, ou como elucubração teórica, é uma estratégia que pode funcionar, mas a realidade do impacto das *fake news* é indiscutível. Há quatro exemplos claros desse reflexo da desinformação no nosso mundo palpável que demonstram seu perigo, suas motivações e quilate dos seus agentes.

Em 2018, no país sul-asiático de Mianmar, o exército destacou cerca de 700 militares para, com perfis aparentemente dedicados a falar de ídolos nacionais e outros assuntos sem ligação aparente com as forças armadas do país, postar mensagens xenófobas, racistas e discriminatórias contra a população Rohingya, majoritariamente muçulmana, na plataforma *Facebook*.[79] Quando os administradores do serviço agiram para derrubar a rede de contas ligadas à campanha de contrainformação, elas já contavam com 1,3 milhão de seguidores e uma onda de crimes e

78 INVISIBILIA: The Chaos Machine: Wrathful Lord. Apresentadores: Yowei Shaw e Kia Miakka Natisse. Washington D.C., EUA: NPR, 6 maio 2021. Podcast. Disponível em https://www.npr.org/2021/05/05/993985378/the-chaos-machine-wrathful-lord Acesso em: 08/05/2021

79 MOZUR, Paul. *A Genocide Incited on Facebook, With Posts From Myanmar's Military*, **New York Times**, 15/10/2018. Disponível em https://www.nytimes.com/2018/10/15/technology/myanmar-facebook-genocide.html Acesso em: 10/10/2019

violência já tinha enviado 700 mil pessoas para o exterior como refugiados, numa movimentação típica em casos de genocídio e eliminação étnica. Este episódio é o exemplo mais recorrente na literatura sobre os efeitos extremos das *fake news* no mundo real. Com uma maioria budista e uma história recente de lideranças militares constantemente desconfortáveis com governos civis, ao ponto de tomar deles o poder recorrentemente, a população foi presa de uma estratégia de manipulação que explorou as fraquezas do modelo de negócio das redes sociais e o desinteresse das Gigantes Digitais com o conteúdo que transita pelas plataformas (contanto que gere engajamento e mantenhas as pessoas grudadas na tela). E o *Facebook* teve que admitir não apenas o seu papel no massacre e não apenas que não sabia como lidar com o conteúdo de ódio sendo veiculado em suas páginas, mas que não tinha noção da sua capacidade de disrupção da ordem social em países recentemente introduzidos à internet pela crescente acessibilidade a smartphones mesmo em locais empobrecidos e em regimes ditatoriais.[80] Em Mianmar, de acordo com diversas pesquisas, boa parte da população não sabe a diferença entre a internet e as redes sociais.

No Brasil não é muito diferente. A imprensa local e mesmo membros da academia tendem a não dar muita atenção ao fato de que é corrente e comum que provedoras de serviços de internet e telefonia móvel ofereçam pacotes de consumo de dados diferenciados para o uso das plataformas do grupo *Facebook*, *Instagram* e *WhatsApp*. Para muitas pessoas com fundos limitados, a única navegação on-line feita é através destas redes, de forma que elas são indistinguíveis da internet. O poder de influência é, portanto, gigantesco. Quando a verdadeira enxurrada de vídeos adulterados, fotos editadas, textos apócrifos e

80 STEVENSON, Alexandra. *Facebook Admits It Was Used to Incite Violence in Myanmar*, **New York Times**, 06/11/2018. Disponível em: https://www.nytimes.com/2018/11/06/technology/myanmar-facebook.html Acesso em 19/08/2020.

todo tipo de desinformação inundaram o *WhatsApp* de milhões de brasileiros, a imprensa mundial prestou atenção.[81] No ano da campanha, 44% da população apta a votar usava o aplicativo e os principais candidatos usavam de todos os truques possíveis para explorar a plataforma de mensagens diretas. O governo e a plataforma tentaram implementar melhorias no sistema para conter as informações falsas, mas foi muito pouco e muito devagar. Dois anos depois, nas eleições norte-americanas, o aplicativo ainda estava sendo usado para causar instabilidade política, desta vez incitando a população latina residente nos Estados Unidos contra o movimento negro *Black Lives Matter.*[82]

Outro exemplo foi o abuso indiscriminado de desinformação como política de Estado empregado pelo governo russo nos últimos anos. Plantando narrativas conflitantes, a Rússia conseguiu criar confusão o suficiente no cenário internacional para invadir, praticamente sem nenhuma oposição ou resistência, a península da Crimeia e tomar o controle da região do governo da Ucrânia. Após levar sanções da comunidade internacional, o regime de Vladmir Putin seguiu interferindo por meio de próxis e campanhas internacionais de desinformação em nações do Oriente Médio, como na Síria, Turquia e, em especial, no Qatar, onde hackers russos fizeram parecer que o governo local estava declarando suas simpatias por Israel e Irã, levando a uma crise entre o país e a Arábia Saudita, uma potência local.[83] Vale observar que houve, principalmente nos países do Oriente Médio, interferência direta, diplomática e militar, nos moldes tradicionais do jogo imperialista do pós-Guerra Fria, por parte da

81 ISAAC, Michael; ROOSE, Kevin. *Disinformation Spreads on WhatsApp Ahead of Brazilian Election*, **New York Times**, 19/10/2018. Disponível em: https://www.nytimes.com/2018/10/19/technology/whatsapp-brazil-presidential-election.html Acesso em: 25/10/2019

82 MAZZEI, Patricia; MEDINA, Jennifer. *False Political News in Spanish Pits Latino Voters Against Black Lives Matter*, **New York Times**, 21/10/2020. Disponível em: https://www.nytimes.com/2020/10/21/us/politics/spanish-election-2020-disinformation.html Acesso em 21/01/2020

83 THE WEEK STAFF. *How Vladimir Putin weaponized the internet*, **The Week**, 24/07/2017. Disponível em: https://theweek.com/articles/707537/how-vladimir-putin-weaponized-internet Acesso em 23/11/2020

Rússia, da mesma forma como foi feito por outros países e frequentemente pelos Estados Unidos. A experiência dos BRICs como bloco econômico foi, de muitas formas, uma experiência da mesma natureza. E aqui vale também apontar, com ressalvas, para a História da comunicação bélica como política internacional de Estado de diversos países para dizer, pelo menos, que a manipulação da opinião pública através de discursos, enganosos ou reveladores, mas com impacto suficiente para desmobilizar esforços nacionais, é algo ao menos tão velho quanto Sun Tzu. O comportamento russo sendo destacado aqui são as campanhas de desinformação e contrainformação lançadas com o uso das novas formas comunicacionais e organizacionais propiciadas pelas redes sociais e aplicativos de mensagens digitais, pois estes conteúdos são, claramente, aqueles cujo poder comunicacional foi potencializado ao ponto de se tornarem ferramentas eficientes de desagregação social e desafio à democracia. Um exemplo é mais famoso que todos os outros.

Famosamente, os *trolls* russos desestabilizaram a eleição presidencial dos Estados Unidos em 2016, plantando diversas mentiras nas redes sociais norte-americanas que atingiram milhões de eleitores. As falsidades russas acenderam teorias da conspiração como o *Pizzagate* (segundo o qual a candidata Democrata Hillary Clinton e outros membros do partido e das elites liberais estavam tocando um vasto esquema de tráfico humano e pedofilia de dentro de uma pizzaria em Washington D.C.) que eventualmente se tornaram a base do delírio em massa conhecido como QAnon (uma teoria da conspiração segundo a qual Donald Trump luta, solitário, contra um esquema de pedófilos satanistas, preparando uma grande insurreição cristã contra o sistema, levando a encarceramento e execuções). Também deram combustível a movimentos de esquerda como o já mencionado *Black Lives Matter*, inflamando tanto os militantes por direitos civis quanto organizações conservadoras e de supremacistas brancos, buscando criar a polarização e o caos social. Nisto, eles foram muito bem-sucedidos e foi graças à estratégia. A tática russa envolveu uma mistura de bombardeamento das redes com um exército de *trolls* e contas inautênticas, mistura entre discursos completamente ficcionais, relatos empíricos, notícias tiradas de contexto e conteúdo memético e tudo em grandes volumes, no estilo *firehouse*.

O exemplo final foi a consequência do evento mais explosivo deste processo durante a Presidência de Donald Trump, por responsabilidade do próprio presidente. Os eventos do dia 6 de janeiro de 2021 entraram na história como o momento de maior fragilidade da democracia dos Estados Unidos desde a Guerra de Secessão, quando Trump, após meses de campanha midiática convencendo seus apoiadores de que uma fraude de proporções inéditas havia tirado dele a vitória nas urnas, fez um discurso para milhares de apoiadores reafirmando várias teorias da conspiração disseminadas *online* e incitando a massa a ir demonstrar na frente do Capitólio.[84] Ao chegar lá, os manifestantes entraram em confronto com a polícia, montaram uma forca do lado de fora e, do lado de dentro do prédio, quebraram gabinetes e caçaram o vice-presidente Mike Pence, os líderes Democratas Charles "Chuck" Schumer e Nancy Pelosi, além de outros congressistas desafetos de Trump, com a clara intenção de perpetrar violência contra eles.[85]

Um mês e sete dias mais tarde, o Senado norte-americano votou por inocentar o agora ex-presidente das acusações de incitação à insurreição, mas não antes de Trump sofrer seu

84 CNN. *Read: Former President Donald Trump's January 6 speech*, **CNN.com**, 08/02/2021. Disponível em: https://edition.cnn.com/2021/02/08/politics/trump-january-6-speech-transcript/index.html Acesso em 15/02/2021

85 BAKER, Peter. *A Mob and the Breach of Democracy: The Violent End of the Trump Era*, **The New York Times**, 06/01/2021. Disponível em: https://www.nytimes.com/2021/01/06/us/politics/trump-congress.html Acesso em 15/02/2021

segundo impeachment, a primeira vez na História que o congresso norte-americano considerou que foi necessário aplicar a medida uma segunda vez. Ambas as decisões eram praticamente certezas dada a realidade política daquele país, mas o julgamento no Senado foi particularmente iluminador do momento da pós-verdade e no movimento que culminou numa clara divisão dentro do partido Republicano, entre os políticos leais e Trump e aqueles escandalizados pelo uso de uma narrativa de fraude eleitoral sem nenhuma evidência palpável para tentar reverter o resultado do pleito e se manter ilegalmente na presidência, mesmo pelo uso da força.

O modelo de desinformação russo só expôs suas fragilidades de forma mais contundente durante a segunda invasão de Putin à Ucrânia no início de 2022. Os *trolls* estavam posicionados, os robôs (contas automatizadas) e ciborgues (contas usadas por humanos, mas que consistentemente reproduzem conteúdo disseminado por robôs) estavam ativos, o volume da mensagem estava no máximo, mas a campanha simplesmente parecia não pegar tração, nem em redes mais novas e alternativas como o *Tik Tok* e o *Telegram*, nem nas mais tradicionais e *mainstream* como *Facebook* e *Twitter*. A jornalista Patrícia Campos Mello atribuiu as dificuldades de emplacar uma narrativa ao ativismo dos ucranianos e à experiência midiática como comediante do seu presidente, Volodimir Zelenski.[86] Tom Southern, da *Wired*, foi mais fundo:

> A rede de influência russa era tão complexa quanto era abrangente. O Kremlin gastou milhões tanto em dólares quanto em horas só na Europa, cultivando e cuidando a direita populista internacional (Itália, Hungria, Slovenia), a *far right* (Áustria, França e Eslováquia) e até a extrema esquerda (Chipre, Grécia e

86 MELLO, Patrícia Campos. *Rússia, potência em desinformação, vive fracasso na tentativa de manipular narrativa da guerra*. **Folha de S. Paulo**. 06/03/2022. Disponível em: https://www1.folha.uol.com.br/mundo/2022/03/russia-potencia-em-desinformacao-vive-fracasso-na-tentativa-de-manipular-narrativa-da-guerra.shtml Acesso em 17/03/2022.

> Alemanha). Há anos, políticos eleitos nestes e outros países têm trabalhado pelos interesses russos e defendido suas transgressões, diversas vezes vendendo a narrativa de Putin no processo. Enquanto isso, nas televisões, computadores e telas móveis por todo o mundo, a mídia estatal russa como a RT, Sputnik e uma horda de blogs alinhados e sites de "notícias" ajudaram a espalhar uma visão alternativa do mundo real.[87]

Para Southern, enquanto não havia imagens familiares de uma invasão militar, esses fatores, aliados à desinformação *online* como já a descrevemos, funcionavam bem. No entanto, a realidade da guerra foi equivalente a "Putin gritar nas nossas caras", algo óbvio suficiente para atravessar o nevoeiro informacional dos meios digitais e sair da realidade virtual, expondo os agentes dos interesses russos no mundo real pela sua fidelidade às narrativas desmascaradas no mundo real.

Para a pesquisadora Catesby Holmes, do Centro de Estudos Shorenstein para Mídia, Política e Políticas Públicas da Universidade de Harvard, o que estamos vendo no conflito atual é uma resposta unificada, forte e imediata à desinformação vindo da Rússia. "Os ucranianos fizeram um ótimo trabalho preventivo de desmentir o que a Rússia diria, então já havia informações verdadeiras em circulação", o que funciona como uma imunização dos ambientes informacionais à veiculação de desinformação. As agências de inteligência norte-americana também divulgaram rapidamente e de uma forma inédita informações sobre as intenções russas, o que impediu que a desinformação se espalhasse livremente. Southern apontou, também, para o fato que o Kremlin, talvez por arrogância, não testou diferentes narrativas antes do ataque, apostando em discursos antigos sobre o controle da Ucrânia

87 SOUTHERN, Tom. *The Spectacular Collapse of Putin's Disinformation Machinery*. **Wired.com**. 10/03/2022. Disponível em: https://www.wired.com/story/putin-collapse-disinformation-machinery-ukraine/ Acesso em 17/03/2022.

por facções neonazistas e sobre a legitimidade histórica da soberania ucraniana. Houve também tentativas fracassadas de convencer o público de que diferentes eventos provocaram a invasão russa, todos desmentidos rapidamente.

Os maiores sucessos informacionais russos vieram depois das primeiras semanas de conflito, quando setores da extrema direita e esquerda começaram a encontrar ressonância com as narrativas propostas. A direita foi persuadida pela fabricação de possíveis laboratórios de armas químicas dos Estados Unidos escondidos em território ucraniano, um discurso sedutor para os setores mais paranóicos com o *deepstate* norte-americano e dispostos a crer nessa atuação internacional sinistra. A esquerda, por outro lado, se ligou mais à narrativa de combate das forças nazistas e às alegações de russofobia dos líderes e nações que repudiavam a invasão e que estiveram historicamente alinhados contra a União Soviética.

Ainda assim, o choque do conflito armado criou complicações inesperadas para o modelo comunicacional de guerra híbrida. Enquanto Catesby Holmes defende que a reação positiva dos agentes defensores de informação fidedigna e as estratégias de combate à desinformação podem perder eficácia fora de um contexto extremo como o de uma guerra, com bombas caindo do céu, Southern aponta que o custo em sangue e vidas pago até então era alto demais para ser suportado, mas que o lado positivo era a prova cabal que Putin não era o gênio infalível que muitos pensavam que fosse. E da derrota parcial da desinformação russa, já surge a ameaça renovada de estratégias de desinformação partindo tanto de Estados Unidos e Ucrânia quanto de outros atores interessados em criar ainda mais caos em meio ao conflito.

É confuso falar sobre *fake news* fora do contexto atual, tentando transplantar o debate dos Estados Unidos para o

Brasil ou olhando apenas o modelo russo aplicado em 2014. É um debate recheado de questões válidas, mas que são um mergulho ainda mais profundo nas mágoas dos populistas, autocratas e fundamentalistas de todos os extremos políticos acumulados contra o jornalismo ao longo dos últimos dois séculos. Textos com conteúdo ficcional são publicados em jornais e veiculados em outras mídias desde o século XIX, e foram responsáveis pela popularização do formato tabloide na Inglaterra (YOUNG, 2017, p.12-15), pelo surgimento do gênero literário da ficção científica e, no início do século XX, do rádio, com sua expressão mais famosa na transmissão de *A Guerra dos Mundos* de H. G. Wells, em 1938. Na mesma época, no Brasil, a regra eram os relatos jornalísticos partidários, típicos da panfletagem política e muito longe do nosso padrão de ética profissional atual, criando um modelo híbrido entre o *penny press* e a dependência dos caciques políticos que comandavam as redações na época anterior ao modelo de negócios baseado em publicidade e alta circulação.

A intenção dessas notícias falsas nos primórdios do jornalismo moderno era, claramente, atrair a audiência com conteúdo destinado ao entretenimento e à fidelização do público. O mesmo pode ser dito das notícias com conteúdo político inverídico. As primeiras gerações de jornais eram, na sua maioria, panfletários e dados a exageros para descaracterizar adversários e engrandecer aliados. Essa característica só é superada internacionalmente na década de 1920 (SCHUDSON, 2018, p.51) e, no Brasil, ainda pode ser detectada numa miríade de jornais locais, que servem aos interesses paroquiais de seus donos e dos poderes regionais,[88] embora a situação hoje seja muito diferente do ambiente hiperpartidário da imprensa

88 NUNOMURA, Eduardo Yoshio. **Notícias de Segunda Mão**: os jornais locais e a cobertura política. 2018, 375 p. Dissertação (Doutorado em Ciências da Comunicação) - Universidade de São Paulo, São Paulo 2018, p.15.

brasileira que vigorou até o início da ditadura de Getúlio Vargas, nos primeiros anos da década de 1930 (PILAGALLO, 2012, p. 100-106). Vale observar que o início da Era Vargas não é um divisor de águas pela ética ou pelo consenso político, mas porque os varguistas tomaram por prática invadir os prédios das redações dos jornais e "empastelar" os veículos. Essa prática, que ganhou este nome que remete às comédias tipo "pastelão" – com suas brigas de comida, violência caricaturizada e tortas na cara – era, na verdade, uma invasão de propriedade privada com o objetivo de destruir prensas, quebrar máquinas de escrever, queimar arquivos e bobinas de papel, eliminar a infraestrutura e diminuir os recursos físicos e financeiros dos opositores do novo governo, muitos deles jornalistas sérios. Não tinha nada de "pastelão". Era uma agressão muito real da liberdade de imprensa, de expressão e de manifestação. Era intimidação dos profissionais e destruição da capacidade informativa dos veículos. O único problema é que eram as liberdades de muitas pessoas, cuja ética profissional estava sendo posta em dúvida, alguns que se abrigavam sob o guarda-chuva do jornalismo para fazer política partidária, que estavam sendo violadas. Curiosamente, esta é uma prática que ressurgiu em 2021, com um jornal tendo a sede incendiada na cidade de Olímpia, no interior do estado de São Paulo,[89]

O problema da confiabilidade dos jornais estava longe de ser superado com as evoluções e profissionalização do jornalismo nas três primeiras décadas do século XX. Em 1967, o jornalista excêntrico e fundador do movimento Gonzo, Hunter S. Thompson, deixava bem claro que a imprensa norte-americana não estava acima de publicar mentiras sensacionais,

89 G1 RIO PRETO E ARAÇATUBA. *Dono de jornal que teve sede incendiada relata ameaças por defender medidas restritivas: 'Jamais acreditei que isso fosse acontecer'*. **G1**, 17/03/2021. Disponível em: https://g1.globo.com/sp/sao-jose-do-rio-preto-aracatuba/noticia/2021/03/17/dono-de-jornal-que-teve-sede-incendiada-relata-ameacas-por-defender-medidas-restritivas-jamais-acreditei-que-isso-fosse-acontecer.ghtml Acesso em 21/04/2021.

mesmo em posse de evidências da mendacidade dos relatos, e que nem os maiores jornais estavam imunes às tentações de vender alguns exemplares a mais apelando para os vieses cognitivos de suas audiências. Em *Hells Angels*, seu famoso livro sobre a gangue de motociclistas da Califórnia, Thompson relembra um *lide* publicado pelo *The New York Times*:

> "Uma taverna interiorana é invadida por um grupo de motociclistas meliantes. Eles tomam uma cliente e a estupram. Partindo, eles empunham armas e ameaçam testemunhas com consequências terríveis se disserem o que viram. Autoridades têm dificuldade para achar testemunhas comunicativas, quanto mais prender e processar os agressores", Esse incidente nunca aconteceu. Ele foi criado, como um tipo de colagem jornalística, pelo correspondente que destilou o relato. [...] O resultado foi um exemplo de jornalismo indolente e emocionalmente enviesado, um trabalho malfeito que não teria levantado uma sobrancelha sequer nem feito a menor onda se tivesse aparecido na maioria dos jornais dos EUA... mas o Times é um peso-pesado até quando está errado, e o efeito desse artigo foi ter colocado um selo de respeitabilidade numa história que era, de fato, um acidente histérico e politicamente motivado (THOMPSON, 1996, p. 34-35, tradução nossa).

No Brasil, famosamente, o primeiro presidente eleito pelo voto direto após o fim da ditadura militar, Fernando Collor de Mello, foi carregado à Presidência nos ombros de uma imprensa amigável, que o apoiou e ajudou a moldar sua imagem para o consumo do público, embasando a cobertura numa série de meias-verdades e fabricações,[90] E nós vamos voltar para falar de como estes deslizes, amplificados pela constante alegação de objetividade e isenção por parte dos jornais, eventualmente se tornaram a maior arma nas mãos dos críticos do jornalismo moderno.

---

90 SEREZA, Haroldo Ceravolo. *Relação com a Globo 'ajudou bastante', lembra Collor; senador diz ter pensado, na véspera, que perderia a eleição.* **UOL Notícias**, Brasília, 15/11/2009. Disponível em: https://noticias.uol.com.br/especiais/eleicoes-1989/ultnot/2009/11/15/ult9005u10.jhtm. Acesso em: 20/10/2019.

No entanto, a grande verdade é que, se eu tivesse que fazer uma estimativa educada, eu diria que 90% do material (ou mais) que circula na internet e que seria chamado comumente de *fake news* não têm nada em comum com o noticiário jornalístico propriamente dito. O consenso entre os especialistas sobre o assunto, na verdade, é que o termo *fake news* precisa ser superado. Ele não é preciso o suficiente, na maioria das suas definições, para abarcar todo o material que recebe o rótulo. Pouquíssimos exemplos do conteúdo associado com o conceito são, de fato, uma notícia falsa. A maioria das falsidades que circularam durante as eleições de 2018 sequer se pareciam com notícias ou pretendiam imitá-las. Outra grande parte dos conteúdos não possui elementos totalmente falsos, mas sim reciclados para outros propósitos por pessoas que sabem que uma mentira que possui uma parcela de verdade é mais eficaz na tarefa de enganar (WARDLE, 2019, p.6). Sejam esses conteúdos uma imagem pinçada fora de um contexto, de alguém feliz mas que numa respiração mais longa parece atônito e desanimado, uma matéria antiga que, relançada sem a data da publicação original, é capaz de causar estrago, ou mesmo uma notícia com diversos fatos concretos e verificáveis, mas com uma conclusão que leva a um pulo de lógica improvável.

Por isso o uso da terminologia "notícias fraudulentas" como substituição de *fake news* também não é plenamente correta, já que muito do material é autêntico ou original, e não uma fraude propriamente dita. Acima disso tudo, no entanto, o conteúdo não se assemelha, não almeja se assemelhar e usa mecanismos básicos de comunicação totalmente diferentes dos do jornalismo. Se excluirmos o uso de *fake news* como ataque à imprensa estabelecida e profissional, o que sobra é um processo de produção, difusão e consumo de uma gama variada de informações, que podem ser comparadas à poluição no sentido que seu efeito é atrapalhar o consumo de material benéfico e obscurecer a visão, mas agindo na capacidade da sociedade de discernir uma realidade compartilhada baseada em evidências.[91] "Notícias falsas" e "notícias fraudulentas" são duas traduções que possuem um mesmo problema, comum também ao original em inglês, pois descrevem conteúdos que, na sua vasta maioria, em nada lembram notícias.

O modelo usado pelo pesquisador, professor e advogado Diogo Rais para apresentar os tipos de informação que recebem a classificação *fake news* é semelhante ao modelo oferecido pela organização sem fins lucrativos global *First Draft*, que trabalha para mitigar questões relacionadas à crise de confiança entre audiências e jornalistas.[92] A organização publica um guia chamado *Understanding Information Disorder*, que busca ressignificar o fenômeno da crise informacional para além das *fake news*, e classifica o conteúdo com base na capacidade de causar prejuízo à sociedade (WARDLE, 2019, p.7).

Como um esforço na mesma direção, eu gosto de propor dois outros termos para ressignificar dois dos aspectos tomados pelas *fake news*, que são a desinformação e contrainformação. É um esforço necessário, como já mencionado, já que falar de "notícias falsas" atrela o assunto eternamente à incompetência ou malícia da imprensa, mas não é nada simples tentar conter a força de um neologismo com toda uma promoção política e social por trás de si. É suficiente dizer que os anglófonos, ao menos nisso, tem um pouco mais de facilidade que os lusófonos para substituir *fake news* por outras palavras, já que contam em seu léxico com as palavras *misinformation* e *disinformation*.

---

91 PROJETO CREDIBILIDADE. Panorama da Desinformção. **Manual da Credibilidade**. Bauru, 2018. Disponível em: https://www.manualdacredibilidade.com.br/desinformacao. Acesso em: 28/10/2019.

92 FIRST DRAFT. About. 2019. Disponível em: https://firstdraftnews.org/about/. Acesso em: 23/10/2019

Como afirma J. H. Fetzer,[93] enquanto a *misinformation* é uma informação falsa, enganosa ou errada (FETZER, 2004, p.231), a *disinformation* implica a afirmação ou disseminação de informação falsa, enganosa ou errada com um esforço propositai de enganar ou confundir o receptor de tal informação (Ibid., p.231). Aqui, aceitam-se como traduções funcionais "desinformação" para significar *misinformation* e "contrainformação" para significar *disinformation* e, sim, a ironia de eu ter escolhido separar as palavras semelhantes casando-as com significados diferentes, mesmo depois de ter aberto este capítulo falando do cansaço coletivo com a reclassificação e a confusão causada por ela, não passa despercebida por mim. Essa tradução também empresta o prefixo "contra" do termo "contra-conhecimento" utilizado por Levitin (LEVITIN, 2017, p.168) e Tuukka Ylä-Anttila, em seu texto *Conhecimento Populista*,[94] para designar uma desinformação embalada para parecer um fato, utilizando um falso semblante de conhecimento e autoridade para impressionar ou intimidar seus interlocutores a aceitá-la cegamente. É um uso semelhante a termos como "contra inteligência" nas velhas histórias de espiões da Guerra Fria, algo com o que eu me identifico, pois meu pai tinha dezenas de livros desses pela casa. Nesses mistérios, os espiões estavam sempre plantando provas falsas para tirar do seu encalço os investigadores e espiões inimigos, criando material para dar informações aos seus perseguidores que os levariam na direção que fosse mais vantajosa ao "agente de inteligência".

O guia *Understanding Information Disorder* da *First Draft* usa ainda um terceiro conceito que eles chamam de *malinformation*, ou "má informação", que seria o uso malicioso de

93 FETZER, J. H. Disinformation: The use of false information. **Minds and Machines**, 2004. 14(2), p.231-240.

94 YLÄ-ANTTILA, Tuuka. Populist knowledge: 'Post-truth' repertoires of contesting epistemic authorities. **European Journal of Cultural and Political Sociology**, vol.5. ed.4, 2018: p. 356-388.

informação verdadeira (WARDLE, 2019, p.8). Esta definição abarca características tanto do que se define aqui como desinformação e contrainformação e, portanto, criaria uma complicação adicional que não parece necessária aos meus propósitos, mesmo que se reconheça o trabalho da *First Draft* como uma representação atual e profunda dos problemas enfrentados pela mídia jornalística e, por isso, o guia é também uma das bases desta obra. É só que é uma distinção que parece ter impacto limitado no lado do combate efetivo à circulação de mentiras e manipulações, ao mesmo tempo que tem um impacto exagerado no lado da compreensão.

As pessoas entendem, até com certa facilidade, que uma foto tirada de seu contexto original ou um texto feito em outra ocasião podem ter efeitos nefastos. A notícia de uma prisão pode custar caro à reputação de uma pessoa se ela voltar a circular anos depois das cortes julgarem que ela era inocente. Durante a eleição de 2018, duas das três peças de desinformação mais compartilhadas nas sete semanas que antecederam ao primeiro turno foram desta natureza. Ambas eram vídeos, ambas eram apresentadas como manifestações gigantescas de apoio ao candidato Jair Bolsonaro, mas uma era uma multidão comemorando uma vitória da seleção brasileira na Copa de 2018 e a outra, um protesto pelo *impeachment* de Dilma Rousseff em 2015. No entanto, o fenômeno possui claramente os elementos usados para diferenciar contrainformação de desinformação. Os vídeos não foram criados por alguém, mas as legendas que os acompanhavam ("Ato em Campinas em prol da saúde do presidente Jair Messias Bolsonaro" e "Olha Copacabana como está agora!!! Manifestação *#Elesim*" – essa última com direito a marcação típica de mensagem do *WhatsApp*) foram idealizadas por alguém com clara intensão de enganar. Juntos, os vídeos fizeram parte de uma massa de desinformação compartilhada mais de 865 mil vezes,[95] então certamente alguns dos disseminadores não tinham o objetivo malicioso de iludir e, provavelmente, realmente acreditaram no conjunto da desinformação. É uma prática comum e que será difícil de combater no Brasil, mesmo se individualizada e particularizada em sua própria categoria de informação manipulada. O brasileiro já considera (ou deveria considerar, com um mínimo de pensamento crítico) que nenhuma imagem publicada nas redes sociais sobre o tamanho das aglomerações em manifestações políticas é confiável. Isso era verdade na inauguração de Trump em 2016, era verdade no caso citado acima, de 2018, e segue sendo verdade, como em casos em que o presidente Jair Bolsonaro compareceu à inauguração de uma ponte ligando o Acre a Rondônia, em maio de 2021, e imagens de um protesto na Lituânia em 2020, mostrando milhares de motociclistas e paraquedistas, apareceram nas redes como se fossem da abertura da Ponte do Abunã.[96]

Assim, apresentada a minha tentativa de superar o termo *fake news*, por mais fútil que ela possa ser, podemos retornar aos conteúdos apontados por Rais como problemáticos. O que existe hoje é uma cacofonia de conteúdos que recebem, todos, o mesmo rótulo. O que pode ser aceito propriamente como *fake news* é conteúdo que apresenta, como descrito por Rais:

1. Sátira ou paródia: sem intenção de causar mal, mas tem o potencial de enganar;
2. Falsa conexão: quando manchetes, imagens ou legendas dão falsas dicas do que é realmente o conteúdo;
3. Conteúdo enganoso: uso enganoso de uma informação para utilizá-la contra um assunto ou uma pessoa;

95 MARÉS, Chico; TARDÁGUILA, Cristina. *Dez notícias falsas com 865 mil compartilhamentos: o lixo digital do 1º turno*; **Agência Lupa**, 07/10/2018. Disponível em: https://piaui.folha.uol.com.br/lupa/2018/10/07/artigo-epoca-noticias-falsas-1-turno/ Acesso em 19/11/2020.

96 MENEZES, Luiz Ferando. *Foto de protesto na Lituânia é atribuída nas redes a inauguração de ponte no Acre*, **Aos Fatos**, 10/05/2021. Disponível em: https://www.aosfatos.org/noticias/foto-de-protesto-na-lituania-e-atribuida-nas-redes-inauguracao-de-ponte-no-acre/ Acesso em 11/05/2021.

4. Falso contexto: quando um conteúdo genuíno é compartilhado com um contexto falso;
5. Conteúdo impostor: quando fontes (pessoas, organizações, entidades) têm seus nomes usados, mas com afirmações que não são suas;
6. Conteúdo manipulado: quando uma informação ou ideia verdadeira é utilizada para enganar o público;
7. Conteúdo fabricado: feito do zero, é 100% falso e construído com o intuito de desinformar o público e causar algum mal (RAIS, 2018, p.108).

Podemos começar pelo exemplo clássico da sátira ou paródia: o programa de televisão norte-americano *The Daily Show*, que apresenta em estilo jornalístico quadros humorísticos baseados em acontecimentos reais. Um membro mais desavisado da audiência pode, porém, acreditar no conteúdo veiculado neste tipo de programa, uma vez que uma das formas de humor que realmente funciona neste formato é usar a linguagem da imprensa para apresentar o absurdo como corriqueiro, o corriqueiro como notícia urgente e outras contradições. No entanto, esse tipo de informação não se enquadra no objetivo deste trabalho e não é reconhecido, aqui, como um fator da construção da pós-verdade. Herdeiros espirituais do programa, como o *Greg News*, do apresentador brasileiro Gregório Duvivier, os programas de entrevista noturnos que sempre tiveram alguns minutos dedicados a observação humorística dos acontecimentos do dia, o *Last Week Tonight*, o ex-*Daily Show* John Oliver, e até o *Tooning Out The News*, uma versão animada de um falso telejornal que aparece nas redes sociais, criado pelo comediante Steven Colbert em 2020, têm um importante papel na história da comunicação, mas o seu potencial de desinformação é bastante reduzido quando comparado com os outros tipos de desinformação elencados por Rais. Com a ressalva que um programa nesta veia do *infotainment* e sátira do jornalismo, o CQC, é comumente creditado como veículo que lançou Bolsonaro à fama nacional e internacional como o parlamentar mais controverso e absurdo do país.[97] Essa fama supostamente foi a base do que viria a ser a explosão de popularidade que o carregou à Presidência em 2018.

Ou seja, mesmo presumindo um menor potencial desinformante, nada indica que o uso da sátira como contrainformação deva ser ignorado. A sátira como escudo contra a deslegitimação, ou seja, alegar que o que é dito é feito jocosamente e, portanto, não deveria ser levado a sério desde um primeiro momento, permite que agentes espalhem rumores, teorias da conspiração e falsidades impunemente (WARDLE, 2019, p.14-15). Forças de apoio a políticos e a políticas em todo o mundo escondem-se atrás de paródias, contas falsas em redes sociais e discursos de comediantes profissionais para espalhar informações falsas que são polarizantes e levam à radicalização no contexto da cacofonia informacional. Como observa Peter Pomerantsev, autocratas e governos da nova extrema direita comumente cooptam o humor popular, especialmente aquele mais voltado aos ataques e humilhação, para transmitir suas intenções mais extremadas de forma segura. Rodrigo Duterte abusa das piadas escatológicas para vender sua pauta violenta de combate ao tráfico. Donald Trump imitou, com exageros, um jornalista com uma deficiência física e sua adversária na eleição, a Democrata Hillary Clinton, quando esta contraiu pneumonia durante a campanha, para humilhá-los. Vladmir Putin famosamente falou que queria matar criminosos "quando eles estivessem na privada". Jair Bolsonaro

97 STYCER, Maurício. *Iozzi e Tas divergem sobre papel do 'CQC' na promoção de Bolsonaro*, **Folha de S. Paulo**, 14/10/2020. Disponível em: https://www1.folha.uol.com.br/colunas/mauriciostycer/2020/10/iozzi-e-tas-divergem-sobre-papel-do-cqc-na-promocao-de-bolsonaro.shtml Acesso em 12/11/2020

faz piadas racistas, homofóbicas e misóginas como forma de ganhar crédito com sua base, incluindo o trocadilho "quis dar o furo" com conotação sexual abjeta contra a jornalista Patrícia Campos Mello, acusando a profissional falsamente de se insinuar para obter informações de um ex-funcionário de uma das empresas responsáveis por disparos em massa na campanha de 2018. Durante a pandemia de Covid-19, imitou como piada uma pessoa tossindo e sufocando como consequência da doença em duas oportunidades distintas. O problema não é o humor, mas sim quem faz a piada e com qual intenção. Pomerantsev faz esta consideração, que é até certo ponto algo de conhecimento comum no mundo da comédia, observando:

> Quando as piadas chulas são usadas pelos mais fracos para fazer troça dos poderosos, elas podem trazer figuras de autoridade ao patamar dos meros mortais, dar a impressão de que as regras que eles criam podem ser momentaneamente suspensas. Por isso as piadas foram tão reprimidas no passado. [...] Mas quando linguagem assim é usada consistentemente por homens com poder de verdade para degradar os mais vulneráveis, esse humor se torna ameaçador: ela traça um caminho linguístico para a humilhação de vítimas em outras formas, levando a uma área onde todas as normas desaparecem (POMERANTSEV, 2019, p.12, tradução nossa).

Os outros tipos de notícias falsas, de acordo com as classificações de Rais, caem sob o que ele denomina desinformação, que seriam "todas as formas de informações falsas, imprecisas ou enganadoras criadas, apresentadas e promovidas para causar prejuízo de maneira proposital ou para fins lucrativos". No entanto, para nós, creio que será mais útil expandir esta visão para as duas definições para classificar esses tipos de *fake news* que já mencionamos.

Especificamente, podemos sintetizar daqui para frente a definição de desinformação como "a disseminação de informação falsa sem objetivo claro por indivíduos, entidades ou organizações que não possuem familiaridade com as evidências ou que sofrem com uma falha cognitiva". E o conceito de contrainformação como "a disseminação intencional de informação falsa por pessoas que podem ou não receber compensação financeira, mas que perseguem um objetivo específico no combate à verdade".[98] Essa separação tem especial serventia em distinguir os agentes que promovem as ditas *fake news* deliberadamente daqueles que simplesmente são enganados ou priorizam fontes maliciosas de informação sem uma motivação maliciosa além de fundamentar suas próprias crenças. E ambos são vetores do mesmo problema na pós-verdade.

Como veremos mais à frente, o próprio Tribunal Superior Eleitoral já ponderou quanto à velocidade de evolução das tecnologias que dificulta a regulação de material informativo eleitoral ou político e, da mesma forma, o Legislativo brasileiro descobriu essas dificuldades ao tentar definir por lei os limites do que é *fake news* para criminalizá-las. E a dificuldade dos Poderes da República em coibir a contrainformação e a desinformação passa pelo foco na forma e no conteúdo, enquanto ignorando a motivação das pessoas envolvidas, até pelo fato da intrínseca subjetividade dos sentimentos e intenções pessoais não poderem, na esfera do Direito, gerar consequências reais.

Agrava esse panorama a própria falta de informação da população sobre as notícias falsas. Em pesquisa publicada pela *Folha de S.Paulo*[99] em outubro de 2017, 58% dos brasileiros acreditavam que *fake news* eram matérias deliberadamente fabricadas por um meio de comunicação, 43% diziam que são história divulgadas por alguém que finge ser um meio de comunicação,

98 FETZER, J. H. "Disinformation: The use of false information." **Minds and Machines**, Ed. 14.2, 2004, p.238.

99 FOLHA DE S. PAULO. 'Fake news' alteram hábitos do público, indica pesquisa. Disponível em: https://www1.folha.uol.com.br/mundo/2017/10/1931635-fake-news-alteram-habitos-do-publico-indica-pesquisa.shtml. Acesso em: 21/08/2019.

39% disseram que *fake news* são notícias jornalísticas que contém erro de informação e 27%, mais de um quarto da população, disseram que *fake news* são matérias tendenciosas. Esses resultados podem ser relativizados, no entanto, já que a matéria não pormenoriza o método da pesquisa. No entanto, supondo que estas fossem as únicas alternativas apresentadas aos entrevistados, é surpreendente, de qualquer forma, a falta de conhecimento acerca do tema. Nenhuma dessas definições oferece uma descrição correta do que seriam *fake news* e três delas reforçam a visão de que elas são responsabilidade ou culpa da mídia jornalística estabelecida. Esse panorama não se apresentou muito diferente quando a Universidade de Monmouth pesquisou a audiência norte-americana, revelando os resultados em abril de 2018. Entre os pesquisados, apenas 25% disseram que *fake news* são apenas aquelas histórias que contém erros factuais, enquanto 65% disseram que o termo também se aplica a como os veículos noticiosos tomam decisões editoriais acerca daquilo que eles escolhem publicar. Apesar de 69% dos consultados dizerem que os meios digitais não fazem o suficiente para combater a disseminação de desinformação, 60% disseram que mesmo que as mídias sociais sejam parcialmente responsáveis, outras mídias – e por isto entenda-se, principalmente, as mídias tradicionais de massa – são ainda mais responsáveis pela perpetuação de um ambiente de constante informação falsificada.

Um esforço importante por parte da própria classe jornalística no combate às *fake news* são os serviços de *fact-checking*. Diferente do processo rotineiro de checagem de informações dos veículos jornalísticos, embora muitas vezes os próprios profissionais usem as terminologias como se fossem intercambiáveis, *fact-check* consiste na aferição de veracidade de material que já está em circulação nos meios digitais ou tradicionais, como declaração ou conteúdo, e se coloca como ferramenta de educação midiática, como serviço público. Agências de checagem, como são conhecidos os veículos que desempenham exclusivamente a função de *fact-checking*, agiram durante as Eleições para desmentir milhares de informações falaciosas. Um dos principais objetivos desta atividade é mostrar para o público o que é o padrão de qualidade da imprensa: como uma informação precisa ser verificada, quais são as fontes de checagem, como devemos exigir que um número ou um fato seja acompanhado de suas fontes (PAGANOTTI, 2019). Para as eleições de 2020, o Tribunal Superior Eleitoral firmou diversas parcerias com estas agências, reconhecendo o trabalho e o método utilizado por elas, que apresenta bons resultados em conscientizar a população e até mesmo as gigantes digitais passaram a trabalhar de forma próxima com *fact-chekers*. No entanto, o volume de informações falsas veiculadas é um desafio praticamente intransponível, mesmo para estes serviços que contam com profissionais capacitados e especializados.

A própria *Folha de S.Paulo* se engajou num projeto nacional, o Comprova,[100] destinado a essa função. Ao lado de 22 veículos parceiros, a *Folha* incluiu em suas publicações reportagens totalmente voltadas ao *fact-checking* de informações denunciadas por meio de canais abertos com o público. O professor Ivan Paganotti avalia como positivo o impacto do projeto, afirmando:

> Esse trabalho coletivo permite dividir tarefas, dando maior exposição e evitando a sensação, disseminada no ano passado, que alguns dos checadores podem ter agendas políticas: ampliando o leque de veículos que compartilham as checagens, pode-se ter mais com grande diversidade ideológica, desde o SBT e Rádio Bandeirantes até Revista Piauí e Nexo, passando por Exame, Estadão e a própria Folha (PAGANOTTI, 2019).

100 COMPROVA. Sobre o Comprova. Disponível em: https://projetocomprova.com.br/about/. Acesso em 26/09/2019.

O trabalho de checagem do projeto dentro da *Folha* acabou ao final das eleições. Como observou o jornalista Gustavo Uribe, enviado do jornal para a cobertura presidencial, a impressão para os profissionais da redação foi de que o Comprova desempenhou bem seu papel e que as lideranças dentro do jornal seguem acreditando no trabalho de checagem. Mas, com o final do período eleitoral encerrou-se também a destinação de fundos para o projeto e, sem o financiamento adequado, não há como prosseguir investindo nas tecnologias, parcerias e no uso das horas de trabalho de dezenas de jornalistas (URIBE, 2019).

Mesmo assim, o alto engajamento de uma parcela significativa da sociedade na produção e difusão de desinformação e contrainformação produz uma quantidade de conteúdo que é muito maior do que o número de profissionais investidos em aferir sua veracidade. Gasta-se muito menos tempo e dinheiro produzindo um meme com uma imagem manipulada para dar sustentação a uma mensagem falsa do que se gasta para manter uma equipe de pessoas que verifiquem a procedência da imagem e pesquisem o que há de factual ou não por trás dela. E as redes sociais são, em última análise, sistemas de amplificação feitos praticamente sob medida para este tipo de conteúdo.

Fake news em ambientes digitais

O problema da desinformação e da contrainformação se agravou com o surgimento e evolução da internet, acelerado pela ascensão das chamadas mídias sociais, especialmente redes como o *Facebook* e o *WhatsApp*. As mídias tradicionais eram formas de difusão da informação que contavam com uma audiência mais passiva, que era, na maior parte do tempo, apenas receptora (RAIS, 2018, p.116). O exercício crítico sobre as informações era algo individualizado e, na maioria das vezes, privado. A audiência votava na popularidade e confiabilidade da informação com as carteiras, comprando ou não determinados jornais e revistas, ou com o controle remoto da TV ou com o sintonizador do rádio. Ou era isso que os jornalistas, comunicólogos e alguns donos de jornais enxergavam. Outro viam apenas a produção de um produto competitivo em um mercado em que a massa de consumidores é qualquer coisa, menos homogênea. Mas isto é uma conversa para quando falarmos mais a fundo sobre a natureza e papel do jornalismo na pós-verdade.

No atual cenário, a internet estimula o engajamento e, portanto, a interatividade. Ou seja, a audiência é motivada a repercutir, compartilhar e criticar a informação quase que em tempo real, inclusive produzindo novas informações com base no conteúdo consumido. Esse engajamento faz com que os vieses cognitivos, discutidos mais à frente, no capítulo sobre anti-intelectualismo, venham à superfície do discurso público. Então, ou como forma de debelar dissonâncias, como reafirmação do posicionamento dentro da identidade de um grupo ou como confirmação de crenças pré-adquiridas pelo indivíduo, o mecanismo do engajamento é explorado pelos produtores intencionais de *fake news* como forma de disseminação massificada de conteúdo. E, ao oferecer o espaço para a geração de conteúdo, cria-se a ilusão de que o usuário da internet consegue se equiparar ao jornalista, o que ignora todo o esforço acadêmico e profissional dos comunicadores e comunicólogos especializados (SHIRKY, 2018, p.56-57). E, ao mesmo tempo, o engajamento é o que dita, dentro dos mecanismos dos meios de disseminação digital, a relevância da informação, produzindo mobilização sobre coisas irrelevantes ou falsas enquanto ignora e enterra coisas verdadeiramente relevantes. É o processo de criação de diferentes realidades, povoadas por pessoas que dependem

Em redes sociais como o *Twitter*, agentes internacionais usaram táticas de radicalização para aumentar a efetividade da propagação de *fake news* durante a eleição norte-americana que elegeu Donald Trump.[101] Num ambiente altamente politizado, criadores de conteúdo de diversas origens, mas principalmente das fazendas de *trolls* na Rússia, utilizaram uma tática em frentes diversificadas para maximizar os efeitos da sua campanha de contrainformação: produziram uma maioria de conteúdo politicamente neutro, com o objetivo de sustentar sua confiabilidade como fonte; produziram uma parcela do material como ataque a ideias, políticas e pessoas ligadas tanto à esquerda quanto à direita norte-americana; produziram uma parcela do material como ataque às mídias jornalísticas, com o objetivo de desacreditá-las; produziram conteúdo que apoiava a candidatura de Donald Trump e ideais e políticas da direita conservadora dos Estados Unidos. Nessa descrição, a atividade parece com a de muitos veículos jornalísticos partidários. Mais ainda, isso foi descrito erroneamente (de uma forma tão sensacionalista e absurda que leva ao questionamento se não foi proposital, uma fabricação com objetivo duplo como o próprio termo *fake news*) como "Russian hacking" na mídia norte-americana e pelos políticos de ambos os principais partidos, mas não houve nenhum hackeamento, invasão, alteração do código ou exploração de alguma porta dos fundos digitais. Os operadores russos, chineses e de outros países apenas souberam usar com maestria as redes sociais como elas já existiam, "jogando com o regulamento debaixo do braço", como se diz no jornalismo esportivo. Era uma nova maneira de mentir apenas dizendo a verdade. Ou uma verdade, já que o que os *trolls* realmente fizeram com excelência foi maximizar o alcance e a potência das mensagens que

101 ORDWAY, Denise-Marie. New research: Russian trolls used Twitter to attack liberals, conservatives and news media. **Journalist's Resource**. Disponível em: https://journalistsresource.org/studies/politics/elections/russians-twitter-tactic-research/. Acesso em: 21/08/2019

já estavam em circulação, conectando radicais, agregando teorias da conspiração, interferindo em movimentos.

O uso de material falso, falsificado e descontextualizado, com o objetivo de radicalizar a audiência, no entanto, é a marca do diferencial entre os agentes de contrainformação propriamente ditos e os jornalistas ativistas. De acordo com Peter Pomerantsev, este objetivo é diretamente o resultado de um esforço do Kremlin para desvalorizar as associações das pessoas nas suas interações sociais. Por um lado, se agentes conseguem se infiltrar em movimentos sociais, grupos de amigos com interesses comuns, comunidades de ativistas e outras congregações, com o objetivo de manipulá-los, eles podem criar confusão ou de fato entregar o resultado desejado pelos manipuladores. Por outro, se estes mesmos agentes são pegos nas suas atividades, a revelação de que propagadores de desinformação estrangeiros agem infiltrados entre uma população serve o propósito de minar a confiança dos membros da sociedade uns nos outros (POMERANTSEV, 2019, p.64-65). Se qualquer um pode ser um *troll* e se qualquer movimento pode ser pilotado por funcionários de um governo, como gerar a confiança suficiente para articular movimentos sociais complexos? E isso não é uma mera especulação. Casos assim ocorreram na eleição de 2016, quando organizadores de eventos que falavam de defender comunidades e se apresentavam como lideranças regionais eram, na verdade, contas fantoches, sendo controladas por profissionais em *troll farms*, empresas de comunicação focadas em atividade de desinformação nas redes sociais, sediadas no leste europeu.

Os próprios algoritmos que organizam e compõem os critérios de disseminação de informação pelas redes sociais acabam servindo aos propósitos da difusão das *fake news*. A programação da tecnologia da informação utilizada por essas plataformas prioriza conteúdos semelhantes entre si e o perfil da audiência formado pela captação de dados, capaz de gerar um roteiro virtual de vídeos atrativos individualizado para cada tipo de público, para manter os usuários conectados a estas plataformas. E os agentes de contrainformação criam verdadeiras redes de repercussão de ideias comprovadamente falsas, em diversos campos do conhecimento diferentes, com o objetivo de manipular e radicalizar uma parcela significativa da audiência.[102] A criação das chamadas bolhas digitais, comunidades de pessoas ligadas por crenças comuns dentro das redes sociais e relativamente insuladas de ideias externas, dada a maximização da captura de atenção que é o objetivo final do funcionamento dessas redes, serve como uma incubadora de ideias radicais e falsas, e como um motor para as *fake news* e para a dilação dos vieses cognitivos.

Além disso, contas inautênticas no *Twitter*, no *Instagram* e no *Facebook*, denominadas comumente como robôs, mas que são uma mistura de contas automatizadas, profissionais contratados, partidários interessados em disseminar conteúdo político-ideológico e mitômanos convictos, assim como agências de disparos em massa nos aplicativos de mensagens como o *WhatsApp* e *Telegram*, especializam-se na disseminação de notícias falsas. Na eleição de 2018 no Brasil, os grupos de mensagens de famílias e entre colegas de empresa e de setores profissionais reproduziram esse conteúdo de forma indiscriminada, compartilhando relatos falsos, notícias sem atribuição ou contexto, falas supostamente oficiais ou realmente oficiais, mas usadas maliciosamente, falaciosamente, sem qualquer tipo de checagem ou apuração, imagens adulteradas e propaganda política travestida de informação jornalística, sem

102 FISHER, Max; TAUB, Amanda. How YouTube Radicalized Brazil. **The New York Times**. Disponível em: https://www.nytimes.com/2019/08/11/world/americas/youtube-brazil.html. Acesso em: 21/08/2019.

qualquer tipo de freio possível.[103] O *WhatsApp* só admitiu que esses disparos aconteceram em outubro de 2019.[104]

A peculiaridade brasileira, que também obscurece a separação entre desinformação e contrainformação, é o foco em produção de material de menor qualidade e menos apoiado na semelhança com o conteúdo jornalístico e mais ligado ao conteúdo nativo da internet como postagens, correntes e memes. Esse conteúdo é inicialmente repassado ao mesmo tempo por diversas contas e perfis diferentes, mas que possuem um mesmo dono, o produtor do conteúdo. Segundo Ivan Paganotti, jornalista e professor:

> Essa tendência brasileira é partilhada também por nações menos desenvolvidas e em que o letramento midiático e a educação formal são mais precários - como na Índia ou em outras nações da América Latina. A ideia desse modelo é apostar em conteúdo, não em plataformas próprias. Saem os sites de *fake news* e entra a produção de memes, áudios e vídeos falsos, além de correntes. O WhatsApp passa a ser mais central do que o Facebook, e o público tem um papel mais ativo em sua disseminação. Nesse modelo, vale mais a pena fazer milhares de conteúdos sem muita sofisticação (de forma descentralizada, apoiado na produção dos próprios usuários), apostando que algumas dezenas serão eficientes o suficiente para viralizar. Nesse modelo, não podemos mais falar em fake "news", porque eles não simulam mais formatos e veículos jornalísticos (PAGANOTTI, 2019).

O jornalista e professor Rodrigo Ratier, em seu blog, hospedado pelo *UOL*, reflete também sobre essa produção.[105]

---

103 MELLO, Patrícia Campos. Empresários bancam campanha contra o PT pelo WhatsApp. **Folha de S. Paulo**, 18/10/2018. Disponível em: https://www1.folha.uol.com.br/poder/2018/10/empresarios-bancam-campanha-contra-o-pt-pelo-whatsapp.shtml. Acesso em: 21/08/2019.
104 MELLO, Patrícia Campos. *WhatsApp admite envio maciço ilegal de mensagens nas Eleições de 2018*. **Folha de S. Paulo**, 08/10/2018. Disponível em: https://www1.folha.uol.com.br/poder/2019/10/whatsapp-admite-envio-massivo-ilegal-de-mensagens-nas-eleicoes-de-2018.shtml?utm_source=twitter&utm_medium=social&utm_campaign=comptw. Acesso em 08/10/2019.
105 RATIER, Rodrigo. *As fake news estão cada vez mais fake e menos news...* **Em Desconstrução**, UOL Universa, 09/11/2018. Disponível em: https://emdesconstrucao.blogosfera.uol.com.br/2018/11/09/as-fake-news-estao-cada-vez-mais-fake-e-menos-news/. Acesso em 28/09/2019.

Para ele, os conteúdos disseminados digitalmente no Brasil, principalmente via *WhatsApp*, não se enquadram como *fake news* porque não imitam o formato ou os aspectos formais da notícia. São apenas desinformação nos formatos nativos da internet. E embora a teoria do jornalismo já tenha superado a ideia de manipulação, que aceita que os receptores formam apenas uma massa passiva que absorve tudo sem nenhuma crítica, alguns desses materiais parecem ter surtido efeito no eleitorado e influenciado decisões.

É válido indagar se o leitorado, a audiência, acostumado a ver material jornalístico adaptado aos formatos das redes sociais, consegue distinguir entre os conteúdos de diferentes graus de acurácia informacional veiculados nos mesmos formatos. Ou se até mesmo com diferentes formatos conseguem separar informação de cunho jornalístico de entretenimento. Mas, para os objetivos deste trabalho, continua-se aceitando a equivalência entre este tipo de material desinformante e as *fake news*, não porque isso seja o que se julga correto do ponto de vista da teoria da comunicação ou o que seria correto na práxis jornalística, mas é porque assim o faz a própria *Folha de S.Paulo*.

As empresas até tomaram algumas providências para diminuir o alcance das *fake news* veiculadas nas suas redes sociais, com o *WhatsApp* diminuindo o número de encaminhamentos possíveis por mensagem e de números de participantes em grupos, e com *Twitter* e *Facebook* fazendo destruições periódicas de contas falsas, limitando o alcance de postagens com conteúdo comprovadamente enganoso e incluindo rótulos às postagens avisando os usuários de que aquele conteúdo é desinformação. Ainda assim, em 2018, estudos apontavam para a existência de 60 milhões de perfis falsos no *Facebook* e, no *Twitter*, de 9% a 15% de todas as contas eram robôs.[106]

106 LAZER, David MJ, et al. The science of fake news. **Science** Vol.359, Ed.6380, 2018: p. 1094-1096.

O número não diminuiu em 2019 e uma pesquisa realizada por um grupo parceiro da OTAN mostrou que 95% das contas falsas denunciadas ao Facebook seguiam em operação sem serem molestadas pela plataforma.[107]

A questão, como apontado pelo próprio TSE e outros membros da Justiça Eleitoral, é que as respostas para controle de *fake news* importadas para o Brasil de outros países e o preparo que foi feito antes do período eleitoral eram, todos, referentes às redes sociais mais tradicionais. E o principal vetor de transmissão de desinformação no país foi o aplicativo de mensagens *WhatsApp*,[108] cujo modelo de negócios centrado na privacidade da troca de informações torna muito mais difícil o controle.[109] Além disso, os órgãos regulatórios esperavam que a desinformação fosse focada neste ou naquele indivíduo e, em vez disso, voltou-se contra as instituições e método eleitoral.[110]

Mecanismos ideológicos das *fake news*

As *fake news* funcionam em três frentes: elas legitimam escolhas baseadas apenas em emoções, sem lastro em evidências concretas; elas deslegitimam argumentos baseados em fatos, tornando prevalente a percepção de que são apenas narrativas motivadas, assim como as próprias *fake news*, deslegitimando também as fontes de informação fidedignas; e elas causam a sensação de que é impossível conhecer a totalidade da verdade

---

107 SCOTT, Mark. Social media networks fail to root out fake accounts. **POLITICO**, 12/06/2019. Disponível em https://www.politico.com/news/2019/12/06/social-media-networks-fake-accounts-report-076939 Acesso em: 06/11/2020

108 CASADO, Letícia; TUROLLO Jr., Reynaldo. *TSE decide reforçar combate a fake news e terá técnicos em centro de controle com PF*. **Folha de S. Paulo**, 15/10/2018. Disponível em: https://www1.folha.uol.com.br/poder/2018/10/tse-decide-reforcar-combate-a-fake-news-e-tera-tecnicos-em-centro-de-controle-com-pf.shtml. Acesso em 23/09/2019.

109 CASADO, Letícia; TUROLLO Jr., Reynaldo. *'O volume de informações mentirosas não tem esse número alarmante', diz procurador eleitoral*. **Folha de S. Paulo**, 15/10/2018. Disponível em: https://www1.folha.uol.com.br/poder/2018/10/o-volume-de-informacoes-mentirosas-nao-tem-esse-numero-alarmante-diz-procurador-eleitoral.shtml. Acesso em 23/09/2019.

110 CASADO, Letícia. *TSE determina a retirada de 55 links em que Bolsonaro coloca urna eletrônica em dúvida*. **Folha de S. Paulo**, 25/10/2018. Disponível em: https://www1.folha.uol.com.br/poder/2018/10/tse-determina-a-retirada-de-55-links-em-que-bolsonaro-coloca-urna-eletronica-em-duvida.shtml. Acesso em 23/09/2019.

sobre qualquer assunto. Como aponta o especialista Ivan Paganotti, essa divisão é tênue, já que muitos agentes estão engajados em todas as atividades associadas com a ideia de *fake news* (PAGANOTTI, 2019). Os produtores também disseminam e atacam a mídia, assim como muitos disseminadores, que começam a se engajar com comunidades mais fechadas de forma inicialmente inocente, passam a eventualmente produzir contrainformação e atacar veículos jornalísticos.

Há exemplos de cada uma dessas frentes em episódios da política mundial recente. Para legitimar os sentimentos da população, a campanha de Boris Yeltsin para a Presidência filmou atores, posando como membros do Partido Comunista russo, queimando panfletos religiosos.[111] A campanha *Vote Leave*, que apoiava o *Brexit*, promoveu durante a campanha textos com títulos sugestivos como "A TURQUIA (população: 76 milhões) ESTÁ SE JUNTANDO À UNIÃO EUROPÉIA", com o objetivo de inflamar o medo de uma migração em massa para o Reino Unido (BALL, 2017, p.53). Nos EUA, Trump famosamente alegou que testemunhou presencialmente milhares de muçulmanos comemorando o atentado do 11 de setembro nas ruas de Nova Jersey, com o mesmo efeito da campanha do *Brexit* (Ibid., p.23). No Brasil, a Justiça Eleitoral decidiu por manter no ar postagem do ideólogo político Olavo de Carvalho que sustentava que o candidato Fernando Haddad defendeu o incesto em um livro.[112]

Agentes trabalharam ativamente nesses contextos, também, para deslegitimar informações factuais. O filho de Jair Bolsonaro, Eduardo, desmentiu que tivesse defendido o fechamento do STF, mesmo com ampla veiculação de vídeo no qual

---

111 POMERANTSEV, Peter. Normalnost. **The Los Angeles Review of Books**. Disponível em https://lareviewofbooks.org/article/normalnost/. Acesso em 26/09/2019.

112 COELHO, Gabriela. *Ministro do TSE mantém no ar postagem que acusa Haddad de defender incesto.* **Consultor Jurídico**, 15/10/2018. Disponível em: https://www.conjur.com.br/2018-out-15/ministro-nega-pedido-tirar-post-olavo-carvalho-ar. Acesso em 21/08/2019.

falava exatamente dessa possibilidade. Oferecendo um outro contexto para a sua fala, conseguiu manter o apoio da sua base política,[113] que provavelmente já era simpática à ideia de que o Judiciário é um dos poderes da República que foram corrompidos. Trump acusou a mídia de distorcer os números acerca da audiência da sua cerimônia de posse, apesar de imagens e contagens oficiais desmentirem a sua versão (D'ANCONA, 2018, p.24). A campanha do *Brexit* teve seu ponto focal na alegação de que a saída da União Europeia resultaria numa economia imediata de £350 milhões por semana, um número sem nenhuma base na realidade, mas cuja refutação exigia um exercício retórico complexo, de pouco interesse para a maioria da população. (BALL, 2017, p.49-52)

Quanto a deslegitimar fontes reais de informação, a estratégia de muitas figuras públicas tem sido colocar nessas fontes o rótulo de *fake news*, notoriamente algo corriqueiro nos discursos de Trump[114] e adotado na campanha de Bolsonaro em 2018.[115] E é uma estratégia repetida diversas vezes que se espalha por toda a administração desses governantes, sendo repetida também por autoridades em todos os níveis. A partir do momento em que a percepção generalizada é de que não há atores idôneos na ágora pública, apenas pessoas motivadas politicamente a propagar informações desqualificadas, cresce o sentimento no público de que a verdade é inatingível por meio de relatos, e aumenta a valorização da experiência empírica individual e do norteamento pelas sensações e emoções.

---

113 MAZIEIRO, Guilherme. Eduardo Bolsonaro nega ter defendido fechamento do STF e pede desculpas. **UOL**, 21/10/2018. Disponível em: https://noticias.uol.com.br/politica/eleicoes/2018/noticias/2018/10/21/eduardo-bolsonaro-nega-que-pediu-fechamento-do-stf-e-pede-desculpas.htm?cmpid=copiaecola. Acesso em 21/08/2019.

114 GRYNBAUM, Michael M. Trump Threatens to Retaliate Against Reporters Who Don't Show 'Respect'. **The New York Times**, 09/11/2018. Disponível em: https://www.nytimes.com/2018/11/09/business/media/trump-retaliation-reporters-april-ryan.html. Acesso em: 21/08/2019

115 ISTO É. Bolsonaro ataca a "Folha" em entrevista ao JN. 29/10/2018. Disponível em: https://istoe.com.br/bolsonaro-ataca-a-folha-em-entrevista-ao-jn/. Acesso em: 21/08/2019

Quando a sociedade está inserida neste cenário, surge a demanda por *fake news*,[116] como subproduto dos vieses cognitivos e como consumismo da notícia como mercadoria sensacional. A *fake news*, sem nenhum compromisso com uma verdade factual, é livre para dispor de alegações fantásticas, produzindo narrativas mais chamativas e atraentes ao consumidor casual de notícias. O jornalismo se torna, então, refém de seu compromisso com relatar apenas os fatos e evitar a sensacionalização dos acontecimentos, gerando menos audiência e, portanto, atraindo menos financiamento do que as notícias fabricadas, num processo que será detalhado mais a fundo no capítulo sobre a práxis jornalística. A desinformação é a irmã gêmea no campo comunicacional do populismo no campo político.

Ou seja, existem recompensas pelo uso da contrainformação. Primeiramente, existe o retorno financeiro. A *Global Desinformation Index*, empresa sem fins lucrativos, realizou um levantamento[117] envolvendo 20 mil *websites* que propagam *fake news* detectados pela agência de checagem norte-americana *Politi-Fact*, mantida pelo instituto internacional de jornalismo Poynter, que detectou que estes sites recebem anualmente U$ 235 milhões em verba publicitária. E isso é somente por meio do sistema de anúncios automáticos do *Google*, o AdSense, que só exige um rápido cadastro online e um domínio registrado na internet para liberar anúncios na página e captação de dólares dos anunciantes.

Lembra-se aqui que esta verba publicitária, há 20 anos, teria sido destinada, no seu total ou em parte, diretamente aos veículos jornalísticos, sem a intermediação de uma terceira empresa, que neste caso é o Google.

---

116 TANDOC JR., E. C., ZHENG, W. L., LING, R. Defining "fake news" A typology of scholarly definitions. **Digital journalism**. Ed. 6.2, 2018, p.137-153.

117 GLOBAL DESINFORMATION INDEX. The Quarter Billion Dollar Question: How is Disinformation Gaming Ad Tech? 2019. Disponível em: https://disinformationindex.org/wp-content/uploads/2019/09/GDI_Ad-tech_Report_Screen_AW16.pdf. Acesso em 26/09/2019

A outra recompensa, e é principalmente o caso brasileiro, dada a natureza da nossa produção de contrainformação, que é mais baseada em conteúdo do que em veículos, é da natureza pós-moderna. Propagadores e criadores recebem lucros pelo tráfego digital que seu conteúdo gera, e agentes políticos conseguem criar uma cacofonia comunicacional que promove seus interesses. Como já foi dito, ocorre uma dilação indevida de autoridade desses agentes para legitimar informações que não possuem base na realidade. A contrapartida é a contração da alegação de autoridade de fontes fidedignas, mas que não possuem e não buscam possuir apelo emotivo com o público, e a desvalorização da informação baseada em evidências.

Não ocorre, como se poderia supor, que uma autoridade subjugue a outra, mas sim que ambas são trazidas, uma elevada e outra rebaixada, ao mesmo patamar. Assim, as autoridades, por suas próprias habilidades e méritos, não têm força para legitimar ou deslegitimar narrativas fora das esferas de influência criadas por elas dentro de microgrupos com os quais elas já se identificam, onde a narrativa emocional se sobrepõe pela percepção de incapacidade de aferição da realidade. E garante um grau de imunidade às desmentidas para beneficiários das notícias falsificadas, por receber legitimação dentro desses microgrupos e por criar narrativas alternativas, verídicas ou não, aos quais os indivíduos pertencentes a estes grupos, onde se validam esses discursos, podem recorrer na busca por supremacia argumentativa (NICHOLS, 2019, p.44-46).

O resultado desse processo, no entanto, é a desvalorização das evidências, dos fatos, da verdade e dos agentes comprometidos com esses preceitos e sua propagação por meio da informação que chega ao grande público. A criação da pós-verdade se encontra, nessa situação, devidamente fundamentada, em seus critérios, mecanismos e detalhes. Todavia, não se falou ainda de possíveis remédios para esta situação, e com bom motivo. Fora de uma conscientização de uma população pela necessidade de recorrer mais frequentemente aos fatos do que às ideologias, e da ascensão de uma classe política mais conscienciosa, não há mecanismos de controle punitivos verdadeiramente eficientes contra os agentes com más intenções no campo da comunicação.

Nos últimos anos, muito do debate sobre *fake news* girou em torno de estratégias de combate à desinformação e à contrainformação. O entrave a uma abordagem jurídica da questão, ironicamente, são as leis, dispositivos constitucionais e mecanismos internacionais voltados à defesa do direito à informação, à livre imprensa e à livre expressão e manifestação de opiniões. Tanto que os projetos internacionais de combate à desinformação não preveem a atuação do Poder Judiciário como agente benéfico nessa área,[118] priorizando as ações dos profissionais de imprensa, do Poder Executivo com seus órgãos de controle da Educação, as empresas dos setores financeiro e de tecnologia e a sociedade civil.

Países como o Egito, um dos principais palcos da chamada Primavera Árabe em 2013, criaram leis que parecem destinadas ao combate à contrainformação, mas funcionam como ferramentas de opressão de vozes dissidentes ao novo regime governamental.[119] O detalhe problemático é sempre o empoderamento do governo para decidir e afirmar o que é verdade e o que é falso.[120]

No Brasil, esse também foi o principal entrave para o combate às informações fraudulentas durante a campanha de 2018.

118 PROJETO CREDIBILIDADE. Panorama da Desinformção. **Manual da Credibilidade**. Bauru, 2018. Disponível em: https://www.manualdacredibilidade.com.br/desinformacao. Acesso em: 28/10/2019.

119 NABIL, Sally. In Egypt, fake news becomes weapon of choice to crush dissent. **BBC**, 14/11/2018. Disponível em: https://www.bbc.com/news/av/world-middle-east-46201555/in-egypt-fake-news-becomes-weapon-of-choice-to-crush-dissent. Acesso em: 21/08/2019.

120 THE GUARDIAN. Singapore fake news law a 'disaster' for freedom of speech, says rights group. 09/05/2019. Disponível em: https://www.theguardian.com/world/2019/may/09/singapore-fake-news-law-a-disaster-for-freedom-of-speech-says-rights-group. Acesso em 21/08/2019.

Além da inabilidade das autoridades de firmar uma definição acessível e tecnicamente viável para as *fake news*, o Judiciário não conseguiu encontrar uma forma de enfrentamento que não ferisse as liberdades constitucionalmente garantidas, apesar das promessas do ministro do Supremo Tribunal Federal (STF), Luiz Fux, quando ele ainda era presidente do Tribunal Superior Eleitoral, de que poderia invalidar o pleito se houvesse detecção de uso em massa de contrainformação.

Em 2020, nas eleições municipais, o TSE, sob a batuta do ministro Luís Roberto Barroso, decidiu por firmar parcerias para ajudar a verificar as informações e veicular o *fact-checkiing* com as próprias agências de checagens e, também, com a gigante digital *Facebook* e suas subsidiárias, o *Instagram* e o *WhatsApp*. O problema desta estratégia é que, como dois anos de investigações mostraram na CPI das *Fake News* no Congresso Nacional, achar os responsáveis pela criação da contrainformação é muito difícil. Mais fácil é achar e limitar o poder das redes de distribuição de desinformação e, ainda mais fácil, seria agir para regulamentar melhor e responsabilizar de fato as gigantes digitais que fazem da disseminação de material malicioso, calunioso, falso, enganoso e de radicalização sua principal fonte de renda.

Aliás, existe uma visão, defendida por diversos especialistas que afirmam que a decisão mais marcante acerca do combate à desinformação, a proibição a entrevistas com o ex-presidente Luiz Inácio Lula da Silva, violou diversas liberdades constitucionais, não apenas do presidente, como de toda a população.[121] Esse assunto será abordado, em profundidade, quando tratarmos com mais detalhamento do que exatamente aconteceu nas eleições de 2018 e de como o que acontecerá nas eleições de

121 CUNHA, Joana. Especialistas condenam censura de Fux à Folha. **Folha de S. Paulo**, 01/10/2018. Disponível em: https://www1.folha.uol.com.br/poder/2018/10/especialistas-condenam-censura-de-fux-a-folha.shtml. Acesso em: 20/10/2019.

2022 já teve suas sementes enterradas naquele solo, como será apresentado mais à frente. É preciso discutir e analisar a forma como a desinformação e a contrainformação foram difundidas largamente e como isso teve um possível impacto no processo eleitoral. Dito "possível" exatamente pela dificuldade de aferição da capacidade desse conteúdo fraudulento em, de fato, persuadir qualquer cidadão a definir seu voto. No entanto, defende-se aqui que, independentemente de qualquer medição concreta, sua influência foi notadamente decisória, no mínimo pelo posicionamento e atuação das campanhas, candidatos e autoridades baseada nas *fake news* e pelo consumo em massa, este sim verificável, do conteúdo informacional caótico.

Antes de passar a outras discussões, precisamos abordar a relação entre o anti-intelectualismo e a construção da pós-verdade. As *fake news* são apenas um dos alicerces da verdadeira ameaça à democracia global. A desvalorização do conhecimento formal, das vozes dos especialistas, da *expertise* acadêmica é outro deles. A horizontalização da percepção da autoridade acerca do conhecimento, o combate das hierarquias percebidas apenas como privilégio, e não como mérito, empobreceram o debate público e permitiram que pessoas sem a devida preparação tomassem rédeas de áreas vitais à sobrevivência das aspirações políticas de uma geração que acreditou no progresso da cooperação internacional, da economia globalizada, das pautas de direitos humanos e defesa das minorias e classes historicamente oprimidas.

4

Mentes e corações

Em 1962, o professor de História da Universidade de Columbia, Richard Hofstadter, afirmou que "o anti-intelectualismo, em muitas formas, continua a permear a vida americana, ao mesmo tempo que o intelecto tomou um novo e mais positivo significado" (HOFSTADTER, 1963, p.393) e que, naquela mesma época, os intelectuais acadêmicos ganharam aceitação e uma posição hierárquica mais proeminente na sociedade. Depois de uma conturbada história de desvalorização durante a ascensão dos *revivals* protestantes, cultos carismáticos com ênfase na performance que tinham mais em comum com espetáculos do que com missas, a relação conflituosa da ciência com as instituições civis no início do século XX e a perseguição do Macarthismo, na década de 1960 o acadêmico, o intelectual e o especialista sentiam-se, de certa forma, desconfortavelmente acolhidos. Desconfortável apenas na medida em que uma parcela dos intelectuais se ressentia da perda da alienação social que permitia à classe um certo isolamento que eles valorizavam para seu trabalho.

Em junho de 2016, durante o plebiscito que levaria a Inglaterra a uma grande convulsão política e selaria a saída do país da União Europeia, o então secretário de Justiça do governo do Reino Unido e apoiador da opção pelo *Brexit*, Michael Gove, numa entrevista, se recusou a nomear economistas que apoiassem a campanha dizendo que "as pessoas (da Grã-Bretanha) já estão fartas dos especialistas".[122] No ano que transcorreu após a afirmação de Gove, uma grande quantidade de textos, notícias e opiniões, das quais o *Google* guarda 268[123] exemplos, surgiram tanto concordando quanto discordando da afirmação. E a principal pergunta, readequada à observação de Hofstadter, se tornou se o acolhimento dos intelectuais pela sociedade estava com os dias contados.

Em 2020, um mundo aterrorizado assistia milhares de pessoas em revolta contra máscaras de pano e outras medidas simples contra uma pandemia global – que havia matado, até então, mais de um milhão de pessoas e contaminado outras dezenas de milhões – contrariando epidemiologistas e cientistas. Alguns deles foram além e agrediram médicos[124] e outros clamaram para que os especialistas fossem enforcados.[125] Enfermeiras bem-intencionadas, mas assustadas por um vagalhão de teorias da conspiração contra epidemiologistas deixavam de vacinar pessoas ou até injetavam soro fisiológico nelas, pensando que as polpavam de uma miríade de malefícios imaginários.[126] Dois anos depois, a exigência do uso de máscaras e comprovantes de vacinação ainda era abertamente comparada

---

122 MANCE, Henry. Britain has had enough of experts, says Gove. **Financial Times**, 03/06/2016. Disponível em: https://www.ft.com/content/3be49734-29cb-11e6-83e4-abc22d-5d108c. Acesso em: 15/08/2019.

123 **Pesquisa - "'enough of experts', Gove**. Google. Disponível em - https://www.google.com/search?q=%22enough+of+experts%22&safe=active&tbs=cdr:1,cd_min:6/1/2016,cd_max:6/30/2017&tbm=nws&ei=57ZVXfuuJdKz5OUPz-6v4AU&start=0&sa=N&ved=0ahUKEwi7vp6x0oXkAhXSGbkGHU_3C1w4-gEQ8tMDCGQ&biw=1366&bih=657&dpr=1. Acessado em 15/08/2019

124 ISMAIL, Amina. Violence mounts against Iraqi doctors as COVID cases spike. **Reuters**, 23/09/2020. Disponível em: https://www.reuters.com/article/health-coronavirus-iraq-healthcare/violence-mounts-against-iraqi-doctors-as-covid-cases-spike-idUSL3N2GI26J Acesso em 28/09/2020

125 MARKAY, Lachlan. A Notorious COVID Troll Actually Works for Dr. Fauci's Agency. **The Daily Beast**, 21/09/2020. Disponível em: https://www.thedailybeast.com/redstate-covid-troll-streiff-is--actually-bill-crews-and-he-actually-works-for-dr-anthony-fauci Acesso em 28/09/2020

126 BBC NEWS. Covid: Germany fears thousands got saline, not vaccine from nurse. **BBC**, 12/08/2021. Disponível em: https://www.bbc.com/news/world=-europe58186032-?xtor-AL-72-%5Bpartner%5D-%5Bbbc.news.twitter%5D-%5Bheadline%5D-%5Bnews%5D--%5Bbizdev%5D-%5Bisapi%5D&at_campaign=64&at_custom3=%40BBCWorld&at_custom1=%5Bpost+type%5D&at_medium=custom7&at_custom4=E0C05BBA-FB50-11EB--99CB-56984744363C&at_custom2=twitter Acesso em 12/08/2021

com nazistas obrigando judeus a se identificarem em público costurando estrelas amarelas em suas roupas, demonstrando uma total falta de reflexão além de uma profunda ignorância, mesmo com o número de mortos globalmente ultrapassando a marca de 6,5 milhões – quase 700 mil em território brasileiro. Em 2021 havia uma forte discussão se autores e acadêmicos não estavam levando temas raciais e de gênero para dentro das salas de aula para radicalizar seus alunos e se ação legislativa não deveria ser tomada para banir estes temas tanto de escolas básicas quanto de universidades e para barrar professores que insistissem em defendê-los.

O que levou, na história recente, uma tendência latente na atitude popular e presente no discurso do populismo há décadas a acelerar de tal forma seu impacto e sua violência? Praticamente ninguém estava debatendo anti-intelectualismo fora da própria academia até 2015, e não sem bom motivo. Uma parcela da população via o germinar deste novo fenômeno com desdém e condescendência, enquanto outra via uma forma de expressar ressentimentos históricos arraigados e tornados emergenciais pelos avanços liberais na sociedade e na academia.

O anti-intelectualismo é de difícil definição, até para o mais entendido especialista no assunto, já que é um conceito vasto que abriga uma miríade de atitudes, disposições, tendências e propensões, como o próprio Hofstadter afirma em seu livro *Anti-Intelectualismo na Vida Americana*:

> Uma razão pela qual o anti-intelectualismo não foi ainda sequer claramente definido é que sua própria vaguidão torna-o mais aprazível numa controvérsia como epíteto. Mas, de qualquer forma, ele não se dá facilmente a definições. Como ideia, não é uma proposição singular, mas um complexo de proposições correlatas. Como posicionamento, não é geralmente encontrado em forma pura, mas em ambivalência [...]. E como um tema histórico, se é que pode ser chamado assim, não é uma linha

> constante, mas uma força flutuando em intensidade de tempos em tempos e retirando seu poder motivador de fontes variadas (HOFSTADTER, 1963, p.6-7, tradução nossa).

Assim, podemos entender o anti-intelectualismo como um posicionamento revelado pela suspeição da autoridade de especialistas, a valorização do senso comum, da experiência empírica, das sensações e da sabedoria popular opostas a um saber científico, e a desvalorização do saber estabelecido. Aqui, identificam-se os traços do pós-modernismo e sua manipulação por ideólogos comprometidos com visões políticas promotoras da pós-verdade no anti-intelectualismo moderno, assim como as parcelas de culpa nesse processo pertencentes à própria Academia e à mídia jornalística.

Aceita-se, como definição, que o anti-intelectualismo[127] é uma junção da aversão ao pensamento racional e científico com a rejeição às elites. E estão aqui equacionados três termos para abranger quem são os intelectuais repudiados: cientistas, acadêmicos e especialistas teóricos. Esses três foram escolhidos por serem intelectuais que produzem conhecimento. É bastante difícil evitar a citação do escritor Isaac Asimov ao abordar o assunto, já que ele famosa e eloquentemente disse:

> Há um culto à ignorância nos Estados Unidos, e sempre houve. A cepa do anti-intelectualismo tem sido uma linha constante traçada através de nossa vida política e cultural, alimentada pela falsa noção de que democracia quer dizer que "minha ignorância é tão boa quanto seu conhecimento" (ASIMOV, I. *Apud* NICHOLS, 2019, p.1, tradução nossa).

O problema do momento da pós-verdade é que ele parece criar uma relação diretamente proporcional com o anti-intelectualismo. Quanto mais a rejeição do conhecimento científico

---

127 MCDEVITT, M., et al. Anti-intellectualism among US students in journalism and mass communication: A cultural perspective. **Journalism**, ed. 19.6, 2018. p.782-799.

estabelecido e dos pareceres de especialistas cresce, mais as pessoas parecem aceitar a bússola dos sentimentos para tomar decisões. Enquanto Hofstadter busca na História exemplos de uma tendência ao desdém e à ridicularização do intelectual por uma população com pouca educação, nutrindo ressentimentos, e por agentes que buscam se beneficiar dessas pessoas por meio de um discurso populista, a questão da pós-verdade parece ir além e, ao mesmo tempo, ficar aquém destas considerações. O historiador, claro, não poderia prever como seria o mundo quase 70 anos após sua obra, então não antecipou os eventos da polarização e massificação da comunicação pela internet. E, ao mesmo tempo, ele propõe um dos caminhos do intelectualismo como um caminho quase moderado, tão natural à vida moderna que é quase impossível analisá-lo. O discurso populista, oposto ao elitista, e a exploração dos pontos cegos na educação formal da população persistem como tendência social, mas um aspecto do anti-intelectualismo, que é a aversão ativa ao intelectual, é maior do que isto.

Hofstadter viu, nas gerações que se seguiram à geração dos chamados "Pais Fundadores", aqueles dignitários da sociedade que buscaram a independência e teorizaram os fundamentos da democracia que instalariam nos Estados Unidos que queriam criar, a instalação das aspirações dos homens de negócios ascenderem ao nível de paradigma social. As classes sociais profissionais, atraídas para órbita do mundo dos negócios, são isoladas do pensamento acadêmico, relegado para uma posição marginal ao recém-criado mito da nova masculinidade. Apartada dos resquícios do pensamento aristocrático europeu, a nova elite monetária estava interessada numa agilidade e velocidade que a ponderação do intelectual não comportava. Segundo Hofstadter, a expansão dos Estados Unidos, para o sul e para o oeste, era extremamente interessante para os homens de negócios enquanto seguisse rápida e desordenada, cheia de possibilidades para os habilidosos. Os políticos conectados à Academia e reconhecidamente apreciadores do intelecto buscaram manter o desenvolvimento do país ordenado, planejado e centralizado. Então, eles também precisaram ser substituídos por homens "energéticos", "primitivos" e "criados por si mesmos". Mas estas são ponderações extremamente profundas e, muitas delas, específicas à história norte-americana. O Brasil tem diversas peculiaridades que excluíram intelectuais do governo em momentos diferentes e por motivos diferentes, embora o resultado tenha sido o mesmo. Há elementos, também, de excedente de informação, e uma percepção generalizada de que todo mundo sabe tudo sobre todas as coisas (NICHOLS, 2019, p.5, p.13). E essa percepção é amplificada pela internet. Voltaremos a estas ideias mais adiante.

É importante conceituar, antes de prosseguir, o que é o populismo de que se fala. Entende-se aqui por populismo um apelo "ao povo" como contestação dos sistemas de poder estabelecidos e as ideias e valores dominantes em uma sociedade em determinado período no tempo. É uma posição intermediária entre o revolucionário, o conservador e o reformista. Sua distinção destas outras posições é que o populismo não contesta apenas os detentores do poder, mas também os valores das elites.[128] Não se confunde, pois, com outro conceito que usamos previamente, o tecnopopulismo, que dentro dos parâmetros da política brasileira é uma manipulação por meio de apelos aos valores específicos das redes sociais e da comunicação digital e usando das suas ferramentas para atingir um vasto número de pessoas e criar movimentos de apoio massivo nestes ambientes, para sustentar um projeto

128 CANOVAM, M. Trust the people! Populism and the two faces of democracy. **Political studies**. Ed. 47(1). 1999. p.3.

de poder que é, na maioria dos casos, autoritário e extremista, mas que busca lastro em eleições democráticas. Um dos valores que é sempre associado com as elites é o acesso aos espaços de educação de alto custo.

Também é importante conceituar o elitismo, já que os chamados contidos neste trabalho para valorização da opinião de especialistas e para o reconhecimento de autoridades podem muito facilmente ser classificados, erroneamente, como sendo desta vertente. O elitismo é um espelho perfeito do populismo, valorizando os símbolos de ascensão social e desvalorizando a cultura popular, na busca da manutenção das estruturas de poder estabelecidas. E, também, a criação de um grupo restrito dentro das elites, cuja mentalidade excludente gera confusão entre privilégio e conquistas pessoais baseadas em verdadeiro esforço e sacrifício, criando a chamada meritocracia.[129] Claramente, não é este o objetivo deste trabalho. É, no entanto, importante apontar, mesmo que brevemente, como a radicalização e polarização da cultura, seja em polos políticos ou ideológicos, como entre populismo e elitismo, é um fator de aceleração da pós-verdade.

E nunca é exagero reforçar que este é um embate focado nos símbolos e não no conteúdo. Tanto populismo quanto elitismo são inimigos do conhecimento formal, de maneiras diferentes, porém semelhantes. O populismo e o elitismo reconhecem nas credenciais dos especialistas o jogo da linguagem e da legitimação do poder para além do valor prático do saber. Para dar um exemplo, tanto o populista quanto o elitista reconhecem o poder de um diploma universitário concedido por uma instituição acadêmica renomada, não pelo conteúdo do saber que este documento atesta ou pela capacidade potencial

---

129 TAN, K.P. Meritocracy and elitism in a global city: Ideological shifts in Singapore. **International Political Science Review**. Ed. 29 (1). 2008. p.10.

da instituição de ensino de conceder a seus alunos este saber, mas como ferramentas – de ascensão social para o populista (como objetivo e, portanto, promessa) e de reconhecimento entre pares para o elitista (como terreno conquistado a ser defendido). Mas ambos podem muito bem escarnecer do valor deste mesmo diploma, se assim for conveniente, enquanto reconhecem nele apenas esta instrumentalização, este fetiche do símbolo do saber como marca de *status* social.

Assim, ao percebermos que populismo e elitismo são assuntos conexos à questão do valor dado à educação, é preciso notar como essa questão contribui para a degeneração da figura do intelectual e para o aumento da dificuldade em reconhecer informações de fonte especializada. No mundo todo, existe a questão da *comodificação* do ensino. O conhecimento, a certificação e a experiência do ensino superior como fetiche são um problema grave nos países ricos e crescente entre as classes mais abastadas em países pobres. O outro lado desta moeda, a noção neoliberal que atrela o valor do ensino com a sua capacidade de gerar riqueza – os retornos provenientes das mensalidades e outras fontes de renda para os donos e a promessa de uma carreira lucrativa para os alunos – se torna um processo de legitimação próprio. Nesta visão, a qualidade do ensino fica atrelada a um sistema que em nada espelha os princípios clássicos da academia, como o embate franco de ideias embasado por pesquisas de metodologia sólida, teorias elaboradas por meio científico fundado em evidência e rigor conceitual e lógico. São, em vez disso, substituídos pela capacidade de transmitir e absorver conhecimento técnico sobre tarefas de execução corriqueira nas diferentes profissões e proficiência nas ferramentas largamente aceitas no mercado pelos diferentes empregadores para executar com maior facilidade estas tarefas.

A criação de novas faculdades e universidades para atender a uma demanda crescente,[130] seja pela cobiça do símbolo de posição social, seja pela necessidade de obter um cargo profissional mais valorizado, leva muitos alunos às instituições de ensino sem ponderar se eles de fato deveriam estar lá. O universitário deveria ser alguém comprometido com o aprendizado, familiarizado e atraído pela estrutura e hierarquia do ensino acadêmico, disposto a embarcar numa educação continuada como extensão de um processo de aprendizado sem fim claro a vista, e se especializando após a faculdade nas teorias e nos aspectos intelectualizados das práticas profissionais que escolheram, para se tornar, talvez, um acadêmico, talvez um profissional, mas que certamente veja nesse processo a possibilidade de se tornar um cidadão melhor.

Em vez disso, alunos com sérias lacunas em sua formação, sem nenhum interesse na educação superior além da certificação de que precisam para adentrar o mercado de trabalho hipercompetitivo, que não tiveram em sua formação nenhum incentivo para apreciarem ou valorizarem o trabalho ou pesquisa acadêmica, ou que estão simplesmente entediados e foram levados às universidades pelas expectativas de seus familiares, passam um número de anos a mais sentados numa sala de aula, matando tempo entre o ensino médio e seus primeiros empregos como estagiários em empresas que não fazem nada remotamente parecido com o que eles aprenderam. A expansão do acesso sem a melhoria do ensino cria uma legião de diplomados, muitos deles rancorosos contra os acadêmicos que os ignoraram ou esnobaram ou foram incapazes de ensiná-los assuntos conexos com suas realidades, que se sentem equiparados aos intelectuais, mas não no sentido de serem engrandecidos, e sim

130 CAÔN, Giovana Fonseca; FRIZZO, Heloisa Cristina Figueiredo. Acesso, equidade e permanência no ensino superior: desafios para o processo de democratização da educação no Brasil. **Rev Vertentes**, v. 19, n. 2, p. 1-15, 2012.

no sentido de desvalorizar o conhecimento formal e os detentores dele (NICHOLS, 2019, p.70-86).

Esta constatação é um problema em si mesma. A maioria dos intelectuais progressistas e liberais parece ter dificuldade de expressá-la, mesmo se contextualizarem essas ideias como um fator entre muitos. O sistema neoliberal econômico guia a ideologia dos administradores do ensino para instituições cujo mérito é medido pela capacidade de gerar lucro, assim como as metas dos alunos, que medem a qualidade do ensino pela potencialidade de retorno financeiro no futuro. Desta forma, a principal meta do ensino, que é formar melhores cidadãos, vai ficando cada vez mais fora da equação do ensino superior. É um problema estrutural, que favorece e é, portanto, apoiado pelos donos das instituições, mas que não permite expiar completamente os pecados dos indivíduos que se entregam a este sistema em troca de um ensino tecnicista, acrítico e incompleto.

Ignorar esta questão, no entanto, é o perigo de fechar os olhos para toda uma faceta do tecnopopulismo moderno da extrema-direita (ou *alt-right* ou fascismo), uma vez que estes movimentos, os grandes beneficiários modernos da pós-verdade e do anti-intelectualismo, esforçam-se por cooptar uma massa de pessoas que vivem desiludidas das promessas neoliberais feita pela globalização no final da década de 1990 e primeira década dos anos 2000. Como aponta a pesquisadora do Observatório da Extrema Direita, professora doutora Isabela Kalil:

> (Havia) uma promessa de que bastava que você começasse a usar um computador (...) se você fizesse um curso (...) você quase que vira um Bill Gates. As oportunidades são amplas. O mundo não tem mais fronteiras, você pode ser rico em qualquer lugar. (...) 2008 é o momento em que essa promessa da globalização, fica claro, ela não é para todo mundo.[131]

131 KALIL, Isabela. Isabela Kalil e o perfil dos eleitores da Nova Direita. **Conversas**, 2020. Disponível em: https://www.youtube.com/watch?v=88m6YRNUWTU&list=TLPQMTUwNjIwMjE6OBr9dlmQtA&index=4 Acesso em 14/01/2021.

Para a doutora Kalil, as pessoas que não se veem contempladas pela concretização das promessas de bonança feitas naquelas décadas e, pelo contrário, viram seu patrimônio dilapidado pelas crises das "dot-coms" e o *crash* de 2008, se tornaram presas do discurso extremado, polarizador e antielitista. Estas pessoas, consumidoras de uma educação tecnicista e funcionalista de qualidade intermediária e que, feita como investimento, não apresentou retorno financeiro, ficaram para trás com qualificações que se tornaram obsoletas com uma velocidade cruel. Quem hoje se beneficia do que aprendeu nos cursos de MS-DOS, digitação, mecatrônica, escrita de e-mails e de programas específicos representa uma parcela muito pequena de todas as pessoas que apostaram tempo e dinheiro que estas aulas seriam a chave para uma vida melhor. A política do *alt-right* é, em grande parte, uma política de cooptação de quem foi deixado às margens da grande fartura do Vale do Silício, de quem não teve meios (e sorte) para tornar-se fluente nas tecnologias que se tornaram fundamentais, de quem não acompanhou a modernização das práticas e do pensamento globalizado. Muitas destas pessoas são graduadas, são especializadas, mas são fruto de um método de ensino que, como veremos, também é ao mesmo tempo arma e alvo dos agentes da pós-verdade.

A autora Susan Jacoby, que escreveu o livro *The Age of American Unreason*, em entrevista para o programa *The Open Mind*, descreveu com precisão tanto o sintoma deste rancor quanto o seu resultado prático, quando falou de uma pesquisa Roper publicada pela *National Geographic* sobre a faixa etária de americanos entre as idades de 18 a 25 anos em 2008, no auge da guerra entre Estados Unidos e Iraque, um conflito causado por uma das maiores *fake news* da História:

> Essa faixa etária é a que está travando a maior parte dos combates e é a que mais morre na guerra do Iraque, mas

dois terços deles não conseguem achar o Iraque no mapa, em mapas em que os países estão marcados com seus respectivos nomes. Mais do que isso, quando as pessoas desta faixa etária foram perguntadas se era importante saber uma língua estrangeira ou se era importante saber a localização de países onde eventos importantes estão ocorrendo agora, mais da metade delas responderam que "não"! Então, não saber onde o Iraque está no mapa é ignorância. Dizer que não é importante saber onde o Iraque está no mapa é dizer "eu sou ignorante e tenho orgulho disso".[132]

Jacoby propõe que, na modernidade, um dos pilares da democracia, a preocupação com educação dos cidadãos, foi abandonado. Isto acaba por decretar que, embora as instituições, mecanismos e rituais democráticos permaneçam intactos, a capacidade da democracia de *performar* suas funções básicas, de garantir a liberdade e capacidade decisória dos indivíduos vivendo dentro dela, é criticamente diminuída ou, de fato, inviabilizada. O sintoma é a ignorância sistêmica e o resultado é a ineficiência das instituições sociais e democráticas que dependem do nível de informação das partes envolvidas com seu funcionamento.

No entanto, Jacoby não gosta de usar o termo anti-intelectualismo na sua obra, já que ela reconhece que boa parte do esforço feito para descreditar a educação é embasado na opinião de especialistas credenciados, mas que têm interesses econômicos e políticos para apresentar posições contrárias a atividades intelectuais ou que democratizariam a educação formal a parcelas maiores da população. Assim, não é um anti-intelectualismo, mas uma disputa de autoridade sobre os fatos por diferentes intelectuais, muito como aconteceu e acontece acerca dos tratamentos da Covid-19, com algumas

132 JACOBY, Susan. The Dumbing Down of America. **The Open Mind with Richard Heffner**, 2008. Disponível em: https://www.youtube.com/watch?v=JNOSRYxfFqg Acesso em 29/09/2020.

autoridades médicas propondo remédios ineficazes e muitos outros, maioria absoluta, apontando a vacina, distanciamento e isolamento como únicas soluções.

Olhando para um exemplo menos atual e até por isso mais claro, pano de fundo para a observação de Jacoby para propor que a educação como preocupação social foi abandonada, o evento da Guerra do Iraque e toda a chamada "Guerra ao Terror" norte-americana após os ataques terroristas de 11 de setembro de 2001 é um caso-modelo da traição de alguns especialistas dos ideais éticos e morais ligados às suas posições, que minou e segue minando a confiança do público na expertise e autoridade das fontes da mídia *mainstream* e no próprio jornalismo. A descrição dos bastidores do conflito e cobertura dos horrores perpetrados em nome de vingar os mortos no ataque terrorista contra os EUA feita pelo renomado repórter Seymour Hersh em seu livro *Repórter* fazem corar até o mais ferrenho admirador dos norte-americanos ou defensor do jornalismo.[133]

O governo de George W. Bush e Dick Cheney abusou do luto da população e das informações da comunidade de inteligência para promover uma política ultraconservadora de concentração de poder nas mãos do Executivo, para realizar inúmeras operações militares com objetivos diversos no Oriente Médio com o mínimo de supervisão de outros Poderes da República e da sociedade. Parte significativa dos poderosos editores da mídia estabelecida aceitaram esta mudança no *status quo*, com a expectativa de que ela poderia trazer paz à região por meio de estratégias que não eram viáveis anteriormente, pela resistência diplomática e força da fiscalização de práticas que potencialmente poderiam ferir os direitos humanos. Leis internacionais foram violadas por tortura, cárcere

133 HERSH, Seymour M. **Repórter – Memórias**, 2019. São Paulo: Todavia, 1ª edição.

indevido, humilhações e muitas mortes sob a alegação de que o Iraque mantinha armas de destruição em massa. Uma alegação que finalmente foi provada como totalmente falsa, e que foi aceita por aqueles editores, pois uma gama de autoridades e especialistas assinaram o diagnóstico e emprestaram à questão a legitimidade conferida por seu aval.

Antes de debater como tal coisa possa ter acontecido (algo que é uma preocupação jornalística por excelência) acho que devemos nos voltar à questão, então, de como reconhecemos a especialidade dos especialistas, e por que ela torna as posições tomadas por eles nas áreas em que se especializam diferenciadas das posições adotadas pelos leigos. Primeiro, porque na sua vasta maioria os especialistas possuem certificações, prêmios ou reconhecimento de seus pares ou outras autoridades. Portanto, têm seu conhecimento legitimado por essas vias (LEVITIN, 2017, p.131-133). Como mencionamos anteriormente, existe uma grande narrativa, do ponto de vista pós-moderno, de que o histórico e reputação das instituições e dos professores contratados por elas, assim como o processo educacional, confere confiabilidade à certificação de competência profissional das pessoas diplomadas. Isso não é muito científico, mas a base para este pensamento é. Porque a Academia certifica as pessoas baseada nos trabalhos produzidos por elas e revisados por seus colegas, num processo experimental que sujeita os resultados ao escrutínio de pares.

Em segundo lugar, especialização e especialidade são, por definição, em campos restritos de conhecimento. Isso às vezes confunde as pessoas, que esperam que um acadêmico ou pesquisador ou pessoa reconhecida por seu vasto conhecimento em sua área consiga exibir a mesma proficiência em outras áreas, uma confusão que se dá entre conhecimento e inteligência, ou entre experiência e talento (Ibid., p.134-136).

Um exemplo interessante é o médico e palestrante Hans Rosling. Professor de políticas de saúde, conselheiro da OMS e da Unicef, cofundador da organização Médicos Sem Fronteiras, e da Fundação Gapminder, é um dos palestrantes mais populares da série TED e um dos autores favoritos de Bill e Melinda Gates. Suas observações sobre viés e falhas no nosso sistema de educação e de produção de conhecimento renderam um dos livros mais influentes na modernidade. Neste livro, *Factfulness,*[134] o brilhante profissional da saúde faz a seguinte afirmação:

> Jornalistas (...) montam suas narrativas como conflitos entre duas populações, duas visões, dois grupos opostos. Eles preferem histórias de extrema pobreza e milionários a histórias da vasta maioria das pessoas lentamente se arrastando em direção a vidas melhores. Jornalistas são contadores de histórias. Pessoas que produzem documentários e filmes também são. Documentários frequentemente opõem o indivíduo frágil à corporação grande e perversa. Campeões de bilheteria geralmente mostram a luta do bem contra o mal. (ROSLING, 2018, p.39)

Por todo o seu currículo e por toda a sua expertise na sua área, Rosling erra ao falar do jornalismo. Aliás, não erra, mas faz a interpretação errada de como o jornalismo aborda a realidade. O jornalismo, por regra, aborda as ocorrências que surgem fora da média, fora do comum. Afinal, para que informar que nada de excepcional aconteceu ou que tudo está bem? Da perspectiva do jornalismo, o valor-notícia está do lado das atividades de pessoas incapazes de "se arrastar em direção a vidas melhores" (e os motivos dessa incapacidade) e de pessoas que chegaram lá e os tais caminhos que percorreram, não necessariamente de qualquer embate maniqueísta.

134 ROSLING, Hans; RÖNNLUND, Anna Rosling; ROSLING; Ola. **Factfulness**, 2018. Flatiron Books, 1ª edição, New York, NY, EUA.

A observação acerca do componente de narratividade do jornalismo não é exclusiva às mídias tradicionais citadas, mas é comum a todo conhecimento transmitido, é uma característica da comunicação. Ao tentar apontar uma falha do jornalismo e um viés dos jornalistas e dos produtores de conteúdo de mídia audiovisual, Rosling apenas aponta que os mecanismos da comunicação seguem fazendo aquilo que sempre fizeram, atuando como sempre atuaram, explorando a comunicação humana como sempre fizeram.

A especialidade de Rosling como médico, como pesquisador de viés e como educador não se estende à área de comunicação para além da sua própria capacidade de transmitir os conceitos nos quais ele de fato é especialista. Mas se você for um leitor menos atento ou que também não é um especialista em comunicação, este julgamento, que passa do óbvio ao erro em um piscar de olhos e depois faz o caminho de volta, pode ser assimilado como fato, viabilizando a legitimação do conhecimento pela dilação indevida da autoridade de Rosling das áreas que ele efetivamente domina para aquelas áreas onde ele se arrisca a opinar a partir de experiência empírica pessoal e observacional que não é objetivamente qualificada ou certificada.

Basicamente, existe uma expectativa generalizada que a inteligência e demonstração de conhecimento seja um tipo de truque, que pode ser repetido inúmeras vezes até que uma falha surja que "humanize" o especialista. Afinal, se um especialista pode me dizer as motivações dos reis durante a Guerra dos 100 anos e as consequências sociais das decisões políticas destes governantes, por que este mesmo especialista não pode falar sobre as motivações dos governantes atuais com a mesma autoridade? Ou sobre o impacto social das políticas públicas atuais? A resposta é que, exatamente pela natureza do conhecimento especializado, uma pessoa que sabe a minúcia do pensamento, dos posicionamentos, dos jogos políticos e contexto social de Plantagenetas e Valois certamente não teve o mesmo tempo para estudar a fundo outros assuntos e certamente não poderia expandir sua autoridade para especular sobre outros eventos em outros tempos, mesmo que seja de fato uma pessoa extremamente inteligente. É sempre necessário lembrar que especialidade não é diretamente correspondente a inteligência, da mesma forma que conhecimento de teoria musical não é garantia de compor músicas de sucesso para tocar nas rádios.

Terceiro, é preciso elencar uma hierarquia de fontes para saber se a sua informação é de confiança. Algumas fontes, até estatisticamente, trazem mais informação confiável que outras. Academicamente, textos revisados são geralmente mais confiáveis que livros de editoras respeitadas, que por sua vez são mais confiáveis que livros publicados independentemente ou por editoras obscuras. Jornais premiados de reputação mundial são mais confiáveis do que jornais mais novos e com baixo alcance e orçamento. Esses grandes jornais fizeram sua reputação e alcançaram a respeitabilidade estando certos muitas vezes mais do que quando erraram, e escolhendo dar espaço a vozes especializadas capazes de reproduzir essa proporção, estando certas mais vezes do que erradas. Isso denota que confiabilidade está ou deveria estar atrelada a um histórico de preocupação com a acurácia da informação veiculada e com a verdadeira especialidade das vozes reproduzidas.

Exemplo disso foi uma reportagem do jornal *O Estado de S.Paulo*, publicada em julho de 2021, afirmando que o então ministro da defesa do governo Bolsonaro, general Braga Netto, havia enviado ameaça ao presidente da Câmara dos Deputados, Arthur Lira, dizendo que militares não permitiriam que houvesse eleição em 2022 se não houvesse voto impresso, retrocesso discutido pelos parlamentares e defendido pelo Planalto.[135] O ministro e Lira foram taxativos ao negar que tal comunicação tivesse ocorrido. A resposta oficial foi que a direção do jornal estava plenamente de acordo com as conclusões das repórteres que escreveram a matéria e sustentavam os fatos relatados como verdadeiros. Mas a resposta mais convincente foi, talvez, dada pelo editorialista do jornal, Itamar Montalvão, que foi ao *Twitter* dizer apenas que "*O Estado de S.Paulo* tem 146 anos de história."[136] Ou seja, a história do jornal fala mais alto que qualquer contestação da sua legitimidade para dizer o que é ou deixa de ser verdade.

Uma das formas que a pós-verdade funciona é por meio da confusão dessa hierarquia, algo que eu prefiro chamar de dilação indevida da autoridade, com as pessoas escolhendo priorizar informação proveniente de fontes escolhidas por critérios emocionais, ignorando os critérios mais lógicos, como antecedentes, reputação entre seus pares e escolha das fontes, e utilizando destes critérios emocionais para deslegitimar especialistas e falas que deveriam estar hierarquicamente mais bem-colocados. O principal problema, claro, é a criação de grupos dentro de uma sociedade que passam a viver orientados por diferentes conjuntos de fatos, ou diferentes opiniões sobre os fatos, ou diferentes níveis de aceitação dos fatos, guiados por diferentes bússolas, cada qual apontando para um diferente norte. O resultado é uma crescente dificuldade em viver em uma realidade compartilhada em que ao menos uma maioria das pessoas pode concordar num conjunto básico de verdades, uma fragmentação das fontes de informação para

135 MATAIS, Andreza; ROSA, Vera. Ministro da Defesa faz ameaça e condiciona eleições de 2022 ao voto impresso, **O Estado de S. Paulo**, 22/07/2021. Disponível em https://politica.estadao.com.br/noticias/geral,ministro-da-defesa-faz-ameaca-e-condiciona-eleicoes-de-2022-ao-voto-impresso,70003785916 Acesso em: 23/07/2021.

136 MONTALVÃO, Itamar. O Estado de S. Paulo tem 146 anos de história, **Twitter: @imont**. Disponível em: https://twitter.com/imont/status/1418243730369392652 Acesso em 23/07/2021

além da diversidade, tornando-se um campo de exclusividade de consumo apenas daquelas fontes que apresentam conteúdo coincidente com as opiniões pessoais de cada indivíduo, um ambiente de constante suspeita de outras fontes que não são capazes de ecoar constantemente as posições da audiência, composta por um único grupo.

A natureza do saber científico compete para o mesmo resultado, infelizmente. O método científico,[137] composto por observação de um fenômeno, elaboração de questionamentos acerca dele, de uma hipótese, de testes para esta hipótese, análise dos resultados e reprodução dos testes até que as variações de resultados sejam de tal forma diminuídas que uma teoria possa ser postulada, contém uma necessidade de forte ceticismo e crítica que contamina de forma negativa as pessoas menos familiarizadas com esse processo. Os questionamentos normais que surgem no processo de validação de resultados no processo científico, a reprodução com o objetivo de dirimir dúvidas e esmiuçar processos cria nos leigos a sensação de que há suspeitas quanto à veracidade, e não apenas passos procedimentais que reforçam a validade das observações e consolidação do conhecimento produzido. A possibilidade de falha dos especialistas, em qualquer ciência, é um campo fértil para a imaginação e para o radicalismo. As pessoas que olham de fora para a Academia tendem a achar que o fracasso em prever corretamente resultados com 100% de eficiência é um indicador da absoluta falta de valor do conhecimento acadêmico (NICHOLS, 2019, p.178-181).

Há pensadores que buscaram a raiz do anti-intelectualismo, como Daniel Rigney,[138] identificando três componentes desta tendência. Estes seriam o antirracionalismo, que vê

137 BRADFORD, Alina. What is Science? **Livescience**. Disponível em: https://www.livescience.com/20896-science-scientific-method.html. Acesso em 20/08/2019

138 RIGNEY, Daniel. Three Kinds of Anti-Intellectualism: Rethinking Hofstadter. 1991. **Sociological Inquiry**, ed.6, p.434–451.

o pensamento racional e crítico como indesejável (como era o caso das *revivals* religiosas observadas por Hofstadter), a instrumentalização imponderada da intelectualidade, que desvaloriza o ganho a longo prazo da educação frente aos resultados materiais de curto prazo (mencionado anteriormente como o ponto em comum entre populismo, elitismo e neoliberalismo), e o próprio antielitismo, como já vimos.

Outro segmento ideológico que considera a racionalidade e a crítica elementos antagônicos às suas aspirações são indivíduos filiados a movimentos com caráter autoritário. Destaque para os fascistas, neointegralistas, *alt-right*, criptonazistas e tecnopopulistas que tem representado a maior ameaça à liberdade na última década e que são, generalizadamente falando, os agentes da pós-verdade responsáveis pela contrainformação dos quais falamos anteriormente. Estes agentes de extrema-direita buscam desvalorizar o ensino, a especialização e a linguagem, como aponta o professor de filosofia de Yale, Jason Stanley.[139] Segundo ele:

> É impossível haver um debate inteligente sem uma educação que dê acesso a diferentes perspectivas, sem respeito pela especialização quando se esgota o próprio conhecimento e sem uma linguagem rica o suficiente para descrever com precisão a realidade. (...) Na ideologia fascista, há apenas um ponto de vista legitimo: o da nação dominante. (STANLEY, 2019, p.48)

Stanley resume o fascismo cedo em sua obra como sendo um conjunto de estratégias, apresentadas como a exaltação "[d]o passado místico, propaganda, anti-intelectualismo, irrealidade, hierarquia, vitimização, lei e ordem, ansiedade sexual, apelos à noção de pátria e desarticulação da união e do bem-estar público" (*Idem*, p.14). Por essa definição percebe-se

139 STANLEY, Jason. **Como Funciona o Fascismo: A política do "nós" e "eles"**. Ed. 3. Porto Alegre: L&PM, 2019.

que o que Stanley decidiu chamar de fascismo tem pontos claramente coincidentes com o que eu chamo de pós-verdade, incluindo os apelos ao emocional (sexual ou de orgulho nacional), desvalorização da verdade factual (o que o professor Stanley chama de irrealidade), o uso da hierarquia político-partidária que influi na legitimação da autoridade dos especialistas e, claro, a atitude anti-intelectual.

Pela coincidência de alguns elementos é possível traçar paralelos para pensar o relacionamento entre a pós-verdade e as vertentes autoritárias modernas identificadas como fascistas. A pós-verdade, como fenômeno cultural e comunicacional, não está restrita às esferas social e política, searas disputadas pelos fascistas. No entanto, observando a popularização das atividades de tecnopopulistas autoritários e movimentos de extrema-direita por todo o mundo, também é possível propor que a pós-verdade seja um produto destas atividades. A busca fascista ou de extrema-direita pelo poder cria na sociedade, turbinada pelas tecnologias de comunicação e crise generalizada nas mídias tradicionais, o ambiente da pós-verdade.

Ao falar dos políticos fascistas, Stanley afirma que as ações propostas por eles encaminham a sociedade para este cenário que identificamos aqui como pós-verdade. Em sua obra, além de apontar no anti-intelectualismo fascista a tentativa de estabelecer um mito nacional capaz de aniquilar as noções de História compartilhados pela população, o professor de filosofia de Yale também apresenta a justificativa para a importância desta prática na política autoritária. Segundo Stanley:

> Eles reescrevem a compreensão geral da população sobre a realidade distorcendo a linguagem da idealização por meio da propaganda e promovendo o anti-intelectualismo, atacando universidades e sistemas educacionais que poderiam contestar suas ideias. Depois de um tempo, com essas técnicas, a política

> fascista acaba por criar um estado de irrealidade, em que as teorias da conspiração e as notícias falsas tomam o lugar do debate fundamentado. (*Idem*, p.16)

Ora, o que seria esse "estado de irrealidade" se não a pós-verdade? Os fascistas são os agentes da pós-verdade, mesmo que outras ideologias se beneficiem dos resultados do processo de distorção e mesmo que o objetivo maior do fascismo – a conquista do poder por um homem forte capaz de assegurar os interesses destes grupos autoritários e a destruição daqueles grupos percebidos como inimigos – não se concretize. A técnica fascista de domínio de narrativas e controle de conteúdo não precisa seguir o modelo orwelliano de censura e dominação. Pode também se concretizar por meio da desvalorização de outros paradigmas intelectuais, pela cacofonia informacional e pela destruição de um senso de realidade compartilhada baseada em fatos. A questão é que estas técnicas não oferecem aos fascistas um mapa preciso de como chegar ao poder. Apenas desarticulam na sociedade estruturas e instituições vitais para o convívio saudável e o desenvolvimento democrático pois ativamente atacam a verdade.

Como a verdade apresenta um desafio particularmente singular aos radicais dos extremos políticos, uma solução dada a como contorná-la é a simplificação, algo a que o populismo se dá com confiança e tranquilidade. É importante observar que a academia, por vezes, é merecedora de crítica por ser demasiadamente rebuscada, mas a particularidade da linguagem especializada e a pluralidade vocabular para discutir os fenômenos sociais é central ao entendimento das questões e para evitar confusões entre ocorrências em cenários complexos. Por exemplo, poderíamos considerar que, pela coincidência de elementos que já descrevemos entre a pós-verdade e as técnicas fascistas, não há diferenças suficientes entre os conceitos, então poderíamos facilitar o debate público e chamar a tudo relacionado ao assunto de "fascismo", o termo mais abrangente e mais popular entre os dois. No entanto, esta simplificação desconsideraria as muitas diferenças entre os dois conceitos, especificamente que o fascismo é um fenômeno político social, que busca concentrar nas mãos de alguns poucos eleitos o poder, enquanto a pós-verdade descreve um momento de desarticulação dos mecanismos pelos quais determinamos o que é verdade, sendo um produto da desvalorização das instituições democráticas ocorrida apenas parcialmente por culpa de agentes de extrema-direita que buscam consolidar seu poder político e de influência na sociedade.

Há, no entanto, outro lado nesta moeda. Até mesmo o rigor acadêmico com a precisão de um termo pode ser usado como arma para impedir produção de conhecimento. Ao criar uma disputa eterna sobre como chamar uma coisa, existe a busca de eliminar a possibilidade de discutir sua natureza e seu propósito. Em conversa com o professor Stanley, entramos no assunto sobre o debate que o próprio termo "fascismo" gera e as brigas sobre o que, de fato, seriam práticas fascistas e sobre acusações de exagero e inexatidão no uso da alcunha. Para ele,

> Meu livro é todo sobre isso, sobre estas técnicas fascistas que, todas, têm a intenção de criar distrações. São todas técnicas de ataque à democracia. Quando você aponta que algo é fascismo, eles gritam que, se é assim, tudo é fascismo. É a extrema-direita. Nacionalistas, supremacistas brancos, homofóbicos de extrema-direita. Eu geralmente os chamo de fascistas, mas outras pessoas podem chamá-los do que quiserem. Contanto que reconheçam que estamos falando de antidemocráticos, autocráticos, proponentes dos Estados de partido único, que estão tentando destruir instituições democráticas, tomar conta da economia, educação e governo, instalando uma única pessoa no comando. (STANLEY, 2021)

Outro bom exemplo é o uso do termo *fake news*. Ele é, claramente, um atalho a diversos significados, para facilitar a compreensão daquilo a que o termo se refere, mas é também problemático, pois cria confusão entre elementos que são suficientemente distintos uns dos outros para significarem fenômenos diferentes. O fato de darmos hoje o nome de *fake news* a material político sem embasamento factual, material veiculado jornalisticamente com cunho propagandístico e não verdadeiro, desinformação formatada nas linguagens populares da internet para sinalizar posicionamentos de grupo, notícias verdadeiras degradadas por grupos prejudicados politicamente pelo conteúdo e mentiras de forma generalizada impede, efetivamente e de forma muito clara, que a discussão sobre as nuances entre estes diferentes fenômenos penetre no discurso público. Ou até que seja comunicado entre diferentes áreas. A difícil definição do que seriam *fake news* foi uma das razões pelas quais não foi possível encontrar uma fórmula para o seu combate pela via judiciária, por exemplo. Sem conseguir produzir um conceito claro, não é possível criar legislação ou jurisprudência que produza regulação suficiente. Por outro lado, outras formas de combate do termo *fake news* fracassam exatamente por falharem em enxergar esta simplificação.

Muitos especialistas e profissionais sérios da área da comunicação passaram os últimos anos perguntando por que falar em *fake news* quando seria mais fácil chamar este ou aquele político de mentiroso, ou esta ou aquela informação de mentira. Reduzir as questões políticas, as afirmações de candidatos, as acusações contra meios jornalísticos, as notícias falsas, as mensagens memetizadas e todos os outros fenômenos a mentiras é incapaz de dar solução a estes problemas pois apenas oferece uma troca de termos. Mas a simplificação, que impede debates e idiotiza o discurso público, continua a mesma.

Mesmo a pequena diferenciação que proponho neste livro entre desinformação e contrainformação já permite que encaremos o fenômeno das *fake news* de uma forma mais complexa do que o termo único. Da mesma forma, se para o fascismo é instrumental, como um dos seus muitos pilares, que a educação seja dominada para construir um passado mítico que suplante a História verdadeira ensinada por acadêmicos sérios e que estes mesmos intelectuais sejam desacreditados, para a pós-verdade é importante que este processo, ao lado de muitos outros, trabalha para destruir uma das formas pelas quais produzimos e legitimamos conhecimento de uma forma que possamos criar um entendimento da realidade que possa ser compartilhado por uma vasta maioria, de forma a viabilizar a democracia. O empobrecimento da linguagem é apenas mais uma forma que os fascistas e populistas limitam o debate público e tornam conceitos inacessíveis ao público em geral, e uma das formas de anti-intelectualismo que geram a pós-verdade.

Não se entenda por isso que o autoritarismo de esquerda seja isento de ataques à academia e ao livre discurso. O próprio Stanley observa que o comunismo autoritário, que vigorou na China maoísta e na União Soviética, entre outras nações, ataca a verdade em prol de um projeto de poder antidemocrático, buscando instalar um partido único [*Idem*]. A estratégia, no entanto, é diferente. Enquanto o fascismo e as ideologias de extrema-direita são nacionalistas, exaltam o indivíduo e protegem a propriedade privada de um grupo privilegiado, o comunismo autoritário é globalista, exalta a coletividade e a posse coletiva da propriedade, que é usufruída apenas pelo grupo que pode desfrutar a estrutura partidária. Para a Academia e os intelectuais, a esquerda autoritária manipula as universidades para torná-las disseminadoras de propaganda e para combater a verdade, mas muitas vezes também usou a Academia como propaganda em si, tornando-as peças publicitárias da capacidade de criar instituições de ensino de qualidade que provem a superioridade do sistema de governo de extrema-esquerda. Sob os governos de extrema-direita, o modelo é diferente.

A tendência fascista de endeusar o masculino no sentido de reforçar as características patriarcais da sociedade e a narrativa de que homens fortes, homens de ação, homens que tem asco ou rejeitam ideologias, cultura e o conhecimento formal devem liderar a nação pode ser uma sentença de morte para as universidades livres quando estas forças se apossam do poder. Estas ideias são opostas aos preceitos da academia e do ensino formal e, portanto, uma força de anti-intelectualismo. É importante reforçar essas questões porque se vê na extrema-direita a semente anti-intelectualista a partir de um ponto muito central da ideologia, diferente da esquerda autoritária, do comunismo autoritário, que mina as universidades ao impor o ensino da ideologia partidária e da ideologia das elites comunistas enquanto o fascismo vai minar a própria ideia da necessidade da educação, da necessidade da universidade, da necessidade da produção de conhecimento e cultura.

O fascismo e a extrema-direita trabalham sob o auspício de criar um ensino de massa, um ensino massificado totalmente técnico, no qual a manipulação seja muito mais simples, reservando para si e para os seus algumas instituições e algumas oportunidades que não são oferecidas para o resto do povo. No Brasil, isso fica claro na prática popularizada entre as elites de enviar seus filhos para estudarem no exterior. Isso porque as instituições de ensino nas nações ricas, como nos Estados Unidos, são de certa forma preservadas das investidas fascistas. Essas universidades são fetichizadas pela alta qualidade, mas esta qualidade está ligada ao fato que estas ensinam valores de liderança, de cultura e de intelectualidade, enquanto o ensino superior local, afetado pelo fascismo, se torna apenas técnico e doutrinário da massa trabalhadora. Como afirma a professora Letícia Cesarino, professora de Antropologia na Universidade Federal de Santa Catarina:

> O ensino superior público está sob ataque da aliança neoliberal-conservadora. Existe uma convergência entre o braço neoliberal e o conservador do bolsonarismo ao ter uma visão estreita da universidade como conhecimento técnico e aplicado. As funções de educação para a cidadania e afins parece ser terceirizada para outras agências, como as escolas militares, igrejas, as próprias famílias, e a mídia alternativa. Nisso, ambos não se sobrepõem totalmente, mas há uma clara convergência de interesses, uma vez que a universidade pública é vista como doutrinação de esquerda e, portanto, desperdício de recursos. O estrangulamento da universidade pública é preocupante porque deixar a ciência para a lógica de mercado leva a uma perda da autonomia científica e dependência de financiadores específicos movidos por interesses privados. (CESARINO, 2021)

As estratégias dos agentes da pós-verdade, os filiados a ideologias de extrema-direita, incluem o uso de todos os recursos – a exploração dos valores capitalistas de individualismo e consumismo, a desvalorização da educação ampla e democrática e o ensino crítico – porque a capacidade das universidades de articular grupos de resistência a seus intentos é comprovadamente eficaz. Isso ficou claro quando as universidades produziram, na década de 1960, movimentos de resistência ao autoritarismo em praticamente todo o mundo, incluindo, claro, os movimentos pelos direitos civis e contra a guerra do Vietnã nos Estados Unidos e de oposição à ditadura militar no Brasil. Em resposta a esta tendência, os radicais tiveram êxito em recrutar as alas mais conservadoras da sociedade para taxar estes movimentos estudantis de "baderneiros" e "vândalos" para desmerecer uma revolta justificada com políticas radicalizantes e injustas. Essa estratégia é usada até hoje, para atacar movimentos como o *Black Lives Matter* (STANLEY, 2019, p.49) ou para desarticular eventos antifascistas. A capacidade das instituições sérias de ensino superior de fomentar pensamento livre e posturas dissidentes, que desafiem o discurso autoritário, sempre será uma ameaça.

Isso porque, no livre embate de ideias, num ambiente que demanda embasamento em pesquisa e método científico, experimentação, exposição ao contraditório e solidez dos conceitos e lógica empregados e seu rigor conceitual, as ideias autoritárias e seus apelos emocionais ao ultraconservadorismo, tecnopopulismo e supremacismo nacionalista não conseguem se sustentar por muito tempo. O professor de Direito da Fundação Getúlio Vargas, Thiago Amparo, observa que a estratégia, então, se torna jogar fora das regras do jogo, apelando à identificação ideológica e um discurso de perseguição inexistente. Amparo vê nos movimentos autoritários alegações de cerceamento da liberdade de expressão, que Stanley revela que são maliciosamente apontadas como expressões das chamadas "cultura do cancelamento" e "*wokeness*", e silenciamento de vozes conservadoras nos espaços universitários controlados pela esquerda radical. Estas acusações são patentemente falsas, mas a sensação das pessoas que estão dentro da Academia, principalmente em programas de graduação, é a de que esta percepção é correta, uma vez que não encontram nestes espaços câmaras de reverberação para suas opiniões ideológicas, nem nenhuma garantia de confortável segurança ou aceitação de suas teorias. Aí, sem suporte para suas ideias ou púlpito para os pensadores escolhidos por eles, os autoritários se apresentam como presas dos intelectuais de esquerda e exilados do debate do que é academicamente aceito. Se minha visão conservadora não é amparada pela Academia, e a dos meus inimigos progressistas e globalistas é, então a Academia foi aparelhada pelos inimigos para se tornar uma máquina de doutrinação, fechada contra os conservadores. Segundo Amparo:

> Existe uma apropriação desta linguagem de vítima por grupos que são majoritários e que têm mais poder na sociedade. Grupos conservadores e que não querem falar sobre sexualidade, não querem falar sobre questão racial, são maioria no espaço do poder, não são minoria, e muito menos há uma perseguição orquestrada contra estes grupos. Muito pelo contrário, uma universidade que se preza deve prezar pela pluralidade de conhecimentos, e no embate sério sobre ideias. (AMPARO, 2021)

Essa conclusão não é uma unanimidade, no entanto. Não é possível deixar de detectar um certo elitismo velado na ideia de que há uma vertente política, com a qual nós discordamos, cujas ideias são inferiores às minhas e, portanto, não consegue penetração em espaços rigorosos quanto à observância dos valores que julgamos essenciais para a legitimação do conhecimento. O professor de literatura da UERJ, João Cezar de Castro Rocha, autor do livro *Guerra Cultural e Retórica do Ódio*, aponta que esta é uma das pontas-de-lança da ideologia da extrema-direita que prega que a hegemonia de esquerda no ensino leva à doutrinação da população e deve, portanto, ser eliminada. É uma estratégia manjada, pegando uma meia-verdade e desafiando a lógica para chegar a uma conclusão falsa. Em conversa, o professor afirmou que:

Quando a esquerda não assume que, no plano da universidade, que no plano da cultura, existe uma tendência maior a uma hegemonia da esquerda e que não quer dizer que está presente em todas as áreas, mas que na universidade e na cultura, há, mesmo que apenas do ponto de vista puramente quantitativo, uma presença mais clara da esquerda e progressista, nós abrimos caminho para que a direita confunda uma hegemonia localizada com uma doutrinação em todas as esferas.

É preciso reforçar que o alcance desta tendência à preponderância do pensamento de esquerda e seus proponentes é restrito a algumas áreas, principalmente nas matérias de Humanas como História, Filosofia, Sociologia e Ciências Políticas. Outras faculdades, mesmo na área das Humanidades, como Direito, Administração e Economia, não podem ser apontadas como sendo hegemonicamente de esquerda. Não só isso, a pluralidade de competências e pensamentos políticos nas administrações nas diferentes instâncias governamentais (municípios, estados e União) torna qualquer tipo de doutrinação absolutamente inviável. Não há mecanismos eficientes de doutrinação em operação em nenhuma democracia moderna e qualquer alegação do contrário é um claro uso de retórica em má-fé. Mas a direita radical e autoritária prefere ignorar a realidade e montar uma narrativa atraente que permite atacar o sistema de ensino que produz conhecimento capaz de contradizê-la.

Um dos principais agentes desta direita radical e instigador da crença em uma hegemonia de esquerda nas escolas e no ensino superior é o autor e ideólogo Olavo de Carvalho. Segundo João Cezar de Castro Rocha, Olavo é um dos principais responsáveis pela guinada conservadora e de extrema-direita na política brasileira ao propor, ainda nos anos 1990, que a esquerda exercia uma forte hegemonia e se esforça em doutrinar a sociedade para controlá-la. O movimento reacionário que surgiu com a gradativa abertura política do Brasil a partir de 1979 (ROCHA, 2021, p. 31-106) sai da caserna com o fim do regime e encontra em Olavo de Carvalho seu principal expoente. E, na sua obra, seu alvo mais imediato são os professores universitários, jornalistas e intelectuais. Ignorado pela elite cultural brasileira, fez campanha durante anos para promover seus escritos e para elevar aqueles que liam suas obras acima daqueles que, de fato, produziam conhecimento nas instituições de ensino superior. Obcecado com a manipulação mental coletiva como projeto de dominação política, o autor e influenciador digital usou sua retórica raivosa para explorar o anticomunismo paranoico, o moralismo de ideias ultrapassadas sobre alta cultura e uma estratégia de encastelamento daqueles que conseguia converter a seu sistema de crença, taxando cada opositor de analfabeto, ignorante ou golpista em potencial.

O movimento político que carregou Bolsonaro à Presidência da República foi embasado no pensamento e nas técnicas de Olavo de Carvalho, que seduziu parte significativa da direita conservadora, encontrou paralelos com o movimento internacional encabeçado por Steve Bannon e outras figuras que inspiraram a onda antidemocrática da segunda década do século XXI, e aliou-se ao fundamentalismo cristão para criar uma verdadeira máquina anti-intelectual e frente de oposição ao ensino superior.

Na verdade, o controle de conteúdo que os ultraconservadores de extrema-direita clamam ser feito pelas elites intelectuais de esquerda se torna rapidamente a política de Estado quando estes mesmos conservadores de direita chegam ao poder. Por meio de legislação que limite o acesso de alunos a material que ensine conteúdo que de fato passe pelo crivo criterioso da ciência e do rigor acadêmico, ou que impeça a contratação de docentes qualificados que promovam estes conteúdos, certas alas do partido Republicano têm atacado a Academia há mais de um século. Jason Stanley cita o esforço de legitimação de uma narrativa conciliatória que permitisse a cicatrização dos ferimentos psíquicos dos derrotados sulistas na Guerra de Secessão que não apenas legitimou a escravidão como viabilizou a opressão sistemática dos negros norte-americanos por gerações. Mais recentemente, nos meses finais da administração Trump, o governo federal se movimentou para barrar o ensino deste mesmo conceito, em pleno ano de 2020. Trump, que se beneficiou politicamente com questões raciais inflamatórias, acabou derrotado na eleição daquele ano. Apesar disso, no ano seguinte, legisladores estaduais e governadores conservadores seguiram esta estratégia e passaram a banir o ensino de teorias críticas raciais e de gênero, que denunciassem o preconceito e opressão sistemática de minorias. Chamadas pelos conservadores de "câncer" e de "teorias divisoras antipatrióticas", os estudos de raça e de gênero são centrais a políticas progressivas e conceitos aceitos na academia há décadas. O combate a estas teorias e a caça às bruxas contra os professores que as defendem só servem para enfraquecer as instituições de ensino nos estados em que estas leis são aprovadas. Como o professor Stanley observou:

> Estados que estão passando estas leis vão ter universidades públicas muito piores, porque os professores não vão querer ir para lá, pois eles serão impactados pela ideologia. Você já vê isso em lugares como a Universidade de Maryland, que estava tentando recrutar um biólogo proeminente, mas ele recusou a oferta deles de livre-docência. Nikole Hannah-Jones (a jornalista e idealizadora do Projeto 1619, central ao debate acerca da teoria crítica racial nos Estados Unidos) é tão bem-sucedida e com tantas realizações e prêmios que negar a ela a livre-docência é bobagem. Ela já tem seis ofertas de para ser livre-docente em outras instituições, então negar uma oferta dessas a ela quer dizer que o conselho administrativo da Universidade da Carolina do Norte quer que a universidade vire um curso profissionalizante para palhaços. E por isto o que eu quero dizer é que a UNC quer ser uma universidade de renome mundial e ela tem pessoas de renome trabalhando lá, mas se eu estivesse

> trabalhando lá, eu estaria pensando em sair. Se permitirem que o conselho retire a oferta que foi feita a Hannah-Jones, isso quer dizer que as pessoas não ofereceram mais posições a professor controversos e quando isso acontece, você está num Estado autoritário, não numa democracia. (STANLEY, 2021)

Sem entrar imediatamente em questões mais jornalísticas, que são abordadas mais adiante em outro capítulo, a sensacionalização da ciência também é um fator para o anti-intelectualismo em pelo menos duas frentes distintas. A primeira fala sobre a dependência de visibilidade para obter fundos de pesquisa. Uma pesquisa que gera resultados que levam à publicação e que tem repercussão mensurável pode garantir financiamento para anos de futuras pesquisas.

O problema é que a maioria das pesquisas não é sobre assuntos assim tão interessantes para o público em geral. E isso acaba levando à divulgação de dados irrelevantes, ou que ainda não foram confirmados por reprodução científica, de forma sensacionalista. E quando esses dados são refutados por pesquisas subsequentes, essa refutação ganha destaque e arranha a imagem da pesquisa científica como um todo. Esse também é o debate acerca do termo "teoria", como a Teoria da Relatividade, ou a Teoria da Evolução das Espécies. Como toda ponderação científica permite a possibilidade que alguma evidência futura mude o seu entendimento, agentes mais mal informados ou mais cínicos usam desse argumento para deslegitimar o conhecimento científico e a verdade. Afinal, se existe a possibilidade de mudança, não existe consenso e, portanto, nenhum conhecimento está além do questionamento. Mesmo que pelo mais desinformado dos leigos (MCINTYRE, 2018, p.18-23).

Nesta mesma vertente, temos uso de forças anti-intelectuais, na veia olavista e de extrema-direita que mencionamos anteriormente, que tentam imprimir sua versão dos fatos no discurso público. Ainda no exemplo da demonização da teoria crítica racial nos Estados Unidos e seu banimento em escolas e universidades, o ativista conservador Christopher Rufo, considerado um dos idealizadores da controvérsia, afirmou na plataforma *Twitter* em março de 2021 que os conservadores "congelaram com sucesso a marca deles – 'critical race theory' – no discurso público e vamos elevando constantemente a percepção negativa sobre ela. Nós vamos torná-la tóxica;"[140] Entendemos por isso que, independentemente do que seja a teoria crítica racial de fato, os conservadores imprimiram a este termo o seu entendimento e trataram, então, de manipular a percepção pública quanto ao termo, distanciando a realidade do seu uso para excluir o debate sobre racismo do sistema de ensino. A partir disso, há uma clara articulação e organização entre os diferentes movimentos conservadores e de extrema-direita para atacar intelectuais, organizações e instituições de ensino que esposam estas teorias que são maliciosamente tornadas controversas.

A segunda frente é quanto a pesquisas e trabalhos acadêmicos e pareceres de especialistas que são realmente desonestos. Estes são classificados em inglês como FFP ("falsification" – falsificação; "fabrication" – fabricação; e "plagiarism" – plágio). Por sua própria natureza, esses trabalhos representam falsamente resultados impactantes. E quando são desmentidos, a questão não se torna apenas sobre a falibilidade dos especialistas, mas sobre como as pessoas mundana e corriqueiramente colocam sua fé em coisas que dependem dos pareceres de especialistas (como o exemplo do elevador), e a traição dessa percepção de segurança é escandalosa. E pouco

140 RUFO, Christopher F. (realchrisrufo). "We have successfully frozen their brand—"critical race theory"—into the public conversation and are steadily driving up negative perceptions. We will eventually turn it toxic, as we put all of the various cultural insanities under that brand category". Twitter Webb App (15 de Março de 2015, 4:14 pm). Disponível em: https://twitter.com/realchrisrufo/status/1371540368714428416 Acesso em 21/06/2021

importa que milhares de especialistas exerçam suas funções corretamente e com honestidade todos os dias. O escândalo, o erro e a má-fé é que pautam o discurso jornalístico.

Mas esse é, também, um componente essencial do processo científico: a transparência. Expor os erros, as farsas, os conflitos de interesse e a fonte de financiamento da pesquisa científica que constrói a especialidade e a intelectualidade é parte do que torna a ciência plenamente confiável ou tão confiável quanto possível. É exatamente essa questão do viés, do conflito de interesse, que permite que muitos leigos contestem, de forma errada, mas eficaz, o conhecimento produzido pelos intelectuais. Se a produção de conhecimento científico não legitima a percepção pré-concebida do indivíduo, levanta-se a questão do viés. E, se a ciência possui um viés ideológico, abre-se a possibilidade para considerar outras respostas, com viés para outras ideologias. A deslegitimação do conhecimento científico implica na legitimação de conhecimentos baseados em ideologia política, religiosa ou econômica (Ibid., p.18-23).

Os resultados para a pós-verdade são claros. Nos dias atuais, os políticos e outros agentes não têm mais sequer o pudor de tentar ocultar sua estratégia. É amplamente aceito que o discurso público é composto pela seleção de fatos e dados que sejam benéficos aos interesses dos agentes, enquanto outros fatos que são contrários àqueles interesses podem ser completamente rejeitados. Afinal, os grandes discursos da ciência, deslegitimados, aparecem na pós-verdade apenas como oportunidades de demonstrar o posicionamento político daqueles que se colocam a favor ou contrários a eles. Os agentes políticos não pagam nenhum preço pela escolha dos fatos, pela fabricação de posições e pela rejeição de evidências. Então não há razão para apresentarem posicionamentos balanceados, centrados ou embasados na realidade (Ibid., p.34).

Para a população em geral, os mecanismos de escolha de informação são menos deliberados, mas levam ao mesmo resultado: a deslegitimação da hierarquia das fontes de informação e o anti-intelectualismo. E os principais deles são os englobados sob a categoria do viés cognitivo. Quem estava acompanhando o processo de consolidação do momento da pós-verdade, em ação desde 2016 (ou até antes), não se surpreendeu com a utilização política e o confronto ideológico acerca de questões científicas durante a pandemia de coronavírus em 2020.

O primeiro destes mecanismos que vale a pena ser mencionado é o da dissonância cognitiva. Quando confrontado com um fato ou realidade que nega aspectos positivos (para o indivíduo, para sua visão de mundo e sua visão dele mesmo) das suas crenças profundas, seus comportamentos e suas atitudes, um indivíduo vai, provavelmente, encontrar uma forma de relativizar essa nova informação para que sua autoimagem não seja destruída ou alterada de forma significativa. E quando se trata de preservar a imagem do indivíduo dentro de um grupo, a disposição de negar a realidade é ainda maior, num mecanismo chamado de conformidade social.

Por último e, talvez, o maior contribuinte para a aceitação de contrainformação e produção da pós-verdade, que aparece de forma recorrente, é o viés de confirmação. Esse mecanismo de comportamento leva indivíduos que já possuem uma determinada crença a buscar informações e indícios que as confirmem. Se uma pessoa acredita que o governo tem interesse em manter em segredo a cura de diversas doenças, ela estará propensa a acreditar quando ler uma notícia que um determinado político está recebendo verbas desproporcionais da indústria farmacêutica para encerrar projetos de pesquisa ou notícias do mesmo gênero, quer seja isso verdade ou não. E o que todos esses mecanismos têm em comum é que, para ampliar o impacto deles, dependem do comprometimento emocional dos indivíduos e dos grupos com certas crenças (Ibid., p.37-42).

E o resultado disso tudo é que, se uma população tem uma motivação para acreditar em algo, não é necessário algo extraordinário para que ela passe a acreditar naquilo, principalmente se outros em quem confiam também acreditam. Com a construção de uma infraestrutura de comunicação digital que absolutamente remove o custo implícito na organização de grupos e recompensa a produção de conteúdo que aglutina usuários de posicionamentos semelhantes, por meio de "congratulações sociais" estruturadas como "*likes*" e "*shares*". Clay Shirky observa esses mecanismos em funcionamento no seu livro *Here Comes Everybody* (2009, Penguin Books) e aponta que, com o colapso dos custos de organizar grupos, o número de organizações espontâneas explode, porque há uma razão para fazê-lo (maximizar o capital social dos indivíduos, promover as causas preferidas deles) e porque as ferramentas digitais tornaram essa organização cada vez mais simples (grupos no *Facebook* e *WhatsApp*, *hashtags* no *Twitter* e no *Flickr*, ferramentas de produção de conteúdo como o *Photoshop* e as combinações de ambas tendências, como o *Instagram*). Hoje a organização política é toda baseada no *microtargeting* dos algoritmos e facilitada por uma tecnologia de comunicação sem qualquer paralelo na história.

Retornando a um ponto observado anteriormente quanto à dilação indevida da autoridade, é por meio destes mecanismos de viés cognitivo que este processo chega ao seu ápice. O viés cognitivo inerente a todos os seres humanos torna-os, como observa Lee McIntyre, "suscetíveis à manipulação e à exploração por aqueles com um objetivo a alcançar, especialmente se eles conseguirem deslegitimar todas as outras fontes de informação" (Ibid., p.62). E não é o menor deles a suscetibilidade de associar, sem necessariamente algum embasamento fático, uma forma de falar simples ou popular com sinceridade.

É comum encontrar depoimentos de eleitores declarados de Donald Trump ou Jair Bolsonaro ou outros tecnopopulistas que declaram sua admiração por esses políticos pela capacidade de se expressar com honestidade, misturando truculência com assertividade, preconceito com descaso pelo "politicamente correto" e linguajar chulo e inculto com autenticidade. A verdade é que inúmeros políticos, incluindo diversos presidentes norte-americanos e alguns dos heróis políticos de Donald Trump e seus associados (por tabela, também os da família Bolsonaro), têm colhido os frutos do anti-intelectualismo há anos.[141] O benefício político do anti-intelectualismo é uma ligação quase igualitária entre candidatos e o público, além de levar seus adversários a subestimá-los. Ronald Reagan especificamente, descrito por analistas como "inocente" e "alarmantemente mal-informado", defendia a percepção pública de que era um antielitista como se sua carreira política dependesse disso.

Outro ponto que fomenta o anti-intelectualismo é a ubiquidade midiática de supostos especialistas. Enquanto nos EUA o advento do canal de notícias 24h levou a uma enxurrada de programas de debate entre especialistas de credenciais duvidosas (NICHOLS, 2019, p.151), no Brasil canais como o *GloboNews* apresentam programas de muitas horas de duração diariamente em que os especialistas que debatem o assunto são os próprios jornalistas, o que causa um problema em si mesmo. O jornalista é um especialista em trabalhar a informação, mas ele depende de suas próprias fontes para obter as

141 SHOGAN, Colleen J. Anti-intellectualism in the modern presidency: A republican populism. **Perspectives on Politics,** 2007, p.301.

informações que ele relata ao público.[142] Grande parte da legitimidade do discurso dos jornalistas em geral está baseado na sua capacidade de trazer o público em contato com fontes primárias – testemunhas oculares – e fontes secundárias – especialistas sobre o assunto – que tenham de fato conhecimento específico relevante sobre os assuntos (PENA, 2005, p.63-64). É problemático quando o jornalista se coloca no lugar da fonte secundária, pois este se atribui especialidade sobre o tema e uma autoridade que não é legitimada cientificamente de forma automática, como seria o caso de um especialista autêntico. E, como já foi comentado, a atribuição indevida de autoridade é uma das bases do anti-intelectualismo.

Um dos atrativos da internet desde sua criação foi o surgimento de um espaço para a manifestação e publicação livre de conteúdo produzido por amadores, reproduzindo toscamente elementos do fazer jornalístico.[143] Isso levou hordas de pessoas a crer que, na nova era, qualquer um poderia ser um jornalista, mesmo sem nenhuma formação ou conhecimento teórico sobre a profissão. Dentro da Academia, há a percepção de que isso é falacioso, mas essa visão ainda existe e é difundida entre o público leigo e vamos voltar a esse fenômeno quando falarmos mais sobre o jornalismo e suas tormentosas crises no século XXI. Há semelhanças claras com a distorção da percepção de especialidade dos intelectuais, onde existe a ideia de que a opinião de qualquer pessoa sobre qualquer assunto tem o mesmo valor, mas com a diferença de que, com o jornalismo e as ferramentas de comunicação providas pela internet, as pessoas parecem convencidas que a postagem de

142 HEUWINKEL, Kerstin; DEITERS, Wolfgang; KONIGSMANN, Thomas; LOFFELER; Thorston. Information logistics and wearable computing. In: International Conference on Distributed Computing Systems Workshops, 23, 2003, Hong Kong, CHI. **Proceedings,** IEEE. pp. 283-288.
143 SIMONS, M. *Journalism faces a crisis worldwide*: we might be entering a new dark age. **The Guardian**, 15/04/2017. Disponível em: https://www.theguardian.com/media/2017/apr/15/journalism-faces-a-crisis-worldwide-we-might-be-entering-a-new-dark-age. Acesso em 08/10/2019

ideias recicladas de outras contas da internet, ou a repercussão de conteúdo jornalístico legitimo, ou a produção de ecos de *infotainment*, são o mesmo que trabalho jornalístico. Ninguém pegou uma cópia de um *software* de desenho industrial e pensou que poderia reproduzir o trabalho de um engenheiro de projetos, mas o baixo nível de habilidade necessário para o manuseio básico de ferramentas de tecnologia da informação e de comunicação digital enganaram milhares de aspirantes a comunicador. Da mesma forma, o distanciamento moderno do discurso de especialistas de questões familiares ao público em geral, assim como a sua linguagem, atrai mais pessoas ao discurso anti-intelectual que se dissemina na internet assemelhado à fala dos especialistas – e se propondo a substituí-la – do que o discurso especializado propriamente dito.

E há também a questão do populismo no fazer jornalístico, que foi a primeira questão que trouxe minha curiosidade para este assunto. Há uma tendência constante na cobertura jornalística do último século em abrir espaço nas reportagens para falas e opiniões de membros da audiência. A *Folha de S.Paulo*, notadamente, publica em suas versões impressa e *on-line* um espaço dedicado exclusivamente às cartas e mensagens dos leitores. Na mídia televisiva, uma prática comum que recebe o jargão de "fala povo" é incluir pequenas entrevistas com transeuntes nas ruas sobre o tema a ser abordado nas reportagens. Numa gradação menor, muitos jornalistas incluem em suas reportagens "personagens", pessoas com diferentes níveis de envolvimento com uma determinada pauta jornalística e que aparecem para dar seus depoimentos em reportagens, como uma forma de humanizar questões e aumentar a identificação do público com os problemas. E, além dessas práticas, a preocupação das redações em produzir conteúdo que possua apelo a uma grande audiência, por vezes, prioriza a reprodução e valorização do senso comum, que reforça o viés de confirmação, em vez de reproduzir informação qualificada que possa vir a desafiar um pensamento vigente.[144] O antielitismo populista surge na visão da mídia jornalística quando ela se enxerga como uma "tribuna do povo". Mas é preciso reconhecer que uma postura anti-intelectual é um paradoxo para o jornalismo, cujo conteúdo é majoritariamente composto da reprodução das falas de especialistas.

É indiscutível, no entanto, que essa veia anti-intelectualista existe no jornalismo. Isso ocorre, em parte, por uma clara falta de conexão entre como os jornalistas entendem sua profissão e atuação, como seus chefes manobram esta atuação e a imagem que esta produção e atuação forma, após passar por diversos filtros e lentes sociais, políticas e econômicas, nas mentes dos membros da audiência do jornalismo. Então, vamos por partes, pois retomaremos esse assunto mais a fundo no capítulo sobre a prática jornalística e suas muitas crises.

Os editores responsáveis e os donos dos veículos cobram da sua cobertura uma visão estruturada, com a qual é quase impossível que um único repórter, como indivíduo, esteja plenamente alinhado ou inteiramente de acordo. Abandonando visões mais românticas da profissão, o jornalismo como serviço à sua audiência é apenas parte da equação de como funcionam veículos de mídia. Eles oferecem espaço a anunciantes, eles criam um ambiente de negócios, eles emprestam confiabilidade, eles dão aval a políticas, às narrativas que as sustentam e isso tem um preço a ser pago pelos jornais, que é pago em fidelidade dos leitores e com a dilapidação do nome do veículo no mercado onde atua.

No entanto, o jornalista é, como ser humano, um membro de uma classe média privilegiada, idealista ou na sua visão

144 MCDEVITT, M., FERRUCCI, P. **Populism, journalism, and the limits of reflexivity**: The case of Donald J. Trump. *Journalism Studies*. Ed. 19.4, 2018. p.512-526.

política ou nas suas aspirações pessoais, que é ensinado a falar sobre os assuntos que atingem a maior parcela da população partindo do ponto de vista desta maioria. Como afirma Daniel Kreiss, "jornalistas devem trabalhar para conectar a experiência de vida dos indivíduos às estruturas macroeconômicas"[145] e, deste esforço, é que surgem as tendências populistas e seus reflexos mais negativos.

Kreiss identifica que existe na sociedade em geral, mas na norte-americana em específico, uma quebra de identificação entre a população e os jornalistas que buscam servi-la. Em uma tendência apontada pela socióloga Michèle Lamont e reproduzida no trabalho de Kreiss, o "eu neoliberal", que surge da afirmação de valor pessoal baseado em sucesso econômico, conquistas profissional e competitividade no mercado, rebaixou uma maioria dos grupos sociais que se viram sem o devido reconhecimento da sua contribuição social e cultural. Esses grupos incluem os trabalhadores manuais e do setor industrial, os trabalhadores pobres, os desempregados e os excluídos retratados como sendo beneficiários de uma parcela desproporcional dos recursos públicos destinados ao bem-estar social, camadas sociais que historicamente sempre compuseram a maior parte da audiência dos jornais e veículos jornalísticos de larga circulação.

Comparativamente, observa Kreiss, os jornalistas são altamente capacitados e educados, urbanos, membros da elite cosmopolita quando justapostos com esses grupos. Apesar da precariedade econômica da indústria à qual pertencem e as fortunas de cada jornalista como indivíduo, os graduados por instituições de ensino superior que buscam empreender em carreiras na mídia, em cidades cosmopolitas e economicamente

145 KREISS, D. "The social identity of journalists." **Journalism** ed. 20, v.1, SAGE Publishing, Thousand Oaks, California, 2019: p.27-31.

viáveis, são precisamente os indivíduos que têm navegado a economia global com mais sucesso do que aqueles vivendo em polos industriais se recuperando dos traumas das crises econômicas das primeiras décadas do século XXI e os das áreas rurais assoladas pelo colapso do mercado internacional de comodities e explosão no consumo de drogas lícitas e ilícitas. São, também, aqueles indivíduos mais bem posicionados a continuar se aproveitando destes fatores. Aquelas pessoas capazes de se manter numa carreira no jornalismo têm habilidades adquiridas institucionalmente e são suficientemente flexíveis e bem-informados, sem falar da sua capacidade de usufruir de linhas de crédito, bolsas e de se manter mesmo quando ocupando vagas como estagiários, notoriamente mal pagos ou em regimes de trabalho voluntário, o que aumenta a possibilidade de passarem ilesos pelo tumultuado panorama econômico e informacional do mundo moderno. Ainda têm a vantagem de buscar esta travessia em espaços urbanos reimaginados pelos avanços tecnológicos, provendo um ambiente rico em oportunidade s e dinâmica social.

Este perfil social do profissional de jornalismo foi transformado em arma contra eles, principalmente pelos Republicanos nos EUA e pelo PT no Brasil (lembrando que os ataques à imprensa *mainstream* brasileira no formato que reconhecemos hoje começou nas esquerdas que viam um favorecimento desproporcional a políticos da direita desde a redemocratização no final da década de 1980 – a campanha e o governo Bolsonaro só se aproveitaram dessa propaganda negativa para gerar desconfiança na população). Nos Estados Unidos, a mídia hiperpartidária de direita e os próprios militantes radicais buscaram e, em larga medida, conseguiram substituir a mídia tradicional como figuras representativas dos trabalhadores brancos, os religiosos, patriotas armados, e moradores dos estados mais econômica e politicamente secundários e porta-vozes dos seus anseios. No Brasil, nenhuma força foi capaz de se posicionar como sucessora da imprensa até o surgimento das mídias sociais modernas, principalmente o *WhatsApp*, o *Facebook*, o *Telegram* e outras, capazes de viabilizar a comunicação direta e articulação de grupos grandes de pessoas, o que coincidiu com a ascensão da extrema-direita internacional e a articulação destas tendências no cenário nacional para dar suporte à candidatura e Presidência de Jair Bolsonaro. De repente, a mídia era mais um setor recheado de especialistas a ser ignorado, escrutinado pelos seus vieses e interesses e condenado pelas suas ofensas, imaginadas e reais.

Doutor pela Universidade Estadual de Campinas (SP), Thales Vilela Lelo, fez uma análise da identidade profissional dos jornalistas brasileiros publicada em 2019 que mostra uma radiografia mais acurada do perfil dos trabalhadores da indústria de notícias no país.[146] Sua pesquisa mostra que os jornalistas nos veículos nacionais, estes mesmo em transformação organizacional e material, têm mais um comum com os trabalhadores da indústria de tecnologia do que seus antecessores, que se aproximavam em *ethos* dos trabalhadores industriais membros da classe média e, em formação, dos gerentes e patrões que os empregavam. Hoje, os jornalistas são técnicos em processamento de informação, cada vez mais jovens, cada vez mais exigidos para se familiarizarem com as ferramentas digitais e sua rápida evolução, competindo por cada vez menos espaço nas redações para produzir cada vez mais conteúdo para preencher os espaços infinitos da internet. Seus horários de lazer são preenchidos com ainda mais trabalho intelectual, leitura de livros e notícias, diminuindo o tempo para a família e

146 LELO, Thales V. "Reestruturações produtivas no mundo do trabalho dos jornalistas: precariedade, tecnologia e manifestações da identidade profissional." **Unicamp** - INSTITUTO DE FILOSOFIA E CIÊNCIAS HUMANAS; Tese de Doutorado, Campinas – SP, 2019.

atividades culturais, uma vez que o oligopólio que de fato rege a indústria de informação nacional notoriamente flexibiliza os direitos trabalhistas (quando não os ignora completa e cinicamente) e os horários de trabalho combinados em contrato. A falta de estabilidade e a precarização dos empregos, combinada com o desaparecimento de vagas e verbas, torna o jornalista médio simpático e equivalente aos trabalhadores das classes menos favorecidas, enquanto suas origens e formação os colocam entre os membros dos grupos mais abastados. O fazer jornalístico também aproxima o jornalista das elites, suas fontes de informação em uma maioria das pautas, o que completa o retrato deste estranho efeito negativo da combinação entre identidade e atuação profissional dos repórteres.

Quanto mais os jornalistas fiscalizam as elites e reportam sobre suas possíveis atividades ilegais ou imorais, mais isso pode minar a credibilidade dos profissionais de mídia com as parcelas populares e majoritárias da audiência, pois estas identificam a classe como parte da elite e não como sua representante ou seu papel de servidora do bem-comum e guardiã do direito democrático à informação e liberdade de imprensa. Quanto a isto, pouco importa como o comunicador, individualmente, se entende ou percebe sua situação particular enquanto membro inserido na sociedade. Mesmo que ele se veja representado nas classes trabalhadoras em todos os aspectos práticos – salário, condições de trabalho, acesso a bens de consumo, moradia, segurança etc. – o jornalista é estereotipado, até mesmo de forma política por forças partidárias a quem é interessante apartar a imprensa do público, como representante das elites liberais, urbanas e cosmopolitas.

Além desta situação, a necessidade da produção de notícias a todo tempo, com a maior velocidade possível, para a internet, criou o fenômeno do boato como notícia, da chamada de duas linhas para a matéria de uma única linha que termina com "(Este acontecimento ainda está em progresso. Retorne a essa página para atualizações em breve...)". A exigência de conteúdo exponencialmente maior do que o que era produzido há 20 anos cria também a necessidade de elevar certas fontes à hierarquia de especialistas, sendo que estas não se encaixam na definição. E, se os veículos de informação passam a tornar difusas as linhas que separam as pessoas que têm experiência numa certa área das pessoas que são especialistas nelas, que esperança terá o público leigo de discerni-las por si próprio?

Esta é uma pergunta retórica, que explicita o problema da pós-verdade: as grandes questões que são alguns dos alicerces desse momento estão atreladas umas às outras, todas fundamentais ao todo e compreensão de cada uma em si. O nível de correlação e conexão entre as bases da pós-verdade cria uma trama de pontos tão proximamente ligados que parece ser mais um tecido do que uma rede. A crise na hierarquização das fontes, na dilação indevida de autoridade, que gera a anti-intelectualidade, também mina a confiança da população nos veículos que transmitem os posicionamentos dos especialistas. E se os especialistas são questionados, é também a mídia que deu a eles espaço. E se há dúvidas quanto à escolha de fontes da mídia, cria-se uma crise de confiança no conteúdo veiculado.

Sem este componente, seria muito difícil que qualquer sociedade chegasse ao grau atual de fragilidade dos laços de confiança, fundamentais à legitimação do conhecimento. Mas nem tudo são tintas escuras para pintar o quadro das relações entre população e especialistas. Recentemente, o *Pew Research Center* publicou uma pesquisa internacional, feita com diversos cidadãos de 20 países, que apontou que cerca de 36% das pessoas acreditam muito e 40% acreditam ao menos um pouco que cientistas podem ser confiados a consistentemente fazerem o que é certo. O resultado triste é que os brasileiros pesquisados demonstraram confiança abaixo da média nos especialistas e foi o país com maior número de respostas de que não confiam de forma alguma em cientistas.[147] Ao mesmo tempo, os cientistas apareceram como os profissionais que mais inspiram confiança no brasileiro, o que revela uma preocupante crise de confiança no país. Estes são sintomas de uma sociedade quando feita alvo de campanhas de desinformação e contrainformação, que são comumente conhecidas como *fake news*.

Comparativamente, em 2021, uma pesquisa conjunta dos institutos Vero e IDEIA apontou que 79% dos brasileiros consideram a disseminação de notícias falsas como um problema grave. No contexto de desinformação acerca da pandemia do coronavírus, a pesquisa mostrava a perigosa tendência da atribuição equivocada e autoridade, com mais de 26% da população dizendo que confiava na opinião de médicos e profissionais da saúde. Ora, médicos e profissionais da saúde são especialistas nas suas práticas, não necessariamente no controle de uma pandemia viral. Outros 25% confiavam na Organização Mundial da Saúde e na Agência Nacional de Vigilância Sanitária e 13,5%, nos cientistas e especialistas. Notamos, então, que não há apenas uma confusão sobre quem pode opinar sobre o assunto com autoridade, mas também sobre quais autoridades são confiáveis. Uma das características mais perniciosas da pós-verdade é dividir as pessoas de acordo com as suas fontes de informação, efetivamente isolando-as em realidades paralelas, que só podem entrar em conflito quando se encontram. Em meio a este fenômeno de polarização, vamos examinar os efeitos da pós-verdade e a concretização dos planos de seus

147 FUNK, Cary; JOHNSON, Courtney; KENNEDY, Brian; TYSON, Alec. Science and Scientists Held in High Esteem Across Global Publics. **Pew Research Center**, 29/09/2020. Disponível em: https://www.pewresearch.org/science/2020/09/29/science-and-scientists-held-in-high-esteem-across-global-publics/ Acesso em 02/10/2020

agentes, o seu impacto, como processo de erosão da percepção da realidade e seus métodos, no processo eleitoral. Tanto no pleito que levou Bolsonaro à Presidência quanto ao vindouro, neste 2022, onde uma combinação de fatores explosivos pode levar ao conflito real entre compatriotas.

Todos estes fatores teóricos e comportamentos observáveis nos trouxeram até o cenário da educação superior e pertencimento de especialistas e intelectuais na sociedade nos primeiros três anos do governo de Jair Bolsonaro. Em 2020, o orçamento do Ministério da Educação foi o menor em uma década, o que importou muito pouco, já que a pasta investiu abaixo de seu orçamento e devolveu mais de R$ 1 bilhão aos cofres públicos.[148] Em 2021, o governo se recusou a fazer o gasto de R$ 3,5 bilhões para fornecer internet para alunos no ensino público no segundo ano de uma pandemia que manteve as pessoas isoladas em casa.[149] Mas houve investimento em colégios militares e novas tentativas de estimular o ensino à distância e o *homeschooling*. E o MEC ainda reduziu em quase 40% os investimentos na educação comparados com a ano anterior.[150] Museus em despreparo caíram vítimas de incêndios causados por falta de manutenção e recursos. Faculdades que, até 2017, eram respeitadas internacionalmente chegaram ao segundo semestre de 2021 sem dinheiro para pagar a conta de luz. O CNPq entrou em pane por causa de servidores desatualizados e os sistemas Lattes e Carlos

---

148 PACHECO, Ronilso. Para governo, corporativismo militar é maior que a prioridade da educação, **UOL**, 02/08/2021. Disponível em: https://noticias.uol.com.br/colunas/ronilso-pacheco/2021/08/02/corporativismo-militar-e-maior-que-a-prioridade-da-educacao.htm?cmpid=copiaecola Acesso em 13/08/2021

149 SALDAÑA, Paulo. Bolsonaro edita MP e adia pagamento de internet a alunos de escolas públicas, **FOLHA DE S. PAULO**, 05/08/2021. Disponível em: https://www1.folha.uol.com.br/educacao/2021/08/bolsonaro-edita-mp-e-adia-pagamento-de-internet-a-alunos-de-escolas-publicas.shtml Acesso em 13/08/2021

150 FERREIRA, Paula. Recursos reservados do MEC para educação básica caíram 39,1% nos primeiros meses do ano, diz relatório, **EXTRA**, 10/08/2021. Disponível em: https://extra.globo.com/noticias/educacao/recursos-reservados-do-mec-para-educacao-basica-cairam-391-nos-primeiros-meses-do-ano-diz-relatorio-25148608.html Acesso em 13/08/2021

Chagas, que contêm todos os dados referentes a currículos de pesquisadores e pesquisas em âmbito nacional quase foi perdido em definitivo, ficando fora do ar por 14 dias.[151]

Tanto o presidente quanto os quatro ministros da Educação que passaram pela pasta nos três primeiros anos de governo se mostraram hostis às universidades. Bolsonaro afirmou que os alunos "fazem de tudo, menos estudar". Abraham Weintraub, o mais notório dos ocupantes da chefia MEC, falava que tinha provas de instituições de ensino federal eram antros de sexo grupal e cultivo de maconha, mostrando mais preocupação com causar pânico com acusações de marxismo cultural do que com a melhoria do ensino. Estas instituições receberam o menor repasse de fundos do orçamento federal na história em 2021,[152] ficando na dependência de mais R$ 4,3 bilhões em fundos congelados, atrelados a um aumento de arrecadação impossível em meio a uma crise financeira generalizada e total descontrole da economia. Isto já na administração do ministro Milton Ribeiro, que foi ainda mais longe do que o esperado em retirar fundos das universidades, focar no ensino militar e religioso, desmonetizar a pesquisa e a ciência e coroar sua passagem desastrosa e maculada com um amplo esquema de corrupção que atraiu o clamor por uma nova CPI ainda em 2022, com a afirmação de que o ensino superior deveria ser para poucos, que a maioria da população se beneficiaria de fazer apenas cursos técnicos e que é justo que a maioria das vagas em universidades públicas vá para alunos de classes mais abastadas, uma vez que estese são os que pagam os impostos que sustentam as instituições,

151 VARGAS, Ivan M. Pane em sistema do CNPq expõe falta de peças, computadores antigos e baixo investimento em tecnologia, **O GLOBO**, 10/08/2021. Disponível em: https://oglobo.globo.com/brasil/educacao/pane-em-sistema-do-cnpq-expoe-falta-de-pecas-computadores-antigos-baixo-investimento-em-tecnologia-25149226 Acesso em 13/08/2021.

152 FERRAZ, Ricardo. Governo adota política do 'morde e assopra' com universidades federais, **VEJA**, 16/07/2021. Disponível em: https://veja.abril.com.br/politica/governo-adota-politica-do-morde-e-assopra-com-universidades-federais/ Acesso em 13/08/2021

mostrando um preconceito abjeto até mesmo para o nível esperado dos membros do governo.[153]

Como isso pode ser revertido? Fortalecendo as instituições democráticas. Valorizar o ensino e a autoridade de especialistas é uma parte do processo. A outra é restaurar a confiança no jornalismo e recolocá-lo em seu lugar de "canário da mina" da sociedade. Quando não há jornalismo independente, capaz de expor os desmandos dos poderosos, não há como os cidadãos se protegerem dos maus governantes e extirpá-los do comando dos países. Assim, a seguir, veremos como a crise do jornalismo é causa e é causada pela pós-verdade e pelos mecanismos que a produzem.

153 FOLHA DE S. PAULO. Universidade deveria ser para poucos, diz ministro da Educação de Bolsonaro, Edição Impressa, 10/08/2021. Disponível em: https://www1.folha.uol.com.br/educacao/2021/08/universidade-deveria-ser-para-poucos-diz-ministro-da-educacao-de-bolsonaro.shtml Acesso em 13/08/2021

5

De fósforo a lenha
O lugar do jornalismo

Eu tenho uma admiração especial pela definição de jornalismo proposta por Ivor Shapiro, que resume a profissão como "as atividades envolvidas na busca independente de informação acurada sobre eventos atuais ou recentes e sua apresentação original para a edificação do público" (SHAPIRO, 2014, p.561).[154]

Nesta definição estão os elementos constituintes do jornalismo moderno na sua forma ideal. Ele é uma ação, especificamente focado em eventos recentes ou atuais. Ele apura fatos, dados e posicionamentos sobre o real e se preocupa com a acuracidade da representação que oferece destes. Ele é independente de interesses externos a ele mesmo, embora seja focado na audiência e em ampliar o alcance da disseminação da informação. Jornalismo não é propaganda, portanto age divorciado de considerações quanto às consequências, tanto benéficas quanto lesivas, para qualquer indivíduo, grupo ou instituição. Ele é diacrônico e preocupado com a velocidade da sua própria atuação. Ele tem considerações formais quanto ao seu formato, mas admite um vasto espaço para criatividade. E seu objetivo final é o engrandecimento do público, cumprindo seu papel de guardião do direito à informação.

154 SHAPIRO, Ivor. "Why democracies need a Functional Definition of Journalism now more than ever." *Journalism Studies* 15.5 (2014): 555-565.

Confesso uma imediata identificação, também, com a definição do jornalista e professor Marcos Guterman que disse que "jornalismo é uma matéria de quatro parágrafos que derruba um presidente da República" (GUTERMAN, 2019). A profissão é método, mas também é finalidade. É uma busca por resultado através da verdade, da investigação e da revelação. É um pouco teatral, é um pouco policial, é bastante idealismo. O jornalista fiscaliza o poder e apresenta os recibos à sociedade. Ambas estas visões são, claro, carregadas de romantismo pela profissão. O jornalismo é lucro, é indústria e é uma grande mescla de capacitações e competências. O jornalismo moderno é uma ocupação semelhante à dos técnicos de informática. Somos técnicos da informação.

Mas é a isso que se resume o profissional, o gazeteiro, o periodista? Seriam todas as suas características necessárias restritas à contabilidade e prestação de contas do poder público ou o correto uso das suas ferramentas? Somos investigadores, técnicos e escritores, mesclados em diferentes proporções destas características? O ex-editor chefe do *The Guardian*, Alan Rusbridger, diz sobre os jornalistas:

> Alguns repórteres brilhantes não conseguem escrever. Alguns escritores brilhantes não conseguem reportar. Alguns repórteres muito hábeis reportam, mas não dão furos. Alguns repórteres que dão furos não conseguem ver o grande escopo das coisas. Muitos jornalistas pensantes não têm interesse em reportagens (RUSBRIDGER, 2018, p. 99, tradução nossa).

Todas essas características, apurar os fatos, reportá-los, apresentá-los de forma atraente e rápida, buscando um objetivo maior, estão reunidas no trabalho de produzir notícias. Mesmo no mundo das mídias digitais, que desconstruiu o jornalismo até seus fundamentos, relatar ou reportar os acontecimentos de uma forma ou de outra ainda está no cerne da profissão. Só que, para desempenhar plenamente essa função, ele depende da confiança do público ao qual ele deveria servir.

Parte deste livro é dedicada a apresentar a ideia da crise do jornalismo, uma ideia que está salpicada em todos os textos e cujas razões são múltiplas e complexas, mas que aqui temos a oportunidade para o mergulho profundo. Jacques Mick e Luisa Meurer Tavares apontaram para esta conjuntura em sua pesquisa de 2017, afirmando que:

> A crise que atualmente ataca o jornalismo, que foi creditada principalmente ao colapso do modelo de financiamento (ou de negócios), tem raízes mais profundas do que a queda nos rendimentos com publicidade, vendas ou assinaturas: é uma crise de governança, profundamente relacionada coma erosão da credibilidade da estrutura organizacional do jornalismo prevalente nos países ocidentais desde o século XIX, o empreendimento jornalístico, juntamente com as audiências com as quais se relaciona.[155]

É uma crise de mediação, na qual o jornalismo não é mais uma força social capaz de ditar ou influenciar a opinião pública sobre os assuntos que deveriam ser considerados prioritários ou quais aspectos destes assuntos são relevantes para a sociedade. A capacidade organizacional das redes sociais, destacada por Shirky, as bolhas e câmaras de eco da internet, destacadas por Jessica Clark e Tracy Van Slyke, e a capacidade das plataformas de ditarem qual conteúdo produzido dentro delas próprias reverbera e se propaga para a maior abrangência superam em muito o potencial do jornalismo.

É uma crise de financiamento, no qual o jornalismo foi superado em seu modelo de negócio de uma forma praticamente nunca vista. O jornalismo era inteiramente baseado numa combinação, em diferentes proporções, de patrocínio de partes interessadas (leia-se "interesses políticos"), assinatura

155 MICK, Jacques; TAVARES, Luisa Meurer. Governance of Journalism and Alternatives to the Crisis. **Brazilian Journalism Research**, ed. 13(2), 2017, p.114-140.

de leitores que consideravam o meio indispensável para ficar bem-informado, interesse de curiosos sobre assuntos específicos para compra avulsa, apoio de grupos identificados com a publicação e venda de espaço publicitário – valioso, pois limitado. As plataformas informatizadas dos gigantes do Vale do Silício fazem todas estas coisas melhor que o jornalismo. Atraem mais patrocínio dos poderosos, dispensam assinaturas e inundam seus usuários com informação, recebem apoio e participação de grupos e indivíduos que não apenas se identificam com as plataformas, mas se organizam por elas e produzem conteúdo que as torna mais valiosas, mas superam a venda de espaço publicitário numa escala difícil de compreender. Imagine que o jornalismo fosse um latifundiário, vendendo lotes de terra por um alto preço por serem de qualidade e em número finito. As plataformas de informação digital são colonizadores espaciais que vendem planetas inteiros bem barato, já que existem em número infinito, mas com uma capacidade quase sobrenatural de entregar o alvo perfeito para cada comprador.

Há uma certa crise de linguagem e formato. A internet é um espaço, por excelência, informal e tecnicamente inovador. Muito do material do jornalismo é de uma seriedade mortal. São, literalmente, assuntos de vida e morte, forçados a conviver com vídeos de gatinhos fazendo tolices e receitas de pizza de cachorro-quente com macarrão. O equilíbrio entre conteúdo e formato virou um ato circense, no qual é quase impossível escapar do ridículo. Da mesma forma, os veículos tradicionais lutaram por muitos anos manter as formas antigas de produção, apenas se adaptando aos novos meios de entrega do produto jornalístico às audiências. Todos os formatos migraram para o digital e a mídia impressa virou praticamente uma piada sobre o dinossauro, burro demais para perceber que está extinto, que segue circulando por aí, rugindo para as pessoas.

Igualmente, as tentativas de preservar a lógica de produção, se adaptando à internet como um veículo de entrega de conteúdo ao público, não deram certo.

Jacques Mick e Luisa Meurer Tavares afirmam quanto a isto que a crise técnica se deu exatamente a esta mudança no processo produtivo. Segundo seu estudo:

> As novas tecnologias diminuíram o espaço entre um evento e sua disseminação; as velhas barreiras entre a linguagem jornalística desenvolvida para diferentes meios de comunicação se dissolveram, abrindo espaço para novas práticas e desenvolvimento de novas linguagens; elas também reduziram o custo envolvido com a criação do produto jornalístico, especialmente por meio da internet, aumentando a competitividade entre os velhos e novos veículos e entre estes e produtores independentes que trabalham individualmente ou coletivamente em grupos ou cooperativas; dramaticamente expandiram a oferta de informação, modificando tanto as fontes como os padrões de leitura da mídia jornalística.[156]

Outra transformação com impacto monstruoso no jornalismo, mas que não foi imediatamente percebido nas redações, foi a questão da velocidade dos acontecimentos nos ambientes digitais. Maria Ivete Trevisan Fossá e Kauane Andressa Müller, pesquisadoras da Universidade Federal de Santa Maria, no Rio Grande do Sul, observaram em 2019, com acuidade, que se no jornalismo impresso o termo "atual" (como adjetivo para a situação temporal dos objetos tratados nas reportagens) significava como as coisas estavam até a publicação do jornal naquele dia – ou na verdade no momento do seu fechamento no dia anterior – no digital "atual" quer dizer o que está acontecendo agora.[157] Pode não parecer uma diferença muito grande,

---

156 MICK, Jacques; TAVARES, Luisa Meurer. Governance of Journalism and Alternatives to the Crisis. **Brazilian Journalism Research**, ed. 13(2), 2017, p.114-140.
157 FOSSÁ, Maria Ivete Trevisan; MÜLLER, Kauane Andressa. "Crosscheck as a legitimization strategy of the journalism field in reaction to fake news." **Brazilian Journalism Research** vol. 15, nº3, 2019, p.440.

mas para o jornalista é a diferença entre "Isso é o que temos para agora, vou fechar minhas coisas e a gente se vê amanhã porque minha mulher está esperando" e "Desculpa, amor, mas tá pegando fogo a coisa aqui então eu acho que só chego de madrugada". Se o profissional não ficar até o fim para ver o desfecho daquela notícia, vai levar a famosa "barriga" e vai ficar para trás. A notícia surreal de que o atleta do Flamengo Gabriel Barbosa, conhecido como Gabigol, e o cantor MC Gui haviam sido detidos na madrugada num cassino clandestino na Vila Olímpia no meio da epidemia de Covid-19, por uma força policial liderada pelo deputado federal e ex-ator pornô Alexandre Frota, estourou quando o próprio Frota postou nas suas redes sociais vídeo da batida no local nas primeiras horas do dia 14 de março de 2021.[158] Dois veículos, o *Poder360* e o *Metrópoles*, tinham matérias no ar antes das 10 da manhã. O resto teve que correr atrás e, quando deram a notícia, qualquer pessoa com uma conta no *Facebook* ou no *Twitter* já sabia o que era importante saber sobre a história.

Fossá e Müller observam também que as novas restrições impostas pela velocidade da internet transformaram uma velha prática num novo problema. Jornalistas sempre usaram citações diretas, geralmente a frase mais marcante ou mais chamativa ou emblemática de uma entrevista, na chamada, na manchete ou no olho da matéria. É uma maneira elegante de resolver o problema de dar um título a uma reportagem. Só que, na era digital, as pesquisadoras apontam que:

> Nas atuais circunstâncias, nas cada vez mais esquálidas redações e com as relações precárias de trabalho, afirmações – especialmente de políticos e personalidades influentes – são publicadas sem verificação. E isso é feito em abundância e a

158 CARDIM, Natália; VELEDA, Raphael. "Vídeo: Gabigol e MC Gui são detidos em cassino clandestino de SP", **Metrópoles**, 14/03/2021. Disponível em: https://www.metropoles.com/brasil/video-gabigol-e-mc-gui-sao-detidos-em-cassino-clandestino-de-sp Acesso em 18/11/2021

> todo tempo. O que é comumente chamado de jornalismo declaratório se torna a regra, especialmente em empresas que produzem jornalismo diário.

Segundo elas, essa publicação sem checagem abre a brecha para que o público chame o jornalismo de *fake news*, mesmo quando a publicação escolhe a frase exatamente para expor a mentira ali contida. A publicação destas frases tira o jornalismo do seu lugar como produtor da verdade e o coloca, aos olhos da audiência, como igualmente disseminador de desinformação, no mesmo patamar dos criadores de conteúdo exagerado, sensacionalista e mentiroso. Na minha visão, no entanto, enquanto o ponto levantado por Fossá e Müller é, de fato, o maior risco para a profissão, o perigo para o público é que o destaque dado pelo jornalismo a estas falas as eleva ao patamar de verdades, pois dá a elas a legitimação de ser uma frase, dita por uma pessoa importante e que passou no crivo do jornalista profissional e do seu veículo, como informação importante a ser levada para os leitores. A afirmação falaciosa, publicada fora de seu contexto e com destaque pelo jornalismo declaratório, ganha uma legitimidade que a ideia jogada em meio a uma série de falas de um discurso mentiroso simplesmente não teria naturalmente.

A faceta organizacional da crise interage e surge destas questões, uma vez que as grandes redações, dentro do contexto das outras crises das quais falamos, já não fazem mais sentido, mas que também sofrem diretamente com uma crise generalizado do modelo capitalista que as criou. Na visão de Mick e Tavares, "isso resulta em cortes de custos e postos de trabalho, acumulação de funções, dias de trabalho mais longos para os jornalistas e a multiplicação das formas mais precárias de emprego e prática profissional".[159] Baseadas em editorias ou

159 MICK, Jacques; TAVARES, Luisa Meurer. Governance of Journalism and Alternatives to the Crisis. **Brazilian Journalism Research**, ed. 13(2), 2017, p.114-140.

cadernos, que nada mais são que grandes times de jornalistas especializados por assunto, as redações se tornaram impraticáveis frente à lógica organizacional corporativa, que cria recompensas por liderança ou atuação destacada em projetos de curto prazo e para a qual o futuro é sempre um próximo objetivo orientado pelo papel mais bem desempenhado por cada trabalhador, de acordo com performance ao alcançar a última meta.

Essa lógica criou uma massa de trabalhadores capacitados para operar num sistema que já não existe, que se movem lateralmente, trocando constantemente de empregador com cada novo projeto, forçados a se autopromoverem constantemente em suas redes sociais e experimentar em diferentes formatos para os quais podem não ter treinamento, aptidão ou interesse de atuar. A estes resta ascender de forma arbitrária a posições – primeiro de comando e, depois, administrativas – para as quais não estão necessariamente capacitados, ou saírem da profissão e trabalharem nas suas irmãs mais lucrativas – a publicidade e as relações públicas. O estrago às empresas de jornalismo é incalculável, mesmo que o departamento financeiro e o de RH sigam satisfeitos até que a meta de contenção de despesas leve à óbvia conclusão: a melhor forma de conter as despesas é não ter nenhuma. E as empresas fecham, ou são vendidas pelo valor da sua marca, ou são absorvidas por algum grande conglomerado.

Tanto quanto o compartilhamento gratuito de conteúdo nas redes contribuiu para, na prática, inviabilizar a monetização do jornalismo num momento posterior, o expurgo das redações de boa parte de seus profissionais foi o que alimentou a internet com mão de obra qualificada, inovadora e disposta a encontrar caminhos para continuar atuando fora do esquema fossilizado dos veículos tradicionais. Christian Oggolder, Niels Brügger, Monika Metyková, Ramón Salaverría e Eugenia

Siapera publicaram um estudo em 2019 no qual detalharam como, principalmente nos países europeus, os profissionais que se viram fora das redações no início da internet e da luta da mídia estabelecida para se manter frente os desafios da nova era migraram com maior agilidade e desprendimento e criaram veículos digitais que se tornaram referências nacionais e internacionais.[160] Esse foi o caso principalmente na Espanha, com a popularidade sites como o *Eldiario.es* (criado em 2012) e *El Español* (de 2015), e em Portugal, com o *Observador* (de 2014).

A reorganização leva, também, a uma parte da crise na ética profissional do jornalismo, a parte mais generalizada e geracional. É ridículo demais, no século XXI, falar de fidelidade a um empregador, de "vestir a camisa" da empresa? Sim, creio que é. Por mais orgulho que se possa sentir trabalhando para o *New York Times* ou para a *Folha de S.Paulo*, o trabalhador já sabe que será explorado e que o maior valor em estar ligado a estas empresas será agregado ao seu currículo quando estiver no mercado de trabalho em busca do seu próximo projeto. Isto não é tudo, no entanto, já que a crise ética da profissão passa pela adoção recente de um jornalismo mais ativista e panfletário como uma forma legítima da profissão. O jornalista politicamente engajado, com lado declarado nas questões que cobre, não é mais uma pária ou um risco à reputação do veículo para o qual trabalha. A objetividade foi posta em questão e descartada como um conceito idealizado e impossível. Só esqueceram de avisar o público consumidor, que de repente se viu sitiado por figuras que pensava isentas e quase robóticas, mas que são surpreendentemente cheias de opiniões próprias.

Mas essa não é a única questão ética neste momento de transformação do jornalismo. As redes sociais – e a internet

160 OGGOLDER, Christian; BRÜGGER, Niels; METYKOVA, Monika; SALAVERRÍA, Ramón; SIAPERA, Eugenia. "The emergence of the internet and the end of journalism?". **The Handbook of European Communication History**, 2019. p.333-350.

como um todo – provaram que a revolta é um sentimento poderoso na busca por mobilização individual, identificação nos grupos e com baixa repercussão para o indivíduo. Segundo a pesquisadora norte-americana Molly J. Crockett, neurocientista e professora das universidades de Londres, Zurique, Oxford e Yale, a tentativa de punir comportamento considerado imoral na realidade é altamente arriscado.[161] No mínimo, alguém pode mandar o cruzado da moralidade ir cuidar da própria vida. Nos ambientes digitais, este custo é severamente reduzido. Como observa Crockett:

> [As redes sociais] permitem que as pessoas se dividam em câmaras de eco com audiências simpáticas. A chance de retaliação é baixa quando você só está declarando a desaprovação moral para outros que pensam como você. Além disso, elas permitem que pessoas se escondam na multidão. Envergonhar um estranho numa rua deserta é muito mais arriscado do que se juntar à uma turba no Twitter. Outro custo de expressar revolta é o desgaste empático: punir e envergonhar envolve ferir outros seres humanos, o quê para a maioria de nós é naturalmente desagradável. Ambientes digitais reduzem o desgaste com empatia ao representar outras pessoas como ícones bidimensionais, cujo sofrimento não é imediatamente perceptível.

Nesse cenário, diversas figuras de mídia, começando com personalidades como Glenn Beck, Rush Limbaugh, Mike Huckabee e Newt Gingrich, conseguiram traduzir revolta em apoio político. Como o custo de iniciar a punição moral e o empastelamento público de reputações ainda carrega um preço social relativamente alto, as figuras que conseguem fazê-lo e desprezar o custo à sua própria imagem recebem uma recompensa de incremento à sua reputação dentro da sua câmara de eco, onde ele fala para pessoas que já pensam como

161 CROCKETT, Molly J. "Moral outrage in the digital age." **Nature human behaviour** vol.1, nº. 11, 2017, p.769-771.

ele. No jornalismo moderno, muitas figuras proeminentes fogem das restrições orçamentárias e editoriais dos veículos tradicionais abraçando este caminho, de se tornarem vozes de determinada cruzada moral, seja ela pelo lado progressista ou conservador. Sem dúvida, este é um dilema ético muito mais claro do que o de manter ou não um semblante de objetividade que é praticamente impossível.

Um bom exemplo de profissional que abraçou este caminho é o jornalista e ganhador do prêmio Pulitzer Glenn Greenwald. Greenwald foi um dos jornalistas responsáveis pela publicação da delação de Edward Snowden, o ex-agente da Agência Nacional de Segurança norte-americana (NSA) que apresentou documentos que provavam que a agência monitorava de forma ilegal comunicações privadas de boa parte dos cidadãos dos EUA e líderes mundiais, incluindo a presidente do Brasil à época, Dilma Rousseff. Depois disso, Greenwald mudou-se para o Brasil onde fundou do site *The Intercept BR*, que publicou em 2019 documentos e conversas vazadas de membros da força-tarefa da lava-jato, que levou à prisão do ex-presidente e candidato em 2018 Luiz Inácio Lula da Silva. Como veremos no capítulo sobre as eleições, o lava-jatismo foi (e é) um dos principais movimentos políticos de direita que levaram à ascensão do governo Bolsonaro e, mesmo com todo o seu caráter punitivista e forte apelo moral, ao ambiente de desinformação atual.

Após a sua saída do *Intercept BR*, no entanto, Glenn se tornou um dos principais nomes do recém-lançado portal *Substack*, plataforma de newsletters pagas pelo qual ele mesmo afirmou que recebe milhões de dólares, e assumiu uma *persona* online que é muito mais disposta a fomentar discussões direcionadas a causar revolta em conservadores e mobilizar essa audiência para apoiá-lo. Seu sucesso nesse quesito é incontestável, mas muitas das suas posições sobre racismo, direitos de pessoas trans e política são radicalizantes, difíceis de digerir e ofensivas contra populações oprimidas. Ele também se tornou um denuncista da chamada "cultura do cancelamento" e "*woke culture*" – que promove um tipo de justiça social baseada numa revolta moral liberal de esquerda ilógica, segundo os proponentes da teoria – nas redes sociais e uma figura recorrente em canais de notícias da extrema-direita norte-americana, principalmente no programa do reacionário Tucker Carlson.

O *Substack* não é a única plataforma alternativa para onde jornalistas saídos de veículos tradicionais estão migrando, no entanto. Há uma pletora de outras redes sociais onde a revolta moral é a moeda oficial, onde a liberdade de expressão é pretexto para todo tipo de comportamento ofensivo e preconceituoso, onde estes profissionais de mídia agem para preencher um espaço que o jornalismo tradicional não se permite ir e onde a ética profissional não recomenda que se entre. *Parler*, *Gabber*, *GETTR*, *Telegram*, *Truth* – rede social criada pelo próprio Donald Trump – e os chans (que não são assim tão novos) são espaços onde jornalistas garimpam pautas, medem o humor da audiência radicalizada para quem querem falar e com quem querem ganhar reputação e eventualmente se consolidam como vozes fortes e lançadores de tendências, mas onde a mídia liberal de centro e de direita não encontra e não busca espaço. O próprio *Twitter*, que abriga centenas de câmaras de eco distintas e de todas as regiões do espectro político, é uma das principais forças para a manutenção da influência de figuras controversas, como Rodrigo Constantino, Alexandre Garcia e Allan dos Santos, que agem claramente contra o interesse público e a ética jornalística em certos momentos e que – muito mais **por causa disso** do que **apesar disso** – se mantêm vastamente populares, a ponto de serem considerados possíveis sucessores de Olavo de Carvalho como principais ideólogos da extrema-direita brasileira. Não por acaso, Olavo foi um dos pioneiros na promoção e criação de canais alternativos de divulgação de "conhecimento", uma das estratégias mais claras e comuns da nova extrema-direita tecnopopulista e tradicionalista internacional. Estas figuras buscam ocupar espaços nas redes sociais alternativas quando há resistência às suas ideias mais radicais nas redes *mainstream* muito da mesma forma que Olavo foi buscar espaços alternativos, com aulas online e vídeos no *YouTube*, quando suas ideias se tornaram radicais demais para instituições de ensino e veículos de comunicação tradicionais.

Mas esta não é uma questão restrita à ética profissional de alguns indivíduos e nem de apenas alguns veículos. Parte da responsabilidade pelo ambiente de desinformação no qual estamos inseridos hoje é dos canais de jornalismo sérios que abriram e abrem espaço para vozes radicais em nome de "apresentar os dois lados da questão". É claro que não estão dando os dois lados, mas sim mostrando argumentos sensacionalistas de questões de relevância discutível de um dos lados e dando a eles a mesma legitimidade de outros argumentos mais sólidos ao opô-los em um debate sem mediação. Esse é um dos legados dos canais de notícias com programação 24 horas por dia, que encontraram nos programas de debates e no espaço para a fala de seus especialistas de estimação, como já falamos no capítulo sobre anti-intelectualismo, a resposta para o excesso de tempo disponível frente à escassez de notícias relevantes para preencher a grade da programação.

O professor da Faculdade de Comunicação da Universidade de Houston, Michael Ryan, já apontava, em 2001, como essa vertente de "jornalismo objetivo" é criticada por servir para ajudar, também, os poderosos a manter a ordem, ocultar a verdade e estabelecer padrões de comportamento, uma vez que supervaloriza o viés. Assim, a tendência (individual ou corporativa) seria uma forma de salvaguardar o sistema contra as pressões explosivas da mudança social, contanto que "ambos os lados" sejam apresentados, sem nenhuma das perspectivas sendo preterida em favor de uma outra, e mantendo o status quo intocado.[162] Ryan discorda desta crítica, acreditando que, ao apresentar com isenção os muitos lados de uma questão, o jornalista objetivo e hábil apresenta as forças e a lógica dos argumentos superiores sem precisar afirmar que são superiores. Nos dias de hoje, em que é tão comum encontrar discursos na internet apoiando as mais estranhas e bizarras narrativas, não é preciso dizer que um jornalismo que expressa o óbvio e chama o absurdo de absurdo e o bizarro de bizarro não é apenas louvável, mas necessário.

Em vez disso, o que temos são jornais que se recusam a fazer duas coisas que seriam fundamentais para reestabelecer certo grau de confiança no jornalismo: deixar de dar espaço a personalidades sensacionalistas, populistas e de intenção radicalizante em nome uma suposta "pluralidade de vozes" e separar de forma clara e definitiva as sessões opinativas e jornalísticas (e, de preferência, de entretenimento) em suas páginas, publicações e programações.

Vamos usar o exemplo da *Folha de S.Paulo*. Além dos editoriais, há colunas salpicadas por toda a publicação do jornal, com formato diferenciado e a imagem dos colunistas que as escrevem. Isso poderia ser uma forma de diferenciação bastante definitiva, se a audiência fosse composta de indivíduos plena e midiaticamente alfabetizados. Supor que todos os seus consumidores são igualmente bem-informados quanto ao formato da sua publicação é risível, assim como seria se eu dissesse que

162 RYAN, Michael. "Journalistic ethics, objectivity, existential journalism, standpoint epistemology, and public journalism." **Journal of Mass Media Ethics** vol. 16, nº. 1, 2001, p.3-22.

ninguém toma as opiniões dos colunistas como fato. E a *Folha* também tem uma história recente de abrir suas colunas para figuras políticas polêmicas como Kim Kataguiri, do Movimento Brasil Livre, e ideólogos de direita radical como Leandro Narloch ao mesmo tempo que publica colunas de cientistas políticos e juristas como Celso Rocha de Barros e Thiago Amparo, que pertencem a uma esquerda moderada. Em outra forma de "doisladismo", em que duas posições antagônicas são apresentadas como opostas e equivalentes de forma falaciosa, experts reais são contrapostos a pessoas que defendem um neoliberalismo selvagem e o negacionismo histórico. Os elementos de opinião sensacionalistas caem nas redes, onde são praticamente indiscerníveis do conteúdo jornalístico, geram uma forte reação e, portanto, tráfego e engajamento, gerando receita para o jornal, que não se vê motivado a remover essas opiniões das suas publicações. Pior, na sequência, publicam uma coluna sensata de um de seus muitos colunistas gabaritados, gerando uma nova onda de engajamento e reações. E a opinião, que não é produto jornalístico, vira um *looping*, um ouroboros que não acrescenta nada a não ser cacofonia ao ambiente de desinformação e dinheiro para os veículos, que pegam a pecha de mercenários da informação, desiludindo a audiência que espera deles um compromisso com a verdade.

A *Folha* não é o único veículo culpado desta prática. A *GloboNews* e a *CNN* – tanto no Brasil como nos EUA – não demonstram nenhum interesse em separar as notícias do comentário de seus repórteres/especialistas. Horas de programação são dedicadas às falas de jornalistas que repercutem as notícias, dão novas informações, trazem a palavra de especialistas com quem eles falam e entrevistam, mas que também carregam em suas falas todo um arsenal de opiniões próprias que tem mais valor como entretenimento do que como informação.

Uma outra faceta da crise é de legitimação. O jornalismo sempre tirou sua autoridade das suas conexões com o poder, sua capacidade de ir onde ninguém vai e achar histórias que ninguém mais poderia contar. A lógica da internet como ela existe na terceira década do século XXI é que todo mundo expõe tudo. Há muito menos escondido e a capacidade do indivíduo de ter informações se ampliou. Os poderosos falam diretamente com seus apoiadores e opositores em tempo real. O anti-intelectualismo latente na sociedade põe em xeque todas as asserções de especialistas. Os governos tecnopopulistas trabalham ativamente para desacreditar, suplantar e substituir o jornalismo independente e cada vez menos pessoas citam jornalistas como os profissionais mais confiáveis. A fragilidade financeira das empresas e nova postura ética dos profissionais, inseridos num ambiente de desinformação, tornaram o jornalismo presa fácil dos governos autoritários mundo afora, interessados em tomar o lugar destes como referência última sobre o que é verdadeiro, factual e o quê, de fato, aconteceu.

Também contribui à deslegitimação dos discursos jornalísticos o espaço criado na internet para a crítica direta ao jornalismo. Tornou-se uma modalidade de demonstração de influência nas redes apontar deficiências no discurso defendido ou traçado em manchetes e reportagens, como forma de aceno a um grupo ou à bolha ao qual o crítico pertence. Mick e Tavares apontam que o paradoxo entre a dependência da democracia no jornalismo independente e a centralidade dos interesses econômicos do mercado no financiamento e manutenção do jornalismo foi exposto ao público, levando à total erosão da confiança dos veículos.[163] Com o tempo, incluindo pelo consumo das narrativas dominantes nas mídias de

163 MICK, Jacques; TAVARES, Luisa Meurer. Governance of Journalism and Alternatives to the Crisis. **Brazilian Journalism Research**, ed. 13(2), 2017, p.114-140.

entretenimento, as audiências desenvolveram ferramentas de interpretação com as quais são capazes de detectar a influência de interesses políticos e econômicos na cobertura ou no enfoque dado pela mídia a determinados eventos. A pesquisa confere com a realidade, apontando que isto se torna uma prática generalizada até mesmo por aqueles indivíduos que são personagens das matérias:

> A circulação nas redes sociais de opiniões e críticas que invariavelmente miram discursos do jornalismo amplificam o efeito [das ferramentas de interpretação]: o trabalho dos jornalistas agora é totalmente submetido ao escrutínio, inclusive por suas fontes.[164]

Não é possível deixar de observar que esta tendência serve às forças que gostariam de destruir o trabalho dos jornalistas, com intimidação e deslegitimação. Um levantamento da Repórteres Sem Fronteiras (RSF) e do Instituto Tecnologia e Sociedade (ITS-Rio) registrou meio milhão de tuítes entre março e junho de 2021 contendo hashtags ofensivas à imprensa em apenas três meses, sendo que 20% deles partiram de contas com alta probabilidade de comportamento automatizado.[165] Jornalistas mulheres sofreram abuso direcionado nas redes com uma frequência 1.300% maior do que seus colegas do sexo masculino. Quando o abuso é direcionado a mulheres, o linguajar chulo, com termos ofensivos e palavrões, se torna 50% mais frequente. Os indícios de movimentação orquestrada e uso de contas-marionete e robôs apontam para ataques orquestrados e não-espontâneos, liderados por indivíduos

164 MICK, Jacques; TAVARES, Luisa Meurer. Governance of Journalism and Alternatives to the Crisis. **Brazilian Journalism Research**, ed. 13(2), 2017, p.114-140.

165 MELLO, Patrícia Campos. Estudo aponta meio milhão de tuítes ofensivos à imprensa em três meses no Brasil. **A Folha de S. Paulo**, 16/09/2021. Disponível em: https://www1.folha.uol.com.br/poder/2021/09/estudo-aponta-meio-milhao-de-tuites-ofensivos-a-imprensa-em-tres-meses-no-brasil.shtml?utm_source=twitter&utm_medium=social&utm_campaign=comptw&origin=folha Acesso em: 16/11/2021

que tomam proveito deste espaço de crítica orgânico criado nas redes sociais para simular uma revolta generalizada com o objetivo de intimidar e calar.

Isto tudo desemboca noutro aspecto que é exatamente a crise de confiança pela qual passa o jornalismo. Como apontam os pesquisadores Hong Tien Vu e Magdalena Saldaña, as *fake news* no ambiente digital pressionaram de forma desproporcional o jornalismo, já que não apenas alimentam a desconfiança do público apresentando seu conteúdo fraudulento como igual às notícias como obrigam os jornalistas a dispender tempo e recursos para se especializar em identificar e desmentir esse conteúdo. Segundo eles:

> Na luta contra as *fake news* é esperado dos jornalistas que façam mais do que apenas desbancar um número limitado de falsidades. *Fake news* ou o discurso popularizado pelos políticos, juntamente com a grande quantidade de informações falsas têm induzido desconfiança na mídia noticiosa, arruinando a credibilidade do jornalismo independente (LEVI, 2017, *apud* VU e SALDAÑA, 2021). O uso do termo como um dispositivo retórico para silenciar a mídia jornalística colocou mais pressão nos jornalistas (BALOD e HAMELEERS, 2019, *apud* VU e SALDAÑA, 2021). Aos jornalistas agora é confiada uma nova missão de ganhar de volta a confiança da audiência por meio de reportagens objetivas e precisas, 'como forma de contrabalancear as *fake news* que rastejam pelas redes sociais' (Nelson, 2017, p. 1, *apud* VU e SALDAÑA, 2021).[166]

No trabalho, Vu e Saldaña nem levam em conta qualquer outro fator anterior à estrutura desinformacional instalada após a ascensão das redes sociais. A capacidade e forma de propagação de *fake news* nestas redes em muito supera

166 Vu, H. T., & Saldaña, M. (2021). Chillin' Effects of Fake News: Changes in Practices Related to Accountability and Transparency in American Newsrooms Under the Influence of Misinformation and Accusations Against the News Media. *Journalism & Mass Communication Quarterly,* Ed. 98(3), p. 769–789.

qualquer outra ameaça à legitimidade do jornalismo que tenha surgido antes delas. Abusando da metáfora, é como se o jornalismo antes da revolução digital dos últimos 15 anos fosse como a ocupação dos dentistas. Há maus profissionais e pessoas que praticam a profissão sem licença – ou sem ética, ou sem conhecimento – que podem deixar alguém necessitando de um tratamento de cárie levemente desconfiado na hora de uma consulta, mas é algo marginal. A prática é legitimada por toda uma estrutura, por certificados de escolas de renome, por métodos científicos e por um nível elevado de confiança social.

Na nossa pequena digressão, a ascensão das redes sociais equivale a um sistema de seguro saúde universal ao qual a vasta maioria da população se associa, mas que envia seus beneficiários em emergência dentária para se tratarem com profissionais credenciados com a mesma frequência que os mandam para pessoas que farão tratamentos de canal com chás de folha de arruda, remoção de placa bacteriana com facões de açougueiro e também para se consultarem uns com os outros, como se todos os assistidos e credenciados tivessem o mesmo nível de especialidade. Nesse cenário, não é impossível imaginar que haveria um número muito menor de pessoas dispostas a confiar nos dentistas.

Para falar do impacto dessa ascensão de novas tecnologias da comunicação, para entender como a história do jornalismo brasileiro se desenvolveu e onde ambas se encontraram para produzir o cenário atual, valho-me da bem-documentada história do jornal que foi objeto da minha pesquisa inicial sobre desinformação e pós-verdade: a *Folha de S.Paulo*.

A história do jornalismo não se resume a apenas isso, mas na sua base se encontra o uso das ferramentas de comunicação para saciar interesses da elite da época, empreendedorismo neoliberal que valorizou marcas e padrões ao mesmo tempo que gerou desamparo dos profissionais, e uma luta ferrenha entre donos e as associações profissionais que lutavam pelos direitos dos jornalistas. Em todos estes quesitos, a *Folha* é mais que exemplar, é estereotípica.

Em 19 de fevereiro de 1921, a Folha da Noite, primeira encarnação do jornal que viria a ser a Folha de S. Paulo, circulou pela primeira vez. Criada por um grupo de jornalistas de O Estado de S. Paulo que abandonaram aquele diário, incluindo Olival Costa e Pedro Cunha. A Folha tinha por público-alvo leitores urbanos de classe média, e pretendia atingi-lo por meio de um estilo mais leve e informativo que o da concorrência, publicando no período vespertino, usando o horário para fugir das aglomerações de outros títulos que circulavam pela manhã e à tarde (MACHADO, 2018, p.25).

Quatro anos depois, em 1925, com o sucesso da iniciativa, o grupo sentiu confiança para lançar um título matutino, aptamente nomeado Folha da Manhã. A orientação da direção era que os eventos e problemas urbanos locais recebessem mais atenção editorial. Após oito anos de oposição aos governos da Primeira República, Pedro Cunha abandonou a sociedade e o jornal passou a apoiar Washington Luís em 1929. Com a tomada do poder por Vargas durante a revolução de 1930, aquela decisão traria dividendos amargos e o jornal foi um dos "empastelados" pelos varguistas, o que é um eufemismo para dizer que foi uma das publicações que teve sua sede invadida e depredada pelos partidários de Getúlio (SILVA, 2005, p.70).

Em 1931, agora sob o nome unificado de Empresa Folha da Manhã Limitada, mesmo mantendo os títulos das publicações intactas, as Folhas foram vendidas a um grupo formado pelo fazendeiro Octaviano de Lima, Diógenes de Lemos e Guilherme de Almeida. Os novos proprietários mudaram o enfoque dos jornais para os interesses da agricultura de exportação de São Paulo, ou seja, dos cafeicultores, e mantiveram uma postura crítica ao governo Vargas, inclusive durante o período do Estado Novo, de 1937 a 1945. O ponto das críticas era a oposição à industrialização, marcando um abandono da classe média como público-alvo e voltando o olhar do jornal aos interesses das elites agrárias. Desenganado pelo irrefreável processo de modernização do país e julgando que o Estado não era mais um simples protetor dos interesses da sua classe, Octaviano vende a Empresa Folha da Manhã S/A em 1945[167].

Aqui podemos nos demorar por um segundo para ponderar como a *Folha*, diferente de outros veículos contemporâneos que também passaram pelo processo de empastelamento com a ascensão de Vargas, conseguiu sobreviver mudando seu foco para retratar os interesses de uma elite agrária mais alinhada com o novo regime. A política nacional tinha chegado a um ponto de inflexão, com claros vitoriosos e perdedores. A *Folha* foi uma marca que sobreviveu porque os vencedores se apoderaram dela quando os perdedores, os apoiadores do regime que estava sendo superado e os esperançosos que eles ascenderiam ao poder, foram superados e forçados a abandonar o mercado, suas vozes suprimidas juntamente com seu poder político.

O novo grupo de proprietários era formado pelo administrador Clóvis Queiroga, pelo fazendeiro Alcides Ribeiro Meirelles e pelo advogado José Nabantino Ramos. Há relatos conflitantes quanto ao envolvimento de Getúlio Vargas, interessado em manter um concorrente saudável ao opositor O Estado de S. Paulo, e Francisco Matarazzo, que queria contra-atacar seu arquirrival Assis Chateaubriand mas não podia assumir formalmente a propriedade de veículo de

167 PIRES, E. M. Imprensa, ditadura e democracia: a construção da auto-imagem dos jornais do Grupo Folha (1978/2004). **Projeto História**: Revista do Programa de Estudos Pós-Graduados de História. Ed. 35(2). 2007; p.306

comunicação por ser estrangeiro, na compra do jornal. O que é incontroverso é a preponderância de Nabantino Ramos no controle da Folha a partir de 1945.

Nabantino Ramos tentou impor suas próprias ideias de como um jornal deveria funcionar, incluindo uma nova mudança de audiência e apelando para uma classe média urbana, e teve um certo grau de sucesso até 1961, quando os jornalistas da *Folha* aderiram a uma greve da classe (SILVA, 2005, p.72). Abatido com o revés e perdendo a vice-liderança nas vendas para o *Diário de São Paulo*, Nabantino vende o jornal em 1962 para Octavio Frias de Oliveira, um empresário do setor financeiro com diversas outras empresas sob seu controle, incluindo a Estação Rodoviária de São Paulo e a Transaco, e Carlos Caldeira Filho, originário do setor da construção civil[168].

Os novos donos assumiram a Empresa Folha da Manhã com sérios problemas financeiros, uma questão que demorou ao menos cinco anos para ser resolvida (*Idem*, p.73). Com a direção preocupada com sanear as contas da empresa, a linha editorial do jornal permaneceu inalterada do período de Nabantino, focando numa audiência de classe média, urbana, moderna e com interesses diversificados. A nova administração espelhava a modernidade da sua audiência em mais de uma maneira. Com todos os seus outros negócios, Frias de Oliveira estabeleceu um verdadeiro conglomerado de negócios, do qual o Grupo Folha se tornou parte, uma característica que permanece até hoje. Nos anos finais da década de 1960, a política de diversificação de negócios implementada por Frias, rendeu frutos. Investimentos transformadores no parque gráfico, no sistema de distribuição do jornal, na aquisição dos jornais Notícias Populares e Última Hora aumentaram a robustez dos negócios da empresa. Durante os anos

168 Ibid., p.306.

de ditadura militar no Brasil, a *Folha* sobreviveu como antes e adaptou seu discurso aos interesses da classe dominante da época, de acordo com os valores da sua audiência, onde havia uma certa coincidência. A ditadura militar brasileira na segunda metade do século XX é menos uma expressão de autoritarismo de um ou mais ditadores, mas um movimento de autocracia burguesa, em que as classes mais abastadas da sociedade, preocupadas com a continuação de sua dominação política do país, buscaram unir setores conflitantes da sociedade em torno do objetivo singular da defesa de seus interesses que, naquele momento, eram atrelados firmemente com a ideia de botar freios às reformas sociais que eram implementadas paulatinamente no país. Um projeto com ampla ressonância com a cúpula do jornal.

A *Folha* produziu reportagens neste período sobre o "perigo vermelho", sobre o risco de tomada do poder por comunistas, se autocensurou como método de acobertar as mazelas do regime, e a direção manteve contato próximo com as lideranças militares do golpe. Depois de uma grande greve de jornalistas, em 1979, a direção do jornal passa a ativamente buscar a profissionalização e o "apartidarismo", ao mesmo tempo em que há, de fato, um distanciamento do regime ditatorial e dos movimentos de resistência, assim como um preparo para a abertura política que aconteceria nos anos seguintes. A cobertura do movimento pelas eleições diretas e fim da ditadura sedimentaria a Folha como o principal jornal brasileiro.

Em 1983, um marco tecnológico se confunde com o início do "Projeto Folha": a instalação de computadores na redação (Ibid., p.82). No ano seguinte, uma série de eventos consolida a orientação do jornal. Em maio de 1984, Otavio Frias Filho assume como diretor de redação. No mês seguinte, 27 jornalistas são demitidos por insuficiência técnica. Essa insuficiência é determinada por meio de uma avaliação, que usava registros de entradas e saída, velocidade de produção, empenho, confiabilidade técnica, exatidão, senso crítico, disciplina, formação cultural, concisão, iniciativa, criatividade e identificação com o projeto (Ibid., p.182-183). Era o primeiro tiro numa longa luta com o sindicato e com os profissionais mais politicamente à esquerda da redação.

Nos primeiros mil dias do "Projeto Folha", 474 jornalistas pediram demissão ou foram demitidos do jornal. Esse número representou uma taxa de rotatividade de pessoal de 32% em 1984, 44% em 1985 e 55% em 1986, mesmo com o crescimento do número de jornalistas naquele período (Ibid., p.193). Lins da Silva defende que essa rotatividade era um problema com os profissionais e da formação dos jornalistas da época, dizendo:

> Uma das causas do alto turn-over registrado na Redação é o fato de que o padrão de excelência que ali vem sendo exigido é bastante alto, aparentemente acima da capacidade de um bom número de jornalistas atingi-lo. O fato de algumas pessoas com grande pendor para o jornalismo, bom nível intelectual, boa formação acadêmica não poderem ser aproveitadas para preencher lacunas que os formados em jornalismo se mostravam incapazes de ocupar foi um dos motivos para a tomada de posição editorial contra a obrigatoriedade do diploma [de jornalismo] (Ibid., p.200).

Este posicionamento, que era efetivamente o da administração da Folha naquele momento, não poderia ser popular com os profissionais. Nem o chamado anticorporativismo filosófico editorial do jornal, que pode ser interpretado como um questionamento das relações pessoais entre os profissionais que formavam a redação, nem a posição de confronto adotada pela direção em relação ao Sindicato fomentaram um bom relacionamento entre os trabalhadores e a empresa. O esforço de modernização do jornal também foi um esforço para enquadrar os seus profissionais em padrões rigidamente monitorados de disciplina, comportamento, ideologia e desempenho, ao menos em teoria.

Qualquer pessoa que já trabalhou em qualquer lugar, não precisa ter sido como jornalista numa redação, sabe que é quase impossível criar um bom ambiente em meio a alta demanda de desempenho e disciplina por um período estendido. O plano de melhorar o padrão de profissionalismo do quadro de funcionários teve tudo para contribuir para a tendência de transformação do jornalista num técnico da comunicação. Um trabalhador com conhecimento da técnica, da tecnologia, e da prática, mas sem a flexibilidade para explorar as diferentes facetas de uma história e sem o tempo para estudar, se aprofundar e se especializar.

Dentro deste contexto, a *Folha* acompanhou a mudança dos tempos e, com o final do período ditatorial no Brasil, assumiu uma posição de apoio ao movimento das "Diretas Já" e refez sua imagem como defensora da pluralidade de vozes na sociedade e crítica dos poderosos, não importando quem estivesse no poder. Essa pluralidade, que inicialmente se colocou como parte do movimento por objetividade e inclusão de pontos de vista opostos e de todos lados de uma questão na cobertura jornalística que era popular nos anos 80 e 90, abriu caminho para outro fenômeno corrosivo à democracia e à mídia nos ambientes digitais: a abertura de espaço para vozes polêmicas, extremas e radicalizantes, mas capazes de gerar engajamento e trafego nas redes sociais e sites, as medidas de consumo que geram rendimentos reais na internet. Durante os anos do governo Bolsonaro, a *Folha* emprestou espaço em suas páginas para o político do MBL Kim Kataguiri considerado por muitos como representante da direita iliberal; para Leandro Narloch e Demétrio Magnoli, conhecidos por suas polêmicas sobre temas raciais; Hélio Beltrão e Joel Pinheiro da Fonseca, defensores de ideias capitalistas ultraliberais. Da mesma forma, abriu espaço para figuras do centro e da centro esquerda odiadas pela direita nacional, embora eu não tenha encontrado nenhuma que eu pudesse honestamente chamar de "extrema esquerda".

O sucesso do Grupo Folha nos anos 90 seguiu a cartilha da mídia internacional e, após uma década de bonança, os negócios do jornalismo da empresa começaram a decair assim como aconteceu em todo o mundo depois que a audiência começou a perceber que o conteúdo, o carro-chefe daquelas empresas, aquilo para onde todos os investimentos serviam e era utilizados, passou a ser gratuito. É difícil exprimir, mesmo num espaço como um livro, o quão míope e absurdo foi o movimento do jornalismo para a internet, onde bilhões de dólares e décadas de experiência, teoria e tradição foram simplesmente disponibilizados e efetivamente destituídos de qualquer valor perceptível para as audiências. Não obstante esta clareza de percepção *post facto*, a *Folha* fez parte desta transição e, se falhou em não ver o que estava por vir e planejar de acordo, não falhou mais do que toda a indústria global de notícias.

Em 21 de agosto de 2018, morreu Otavio Frias Filho[169] e sua irmã, Maria Cristina Frias, assumiu seu lugar como diretora de redação. Ela ficou no cargo apenas seis meses, no entanto. Após fazer pressão para a que a riqueza de outras empresas do Grupo Folha fosse dividida com o jornal. Seu irmão, Luiz Frias, e a viúva de Otavio, Fernanda Diamant, defendendo

169 FOLHA DE S. PAULO. Morre aos 61 Otavio Frias Filho, diretor de Redação da Folha. 21/08/2018. Disponível em: https://www1.folha.uol.com.br/poder/2018/08/morre-aos-61-otavio-frias-filho-diretor-de-redacao-da-folha.shtml. Acesso em 02/09/2019

que o jornal fosse financeiramente independente, usaram seu poder conjunto como acionistas majoritários para afastá-la e dar posse para o jornalista Sérgio Dávila, empregado da Folha desde 1993, no comando da redação. Isso significou uma forte mudança. Ao mesmo tempo que Dávila assumiu, a publicação alterou a composição do seu conselho editorial. Ana Estela de Sousa Pinto, Cláudia Collucci, Cleusa Turra, Hélio Schwartsman, Heloísa Helvécia, Mônica Bergamo, Patrícia Campos Mello, Sérgio Dávila, Suzana Singer e Vinicius Mota juntam-se a Rogério Cezar de Cerqueira Leite, Marcelo Coelho, Clóvis Rossi, Antonio Manuel Teixeira Mendes e Luiz Frias. Deixam o colegiado Celso Pinto e Janio de Freitas[170].

Imediatamente após isto, a Folha demite alguns de seus jornalistas, em março de 2019. No mês seguinte, as redações da Folha e do Agora se fundem, com a demissão de 18 profissionais[171]. Com essas demissões, segundo Dávila, a redação volta a ter número semelhante de profissionais que possuía quando Otavio Frias Filho assumiu o jornal, cerca de 300 e mais 100 colunistas.

As mudanças no Conselho Editorial e na direção do jornal em 2019 não tiveram impacto na cobertura das eleições, até porque o pleito já havia se encerrado e o novo presidente já havia assumido. Mas o jornal passou por uma mudança estrutural com a perda de Otavio Frias Filho, diretor de redação por quase 35 anos, meros 6 dias após o início oficial do período eleitoral, com a definição das chapas. Numa campanha em que um dos candidatos daria mais de uma entrevista atacando a Folha. Dizendo que o veículo e outras empresas do

170 REDAÇÃO. Sérgio Dávila assume direção da Folha. Portal IMPRENSA, 18/03/2019. Disponível em: http://portalimprensa.com.br/noticias/ultimas_noticias/81795/sergio+davila+assume+direcao+de+redacao+da+folha. Acesso em 29/08/2019

171 SCARDOELLI, Anderson. Com Sérgio Dávila no Comando, Folha e Agora demitem 18 jornalistas. **Portal Comunique-se**, 21/03/2019. Disponível em https://portal.comunique-se.com.br/com-sergio-davila-no-comando-folha-e-agora-demitem-18-jornalistas/. Acesso em 29/08/2019

Grupo "não gozam de credibilidade"[172], acusando o jornal de fazer *fake news*[173], chamando-o de "imprensa suja"[174].

Apesar das críticas tecidas aqui, chamar a *Folha* de imprensa suja é uma injustiça absurda. Injusto com seus profissionais, com seu corpo de editores, com a administração e com os milhares de especialistas e fontes que dão suporte às reportagens publicadas. Não apenas isso, o *Folha* produz uma das publicações mais referenciadas no jornalismo nacional, seu guia de estilo, práticas e ética, criado juntamente com o "Projeto Folha" dos anos 1980: o *Manual de Redação*.

Neste seu *Manual*, a *Folha de S.Paulo* abre seu capítulo sobre a conduta esperada dos seus profissionais dizendo que "o maior patrimônio do jornalismo é a credibilidade. Um patrimônio construído não só pela aplicação rigorosa da boa técnica, [...], mas também pela atuação íntegra, na essência e na aparência, de cada um" (MACHADO, 2018, p.43). O *Manual* segue adiante, descrevendo como é difícil estabelecer essa credibilidade com os leitores e como é fácil perdê-la. Eles não falam, no entanto, sobre como a maior ameaça à relação entre público leitor e jornalista está numa esfera muito além das capacidades de qualquer um profissional de evitá-la. Nenhum repórter está completamente imunizado, por mais experiente que seja, contra uma frase mal colocada que viraliza, uma postagem antiga que retorna desprovida de contexto, de um linchamento virtual provocado por este ou aquele polo político, de estar simplesmente sujeito aos dissabores do ambiente de desinformação das redes.

172 FOLHA DE S. PAULO. Bolsonaro critica Dodge e diz que quilombolas não fazem nada. 22/04/2018. Disponível em: https://www1.folha.uol.com.br/poder/2018/04/bolsonaro-critica-dodge-e-diz-que-quilombolas-nao-fazem-nada.shtml. Acesso em 09/03/2019.

173 BRAGON, Ranier. Bolsonaro se diz vítima de notícias falsas, mas recorre a 'fakes' sobre seu próprio passado. **Folha de S. Paulo,** 31/07/2018. Disponível em: https://www1.folha.uol.com.br/poder/2018/07/bolsonaro-se-diz-vitima-de-noticias-falsas-mas-recorre-a-fakes-sobre-seu-proprio-passado.shtml. Acesso em 09/03/2019.

174 FOLHAPRESS. Bolsonaro critica Folha de S.Paulo por reportagem sobre aborto. **Gazeta do Povo**, 09/08/2018. Disponível em: https://www.gazetadopovo.com.br/ideias/bolsonaro-critica-folha-de-spaulo-por-reportagem-sobre-aborto-7du47c4kqyxbmxxkuw8yu82f3/. Acesso em 09/03/2019

Não há qualquer menção no *Manual* como o profissional deve se insular das movimentações da administração do jornal que possam impactar negativamente na sua reputação e confiabilidade. Não há percepção mais equivocada e mais persistente sobre a mídia do que a que afirma que existe uma orquestração por parte dos donos e administradores dos veículos de imprensa para direcionar as notícias para uma determinada conclusão. Pergunte à maioria dos jornalistas e eles vão dizer a você: as situações em que há interferência nas redações por parte da administração são raras e espaçadas em anos, não meses. Existe um tipo de censura prévia, em que o jornalista ou editor, com alguma ideia própria daquilo que é a preferência da cúpula do seu veículo de mídia ou da inclinação política do dono, escolhe falar ou não falar algo em uma notícia. Existe um termômetro interno em todo profissional que mede a cultura do seu local de trabalho. No entanto, no geral, redações são lugares caóticos, povoados por pessoas com um perfil criativo e honesto, comprometidas com dar o melhor de si para cobrir os eventos e altamente motivadas e interessadas em serem deixadas em paz pela administração. Os departamentos de pessoal e os chefes de cada editoria contratam profissionais que se encaixam em determinadas características e tem certos valores em comum? Certamente! Eles ficam olhando sobre o ombro dos seus empregados para ver se eles falam bem de seus amigos e mal de seus inimigos? Não em 99,9% dos casos.

Não menciona, também, como a credibilidade frente aos colegas de profissão também é importante. Em última análise, as pessoas verdadeiramente capazes de analisar com precisão a qualidade da técnica jornalística e a coerência com a ética profissional são outros jornalistas, que se utilizam da técnica todos os dias. Manter um emprego num grande jornal, com editores confiando pautas a esses profissionais é, em si, uma demonstração de credibilidade. No entanto, o perfil profissional dos jornalistas é de indivíduos cada vez mais novos, com redações cada vez mais jovens, de forma que, quando o profissional está devidamente formado e está avançando no seu amadurecimento, ele é empurrado para fora.[175] Quando Roseli Fígaro, Cláudia Nonato e Rafael Grohmann fizeram um levantamento nesse sentido, em 2014, eles encontraram as redações transformadas pela mentalidade empresarial popularizada a partir da década de 1990. Empresas magérrimas, com a maioria dos empregados organizados em grupos interdisciplinares e guiados por sistemas de persuasão baseados em liderança, onde não há estabilidade, mas sim uma sequência de projetos onde os vários graus possíveis de sucesso determinam as oportunidades futuras dos indivíduos e sua posição dentro dos grupos como líderes ou colaboradores.

No jornalismo isso se traduz em redações muito menores e com alta rotatividade, desprovidas de um dos aspectos que eu pessoalmente mais valorizava: a sensação de comunidade e camaradagem entre os colegas. O grupo mal coalesce e um elemento já sai para a próxima oportunidade, numa empresa maior ou em outra cidade ou algo assim. Também o valor-notícia é abalado por uma diferente participação dos setores de marketing e finanças dos veículos. A famosa "separação entre Igreja e Estado", que se refere à separação entre os departamentos que vendem espaço publicitário e os que produzem conteúdo jornalístico, não existe mais em muitos veículos – se é que existiu em algum momento – e a própria ideia pode parecer antiquada para as gerações mais jovens. Mas isso tudo significa que aqueles trabalhos de aprendizagem que eram feitos

175 FÍGARO, Roseli; NONATO, Cláudia; GROHMANN, Rafael. The profile of journalist and the discourses on journalism: Investigating the changes in the working world of professional journalists in São Paulo, Brazil. **Journal of Applied Journalism & Media Studies**, ed. 3(3), p.389–403.

pelos mais velhos da redação, a passagem das tradições por meio oral que tornavam o trabalho em redação uma experiência quase tribal, com veias xamanísticas de orientação pelos segredos da função, não existe mais. Até mesmo aquele velho repórter, que foi colega do chefe de redação e que existia como uma graxa para aliviar as tensões entre chefia e repórteres, figura perene na maioria dos veículos, se foi.

A credibilidade jornalística envolve muitos outros fatores além da prática e da postura, no entanto. A tecnologia criou problemas relacionados a consumo que são debates muito atuais e vão muito além do ambiente de desinformação nas redes sociais. Uma grande parte – infelizmente pretérita – da credibilidade do jornalismo se perdeu sem culpa alguma dos muitos componentes da mídia, mas por conta do sequestro de renda publicitária pelos gigantes do Vale do Silício, a complicada acessibilidade do conteúdo jornalístico submetido à lógica dos algoritmos dos sites de pesquisa, a transferência de audiência de veículos tradicionais (que cobram por acesso à informação) para sites de pouca confiabilidade e ética jornalística inexistente, mas que oferecem notícias gratuitamente e, francamente, uma generalizada perda de prestígio.

A perda de margens de lucro, audiência e, consequentemente, postos de trabalho criou muitos questionamentos e o principal deles é se o jornalismo ainda importa. Jornalistas como Alan Rusbridger, advogados como o vice-presidente do *New York Times* David McCraw e professores como Michael Schudson acreditam que sim, que a ciência do jornalismo é mais importante agora do que jamais foi.

Ainda segundo Shapiro, a tecnologia e as transformações de outros formatos de mídia obrigaram jornalistas nas últimas décadas a fazer um "trabalho fronteiriço" (SHAPIRO, 2014, p. 556). Ou seja, atuar para restabelecer as fronteiras entre o seu trabalho e dos usuários e comentaristas de redes sociais, "pseudojornalistas", comediantes e criadores de correntes de *WhatsApp*. O objetivo não é "levantar uma barreira entre o trabalho do autor profissional/*mainstream* e o do autor amador/independente, mas entre jornalismo e outras atividades paradigmaticamente diferentes, como as relações públicas, entretenimento e agregação de conteúdo". As pesquisas sobre a confiança do público, em última análise, são quase inúteis quando não distinguem o jornalismo nos formatos tradicionais e notícias que aparecem na internet, uma vez que, para os leigos, o produto do trabalho dos adeptos destas outras atividades e dos jornalistas é praticamente indiscernível e, portanto, a desconfiança com uns contamina a visão sobre todos.

Levantar barreiras entre o trabalho dos profissionais capacitados na área, amadores bem ou mal-intencionados e usurpadores vindos de outras paragens pode parecer simples. Outras atividades não compartilham da ética e da práxis jornalística, então qualquer análise mais profunda desmascara sua natureza. Se o público se importa com a diferença ou não é um problema de outra grandeza. A diferença entre o profissional e o amador, por outro lado, é que um cobra pelo exercício da função e o outro, não. Só que uma grande verdade unificadora, que Lyotard apontaria como narrativa destruída pela pós-modernidade, é que o profissional coloca um preço na sua atividade porque fez (assim como suas famílias, na maioria dos casos) um considerável sacrifício de tempo, dinheiro, esforço e dedicação para adquirir o arcabouço de conhecimentos necessários para desempenhar sua função num nível de excelência que justifique que alguém gaste dinheiro com a aquisição daquilo que o profissional produz. No caso dos jornalistas, é a informação. Mas esse é um dos pontos mais problemáticos para a relação entre jornalismo e tecnologias. Rusbridger, que foi editor-chefe do *The Guardian* por 20 anos, resume bem o problema num pequeno relato sobre uma pesquisa feita por ele por notícias confiáveis sobre um estupro ocorrido na Suécia:

> Eu tuitei um pedido de ajuda para conseguir alguns fatos. Dois jornalistas suecos me mandaram links para reportagens na assim-chamada MMS (mídia *mainstream*). Eu tentei ler ambas..., mas, em cada caso, bati numa *paywall*. Uma queria que eu me comprometesse com £9 por mês antes que ela me deixasse ler o artigo; a outra queria quase o dobro disso. Informação caótica era gratuita: informações boas eram caras. No mundo horizontal da comunicação no século XXI - onde qualquer um pode publicar qualquer coisa - os germes [informação falsa] sobre o estupro em Malmo se espalharam livremente e indiscriminadamente. O vírus estava quase do outro lado do mundo e a verdade ainda estava tentando calçar as botas. A Verdade - se é isso que o jornalismo oferece - estava vivendo num condomínio fechado (RUSBRIDGER, 2018, p.XV, tradução nossa).

Em 2018, Ragnhild Kristine Olsen e Mona Kristin Solvoll publicaram no *International Journal of Media Management* uma pesquisa sobre a resposta dos leitores à criação de *paywalls* nos sites de jornalismo.[176] As *paywalls* nada mais são do que uma catraca eletrônica, capaz de limitar o acesso a conteúdo online apenas ao público que pagante. E o estudo de Olsen e Solvoll mostrou que, mesmo que pouco mais de um quarto do público considere que o conteúdo protegido atrás da *paywall* é, de fato, de melhor qualidade do que o conteúdo gratuito encontrado nos websites dos seus jornais locais, quase 70% das pessoas não acessam nenhum conteúdo pago nestes sites. Talvez pior, 47% demonstraram alto nível de resistência à implementação de *paywalls*, contra 14% de pessoas que consideraram a iniciativa boa, enquanto 59% dos entrevistados

176 OLSEN, R. K.; SOLVOLL, M. K. Bouncing off the Paywall – Understanding Misalignments Between Local Newspaper Value Propositions and Audience Responses. **International Journal on Media Management**, Routledge Taylor & Francis Group, 2018, p.1–19.

confirmaram que decidiram optar por conteúdo gratuito em outras fontes quando o conteúdo em seus jornais habituais se tornou pago. Uma forma que os veículos encontraram de tentar manter o tráfego de leitores e atrair atenção, revertendo para si alguma fração da verba publicitária capturada pelas grandes gigantes digitais, foi postar chamadas para seu conteúdo nas plataformas *online*.

Os agregadores de conteúdo, como o *Facebook*, *Twitter* e *Google*, colocam as notícias no mesmo ambiente que qualquer outro tipo de produto, incluindo peças de desinformação e contrainformação. Só que, enquanto o conteúdo malicioso se satisfaz com criar um ruído na comunicação, e o conteúdo que não é jornalístico se beneficia do sensacionalismo para criar uma avalanche de *clicks* sem se preocupar com como isso impacta sua reputação – e ambos se aproveitam do sistema de monetização destas plataformas para ainda lucrar em cima do caos mesmo quando ele representa um fator de desorganização social ou plataforma para a ascensão política de personalidades questionáveis –, o jornalismo tradicional luta para se manter comercialmente viável e seria bom que assim fizesse sem criar uma barreira à sua missão principal, de aumentar o alcance da informação de qualidade. Mas também precisa se financiar.

Nos dias de hoje o jornalismo se monetiza de diversas formas, mas principalmente com publicidade, majoritariamente, e assinaturas, de forma secundária, da mesma forma como fazia no século XX, quando ocupava espaço de destaque em todas as mídias de comunicação de massa. Os veículos que permanecem mais saudáveis são aqueles que seguem atrelados a fortunas familiares, grandes conglomerados, fundos de investimento ou que se mantêm através de doações de uma parcela do público que se vê bem representada pela linha editorial, pelo *branding* ou pelos profissionais do veículo.

Mas houve uma falha de compreensão sobre a natureza dos novos meios nos quais o jornalismo buscava atingir a sua audiência. Nesses meios, a capacidade de outros agentes em emular o jornalismo e roubar seu protagonismo garante a eles algumas vantagens. Uma conclusão lógica sobre o funcionamento da internet é que a rede é uma coisa e as redes sociais são outras completamente. Enquanto o jornalismo estava agindo na rede, criando websites, abrindo fóruns de discussão, colocando acervos digitalizados à disposição de pesquisadores, as velhas modalidades de compartilhamento de informação funcionavam, embora já fosse difícil vislumbrar como fazer dinheiro com isso tudo. Mas as redes sociais e outros ambientes digitais onde o jornalismo se aventurou não são meios, mas sim ferramentas. Ferramentas de comunicação e organização de grupos, com uma lógica ao mesmo tempo semelhante e diametralmente oposta à das mídias tradicionais. Como dito pelo professor e escritor Clay Shirky:

> Nós agora temos ferramentas de comunicação flexíveis o suficiente para rivalizar nossas capacidades sociais, e nós estamos testemunhando a ascensão de uma nova maneira de coordenar ação que se aproveita dessa mudança. Estas ferramentas comunicacionais receberam muitos nomes, todas variações de um tema: "software social", "redes sociais", "computação social", e por aí vai. Apesar de algumas distinções entre estes rótulos, a ideia central é a mesma: nós vivemos em meio a um impressionante aumento das nossas capacidades de compartilhar, cooperar uns com os outros e tomar ações coletivamente, tudo isso fora da estrutura de instituições e organizações tradicionais (SHIRKY, 2009, p.20-21).

O jornalismo busca compartilhar informações, é um dos seus valores basilares. Só que, apesar de ter aprendido ao longo das últimas três décadas com sua experiência em meios digitais a oferecer uma experiência cooperativa (captando fontes entre seus leitores, estimulando debate e criando notícias a partir disso, entre outras novidades à práxis), o jornalismo ativamente busca se distanciar do tipo de ativismo e posicionamento que coordena ações coletivas ou que mobiliza massas. A tentativa de manter a objetividade e a isenção que a profissão tomou por norte ao longo do século XX – e que é fervorosamente cobrada dos jornalistas pelos apoiadores deste ou aquele político quando estes sofrem críticas, na maior parte das vezes mais do que merecidas – sempre preveniu a adoção deste caráter mobilizador.

A desinformação e a contrainformação, chamadas por Rusbridger de "material caótico", se beneficiam da dificuldade em distingui-los do jornalismo na mesma proporção em que o jornalismo se prejudica com dividir espaço com elas. E este tal material caótico não tem nenhuma compunção em usar conteúdo sensacionalista para manobrar grupos, mobilizar populações e organizar ações. E, se o jornalismo busca se apartar e se valorizar, acaba se isolando, se elitizando e diminuindo sua audiência consumidora, porque vai existir num espaço em que audiência não está.

É um paradoxo, mas nem é a única questão relacionada à mudança tecnológica e à incapacidade dos administradores dos veículos jornalísticos de entender a natureza dessas mudanças. Clay Shirky atribui a um "narcisismo profissional" o fato de que, enquanto estes administradores se movimentaram, por vezes, com astúcia e velocidade para combater competidores agindo na mesma área e com as mesmas ferramentas que eles, praticamente não souberam como se portar frente à ameaça de se tornarem obsoletos na base da sua atuação (2009, p.58).

Algo que ficou claro da descrição de Rusbridger em seu livro *Breaking News*, da sua experiência como editor-chefe do

The Guardian na aurora da Era das Big Techs, é que existia uma diferença ética, prática, filosófica e técnica entre as novas tecnologias e o jornalismo tão grande que os profissionais experientes da mídia não sabiam o que fazer nestes novos ambientes e os profissionais mais novos ou transplantados do setor de tecnologia da informação e do Vale do Silício não conseguiram traduzir, implementar e convencer as direções dos grandes veículos a se movimentar numa direção em que eles pudessem reproduzir seu sucesso anterior na adaptação a novos meios de transmissão da informação. Em miúdos, os jornalistas e executivos de mídia sabem fazer jornalismo e se comunicar nos meios tradicionais. Os novos profissionais da área de tecnologia sabem como se comunicar nos novos meios e como fazer isso com crescente eficiência, mesmo que sem garantias de sucessos reproduzíveis. Mas não conseguiram, até 2021, encontrar uma resposta para o problema fundamental do encontro do jornalismo com as redes sociais: ambos são animais que se alimentam da mesma fonte, os investimentos dos anunciantes.

A questão no centro do problema, no entanto, é que enquanto o jornalismo é um paquiderme que há décadas come menos do que gostaria, as redes sociais são enormes leviatãs de apetite insaciável, com barrigas como grandes buracos negros atraindo para si todas as verbas publicitárias destinadas a todos os antigos veículos combinados. Segundo a professora da Universidade de Oxford Carissa Véliz, em seu livro *Privacidade é Poder*, esta tendência começou realmente quando o *Google* decidiu lucrar com a captura dos dados dos seus usuários, a partir de 2003, com a publicação do artigo "*Generating User Information for Use in Targeted Advertising*".[177] A intenção da captura de informações não era mais a de aperfeiçoar o produto

177 VÉLIZ, Carissa. **Privacidade é poder**. Editora Contracorrente, São Paulo, ed.1, 2021. Kindle Edition. p. 60-62.

para o usuário, mas de quantificar e qualificar de forma rentável a informação gerada pelo uso dos recursos do site da empresa para vender o espaço publicitário de forma diferenciada, através da produção de perfis de audiência-alvo. Algum tempo depois, com a criação das ferramentas AdWord e AdSense, que passaram a colocar propagandas referenciadas pelo *Google* em outros websites sem filiação prévia com a empresa, a gigante da indústria digital também passou a poder fazer o mesmo também com os usuários da internet que não trafegavam pelos seus sites nem usavam seus produtos. E nisso o jornalismo foi instrumental, pois foi usado como *honeypot*, como chamariz, produzindo conteúdo atraente, criando espaço publicitário para ser preenchido pelo *Google* e, portanto, recebendo verbas publicitárias da empresa, e servindo de bandeja os dados dos seus leitores. Quando a indústria digital criou o capitalismo de vigilância, os jornais e veículos de mídia se tornaram seus instrumentos, revelando os gostos da audiência, suas inclinações políticas, suas preferências culturais, suas indicações de influenciadores e uma série de outras informações a serem captadas e vendidas para empresas, agências governamentais e anunciantes. Nesta nova era, o jornalismo come apenas aquilo que as Big Techs regurgitam, como pagamento pelo conteúdo que agrega ainda mais valor às redes sociais como espaço para anunciar produtos e serviços. E ainda reparte estas sobras com o conteúdo desinformante que também tenta destruí-lo. Como observa o professor de Comunicação James Curran:[178]

> A migração da publicidade para sites como Facebook, Google e Craigslist levou ao fechamento de jornais e desertos de jornalismo local onde assuntos públicos não têm mais cobertura adequada da mídia. Isso tem levado uma redução total no tamanho da força de trabalho do jornalismo empregada em muitos

178 CURRAN, James. Triple crisis of journalism. **Journalism**, Vol. 20(1), p. 190–193, 2019.

países, e a orçamentos editoriais menores. Isto resultou em menos jornalismo investigativo, mais dependência em relações públicas e mais jornalismo derivativo vindo de profissionais encalhados em redações.

E quando eu falo em "aquilo que as Big Techs regurgitam" não estou falando apenas do dinheiro de verba publicitária que empresas como o *Google* e o *Facebook* redirecionam aos veículos jornalísticos para também neles fazerem propagandas, destinando à mídia frações de centavo de cada dólar que recebem. Estamos considerando também o conteúdo. Quantas pautas são feitas pensando na interação entre pessoas famosas, autoridades e os indivíduos anônimos nas redes sociais? Hoje, até as estratégias de publicidade de marcas com perfis nessas redes chegam a serem consideradas notícia.

Leonard Downie, Jr. e Michael Schudson observam, corretamente, que um jornalismo independente e crível não pode florescer sem organizações jornalísticas de diversos tipos, incluindo operações digitais e impressas de reportagem dos grandes jornais sobreviventes, enquanto reconhecem que florescem as organizações sustentadas por esforços comunitários e baseadas em fundos sustentados por caridades e organizações não-governamentais ou dependentes de pequenas doações de tempo e trabalho de seus colaboradores e leitores. "Mas é improvável que qualquer organização, a não ser pelas menores, consiga se sustentar primariamente apenas com a renda existente online",[179] dizem eles. Isso é, em parte, porque outras fontes são muito mais eficientes em entregar ao público conteúdo atraente ao consumo, enquanto as verdades duras do jornalismo nem sempre geram uma corrida de compradores. Em outra parcela, as grandes organizações não funcionam de

179 DOWNIE, Leonard; SCHUDSON, Michael. The reconstruction of American journalism. Columbia Journalism Review, v. 19, n. November/December, 2009.

forma efetiva no ambiente da internet, porque este ambiente privilegia outros modelos de administração e agrupamento, mais baseado na lógica do voluntarismo motivado dos usuários identificados com as questões e onde os custos organizacionais são muito menores e onde a hierarquização complexa é muito menos necessária. Os conglomerados também criam seus próprios problemas ao optar por aumentar sua competitividade nestes espaços, onde as operações destas empresas não são otimizadas, com a disponibilização de conteúdo gratuito, já que quando os formatos tradicionais se tornaram menos atraentes e foi necessário cobrar pelo conteúdo, parte da audiência migrou para o conteúdo grátis, onde a qualidade da informação não é garantida, nem sua veracidade.

A qualidade do conteúdo sempre foi algo que as empresas de jornalismo só puderam garantir dentro de seus próprios prédios, onde os padrões e métodos estiveram sempre sob controle de uma hierarquia de experientes editores e guardiões dos valores de cada veículo e isso sem falar de vertentes políticas, ideológicas e preferências a isto ou aquilo, que sempre pesaram na hora de produzir notícias. Nunca houve, nem no Brasil e nem na maioria dos países ocidentais democráticos, uma grande adesão à ideia de um órgão profissional regulatório para o jornalismo, que pudesse afiançar a fidelidade factual das notícias produzidas por seus membros. Na maioria dos países, mesmo os jornalistas sindicalizados mais fervorosos são refratários à ideia de um conselho profissional, como a Ordem dos Advogados do Brasil, por exemplo, que poderia ser um órgão garantidor que elevaria a confiabilidade do jornalismo, mas também poderia levar a uma censura desnecessária promovida pela própria classe ou por uma organização submissa ao patronato ou outros interesses. Mas o que poderia soar como elitismo paranoico há 30 anos é importante agora. A vasta maioria do público é consumidora, mas não especialista em mídia e não pode ser cobrada por não ter as ferramentas para analisar a qualidade de todas as fontes de informação que consume, especialmente quando todas são trazidas a ele na mesma mídia.

Então, aqui é um bom ponto para parar e pensar um pouco sobre a psicologia e comportamento de consumo do público, em contornos bem generalizados. É comum falar sobre "hábitos de consumo" e um hábito, neurologicamente falando, nada mais é do que um comportamento automatizado pelo cérebro para não se sobrecarregar com comandos conscientes para realizar tarefas recorrentes e muito frequentes. Assim, como explicado pelo professor de comunicação da Michigan State University, Robert LaRose, hábitos são adquiridos pela repetição de comportamento de consumo de mídia que é inicialmente direcionada a um objetivo (geralmente a aquisição de conhecimento específico) e são respostas inconscientes e automáticas a estímulos, agindo separadamente ou em conjunto com intenções conscientes no contexto de resultados previsíveis para formar determinado comportamento.[180] A estrutura da mídia e da sociedade são gatilhos para esses hábitos, no sentido de que, por exemplo, o requerimento social de permanecer conectado e a presença da mídia jornalística nas principais plataformas acessíveis por dispositivos alimentam o hábito de consumo. Se eu tenho que checar minhas mensagens logo que acordo e o faço no meu celular, este é o dispositivo por onde eu acesso todas as minhas plataformas informacionais, incluindo redes sociais, onde se encontra o conteúdo dos veículos jornalísticos. No entanto, outros tipos de conteúdo estão ali, misturados, e o consumo automático, habitual,

180 LAROSE, Robert. "The problem of media habits." **Communication Theory** vol. 20, n°2, 2010, p.194-222.

inconsciente de informação por esses meios contribuiu para a confusão do público e cacofonia informacional.

É um pensamento que se espelha nas palavras do CEO do *New York Times*, Mark Thompson, mesmo que não em seu espírito. A empresa decidiu a manter a publicação fora do agregador de notícias *Apple News+*. Embora o aplicativo para o celular pudesse colocar o conteúdo do jornal nas mãos de milhões de novos leitores, a produção do jornal se tornaria indiscernível do de outras publicações. "Nós nos preocupamos generalizadamente com o nosso jornalismo sendo misturado no liquidificador junto com o jornalismo de todas as outras pessoas," disse na ocasião à *Reuters*.[181] Essa mistura a que ele se refere desvaloriza o jornalismo feito com qualidade, equiparado a material de nível indeterminado e suspeito, ao mesmo tempo que gera perda de renda direta, pois o agregador sempre fica com uma parte das verbas de publicidade e de assinaturas para acesso a esse tipo de serviço. Valoriza-se o produto, mesmo enquanto a empresa luta para impedir que seus trabalhadores se organizem por melhores condições de emprego.

No entanto, esse padrão de qualidade dos procedimentos jornalísticos estabelecido pela prática e zelo dos profissionais tanto quanto dos mandamentos das direções de redação cria uma mediação entre informação e público. E a propagação de informações nas mídias digitais e sociais, horizontal e direta de usuário para usuário, desvalorizou também essa mediação. A prioridade do consumidor passou a ser a identificação com os valores, posições e imagem do veículo ou pessoas disseminando os textos, imagens e vídeos. E os agregadores de conteúdo têm essa vantagem. Os valores da mídia jornalística

181 COSTER, Helen; LI, Kenneth. New York Times CEO warns publishers ahead of Apple news launch. **REUTERS**, 21/03/2019. Disponível em: https://www.reuters.com/article/us-media-new-york-times-idUSKCN1R22MZ?utm_source=Pew+Research+Center&utm_campaign=cc-6d62461b-EMAIL_CAMPAIGN_2019_03_22_01_15&utm_medium=email&utm_term=0_3e-953b9b70-cc6d62461b-400740673. Acessado em 10/04/2019

tradicional são ligados aos seus profissionais, mas também aos conglomerados milionários para os quais eles trabalham. Já o *Facebook*, *Youtube* e outros usam a imagem e valores dos seus usuários para disseminar conteúdo, enquanto os produtores de conteúdo mantêm uma posição autônoma enquanto fidelizam suas audiências às plataformas onde seu produto é disponibilizado. Segundo Eugênio Bucci:[182]

> A fórmula de fabricação de valor na indústria do imaginário implementada por empresas como Facebook e Twitter é tão genial quanto devastadora. Nelas, os usuários entram no jogo como mão de obra (gratuita e, logo, escrava), como matéria-prima (também gratuita) e, por fim, como mercadoria. Graças a esse modelo originalíssimo, o Facebook não precisa gastar um centavo para "gerar conteúdo" (no jargão horroroso da indústria), pois seus usuários atuam como digitadores, fotógrafos, locutores, atores, sonoplastas, escritores e tudo o mais. Os usuários são também a mercadoria final. São seus olhos que são vendidos aos anunciantes, o que parece alegrá-los enormemente (NOVAES, A. [org.], 2019, p.308).

Isso cria uma propagação indiscriminada de informação que não é mediada, não possui procedimentos claros ou eficazes que garantam a qualidade e é extremamente rápida e com caráter personalista. O usuário que se torna produtor de conteúdo nas redes, se quiser se tornar profissional na área, têm que garantir uma produtividade vertiginosa e um apelo universal para gerar as interações necessárias para comprovar seu valor para a plataforma, que dará mérito à sua remuneração. Sem capacitação formal ou vínculo empregatício ou identidade profissional, é só uma máquina que produz numa lógica na qual sucesso é fruto de sorte, carisma pessoal e volume. Voltando à distinção entre amador e profissional feita no

182 BUCCI, E., et al, NOVAES, A. [org.]. Mutações: Dissonâncias do Progresso. Organizador: Adauto Novaes. Edições Sesc São Paulo. São Paulo, 2019.

início deste capítulo, o amador cooptado como criador, material, conteúdo e produto perde por ser escravo das mídias digitais, mas o profissional está, literalmente, dando de graça tudo que ele lutou arduamente para construir e recebendo de volta o mesmo que o amador. Isso estimula o profissional, por sua vez, a simular a práxis do amador-tornado-influenciador-digital em busca de conquistar a audiência e criar a mesma identificação, mas a óbvia falta de espontaneidade nesta simulação pode e tende a agir contra o jornalista experiente, abrindo caminho para uma nova geração de profissionais que entra pronta a assimilar esta nova práxis, contribuindo para uma transformação nem sempre saudável da função jornalística.

Esse problema fala com questões que estão embutidas em elementos mais essenciais e das bases do pensamento do jornalismo. De acordo com Felipe Pena, professor e jornalista, o cerne motivador do jornalismo é a vontade da ubiquidade, de estar em todos os lugares para ter a experiência direta de todas as coisas. Nesse sentido, ele afirma que:

> [...] a natureza do jornalismo está no medo. O medo do desconhecido que leva o homem a querer exatamente o contrário, ou seja, o conhecer. E assim, ele acredita que pode administrar a vida de forma mais estável e coerente, sentindo-se um pouco mais seguro para enfrentar o cotidiano aterrorizante do meio ambiente. Mas, para isso, é preciso transpor limites, superar barreiras, ousar. Entretanto, não basta para cientistas e filósofos incentivar navegadores, astronautas e outros viajantes. Também é preciso que eles façam os tais relatos e reportem informações a outros membros da comunidade que buscam segurança e a estabilidade do "conhecimento". A isso, sob certas circunstâncias éticas e estéticas, posso denominar jornalismo (PENA, 2005, p. 23).

E nisso já encontramos a vulnerabilidade primeira do fazer jornalístico. Como apontou Walter Lippman (LIPPMAN, 2007, p. 106), "todos os jornalistas do mundo, trabalhando todas as horas do dia não poderiam testemunhar todos os acontecimentos. E não há muitos repórteres no mundo. E nenhum deles tem o poder de estar em mais de um lugar ao mesmo tempo". Quando Shirky escreve sobre a obsolescência do jornalismo tradicional ele fala sobre este elemento basilar, indiretamente. De forma direta, ele falava sobre como a função do jornalismo de levar informações de ponto "A" a ponto "B" da forma mais eficiente possível. A internet, como um todo, faz isso melhor do que o jornalismo por design e, enquanto o jornalismo olhava para ela como um meio a ser ocupado, as empresas de internet olhavam para o jornalismo como mais um *datapoint* a ser explorado. Igualmente, a internet é infinitamente mais poderosa como ferramenta de simulação da ubiquidade, e sem mediação.

Na verdade, a internet é um espaço muito maior do que o jornalismo é capaz de preencher, o que é verdade de qualquer outro tipo de produto que a internet possa veicular. Diferente da televisão, do rádio, dos jornais impressos, a internet tem potencial infinito de armazenamento, de transmissão e de conectividade entre seus participantes. A internet não tem limitações de tempo, de programação ou de orçamento. Se pode ser produzido e guardado num formato digital, pode ser disponibilizado nela. Isso vale também quando falamos especificamente desta função de oferecer uma experiência simulada de estar em todos os lugares a todo o tempo. Esse vácuo infinito, por mais óbvio que possa ser, se torna espaço potencial para o consumo de desinformação e contrainformação, que será absorvida pela necessidade insaciável do público em se informar.

Na internet e, principalmente, nas redes sociais, a experiência empírica dos usuários reais (seus comentários, fotos, relatos) se mistura indistintamente com as fabricações dos agentes maliciosos. A dissonância entre o mundo que existe e o mundo percebido só pode ser mitigada pelo consumo de mais informações e, ainda que uma pessoa pudesse ser absolutamente bem-informada, suas percepções ainda poderiam levar a conclusões errôneas, o que acarretaria desinformação. A mediação, proposta e valor do produto jornalístico produzido nos moldes tradicionais, é uma garantia de que a informação transmitida ao menos foi coletada, verificada e contextualizada sem a intenção enganar, mesmo que a intenção tenha sido influenciar ou convencer. Nas redes digitais, não há promessa de confiabilidade, apenas identificação entre produtor, marca e consumidor.

Além disso, também por design das redes sociais, o número ilimitado de fontes é reduzido algoritmicamente àqueles que vão gerar engajamento, ou por identificação ou por revolta, o que garante que cada usuário tenha acesso a apenas um recorte da realidade que tende não apenas a corresponder com sua visão pessoal, mas é criado para mantê-lo conectado a essas redes e consultando constantemente estas mesmas fontes ou outras exatamente como elas, que só fazem eco aos mesmos temas, assuntos e narrativas. Enquanto nas mídias tradicionais a bússola ideal é a informação que o jornalista crê que a audiência deve ter, seguida pela informação que a audiência quer, mas sem fabricações, no mundo virtual a bússola é criar reações e calcificar os membros da audiência em posições radicalizadas, dando a elas primeiro o que elas querem e, depois, o que elas detestam, consolidando e arraigando seus preconceitos.

De certa forma, para cobrir essa deficiência, um dos alicerces essenciais da práxis jornalística – que absolutamente inexiste na internet e que os gigantes digitais tentam substituir com mecanismos como "Assuntos do Momento", *checkmarks* e *hashtags* – é o uso do que Nelson Traquina chama de "promotores da notícia". Definidos como "aqueles indivíduos e os seus associados que identificam uma ocorrência como especial"

(TRAQUINA, 2018, *vol.*2, p.186), podemos separá-los em duas categorias: a das fontes primárias e a das secundárias.

As fontes primárias são aquelas que têm informações e experiência em primeira mão sobre a informação noticiada. Elas legitimam a narrativa noticiosa pela autoridade de serem testemunhas dos eventos relatados, é o motorista do carro que bateu na marginal ou o agente que conduziu as investigações que levaram à prisão de um político corrupto. As fontes secundárias da informação, no entanto, são mais facilmente enquadradas entre as figuras de autoridade. São especialistas, agentes públicos e acadêmicos de uma determinada área capaz de contextualizar e aprofundar o assunto, embasando qualquer possível conclusão inferida ou explicitada na notícia (PENA, 2017, p.63-64). Ou seja, é o professor de física que explica o perigo de uma colisão em alta velocidade ou jurista que detalha as leis que foram quebradas pelos criminosos e como o Judiciário pode responsabilizá-los.

O jornalismo é definido por sua rede noticiosa, que nada mais é do que a relação entre veículo, jornalistas e fontes, que são diretamente ligadas a setores decisivos da atividade política, econômica, social ou cultural. Se o jornalista estabelece suas fontes pela conexão delas com os eventos noticiados, os critérios de noticiabilidade que regem um jornal são definidos pelas suas fontes, capazes de ditar o que é importante sobre os eventos em si (TRAQUINA, 2018, p.191). Existe sempre o medo e a decepção quando os jornalistas mantêm relações menos que éticas com suas fontes.

O que Eugênio Bucci chama de "proatividade promiscua" entre sistema de informações jornalísticas e sistema político para criar a "cozinha da imprensa" (BUCCI, 2009, 53) nada mais é que sistema no qual fontes motivadas usam a imprensa para disseminar informações que servem mais para atender aos interesses escusos do que para satisfazer o critério do interesse público. Recentemente surgiu entre os jornalistas o debate sobre o "jornalismo de acesso" (*access journalism*), onde um jornalista ignora ou doura a pílula sobre o as ações de determinadas pessoas porque estas podem ser boas fontes.

Traquina até mesmo estabeleceu um critério de avaliação das fontes, que delimita os quesitos para ranqueá-las como sendo a autoridade da fonte em relação ao evento, a produtividade e a credibilidade. Autoridade pode ser entendida como posição hierárquica entre especialistas num assunto (o motorista que bate seu carro contra um poste tem mais conhecimento sobre o ocorrido do que o engenheiro que projetou o carro, que por sua vez tem mais conhecimento do que o técnico que ajudou a colocar o poste na rua). Produtividade se refere à quantidade de material que a fonte é capaz de entregar ao jornalista, e este quesito é o causador do debate sobre o *access journalism*. E credibilidade se refere não apenas a quanto o jornalista confia que a fonte dirá a verdade, mas no quanto a fonte terá a perder se o repasse de uma informação provida por ele se provar incorreta ou falsa (TRAQUINA, 2018, p.193). Por isso, fontes oficiais sempre são consideradas mais confiáveis do que fontes independentes (PENA, 2017, p.58). Da mesma forma, a procedência da informação, a qualidade da fonte, pode legitimar ou deslegitimar a narrativa veiculada jornalisticamente.

Isso é uma breve introdução a estas questões, no entanto, já que aqui objeto de análise é mais a tentativa jornalística de informar e menos a possibilidade de ruído entre mensagem e receptor. A má-interpretação, o entendimento parcial e a ignorância de quem consome a notícia são interessantes aqui apenas pela forma como impactam o fazer jornalístico e como se assemelham à desinformação. Por mais pernicioso que possa ser o processo de desvirtuação das relações entre fonte e jornalista, muito pior é a interação da audiência com as fontes mal-intencionadas, uma vez que estas não estão mais limitadas a aparecer associadas a histórias sobre suas áreas de especialidade, mas são capazes de inserir em todos os assuntos, contanto que sejam seguidos por número suficiente de pessoas nas redes sociais. Isso ficou claro durante a pandemia causada pelo novo coronavírus, quando políticos, comunicadores e até mesmo médicos das mais variadas especialidades usaram suas redes para espalhar desinformação sobre a doença, um assunto melhor deixado para os infectologistas e epidemiologistas.

Mais importante, talvez, é considerar as teorias históricas de como o jornalista fundamenta sua produção, nas formas descritas por Felipe Pena (PENA, 2017, p.125-165), e elas serão levadas em conta como referência, embora não sejam norteadoras da análise crítica proposta aqui, até porque muito da análise e observação da realidade da profissão atual indica que estas teorias estão sendo superadas ou descrevem como a práxis era e não mais como ela de fato é. Há a chamada Teoria do Espelho, a Teoria do *Newsmaking*, a Teoria do *Gatekeeper*, a Teoria Organizacional, a Teoria Gnóstica, a Teoria do Agendamento, a Teoria Instrumentalista, a Teoria Etnográfica, a Teoria dos Definidores Primários e a Teoria da Nova História.

Não cabe aqui a descrição ou crítica dessas teorias, mas alguns elementos e considerações tecidas pelos estudiosos que se debruçaram sobre a questão da ciência do jornalismo ao longo das últimas sete décadas têm que ser mantidas em mente. Inclusive porque alguns conceitos, como a aplicação de modelos pós-modernistas de contextualização presente na teoria da Nova História, como, por exemplo, a valorização da interpretação do contexto dos eventos acima dos próprios eventos (Ibid., p.158-159), se interligam com outros que foram discutidos quando o anti-intelectualismo foi abordado.

Por outro lado, é preciso que fique claro que algumas teorias não resistiram às forças modernizadoras que pressionam os paradigmas do jornalismo. A teoria organizacional e a de agendamento (*agenda setting*), por exemplo, têm que ser novamente avaliadas pois seu próprio objeto de estudo se modificou. A primeira, que acredita que os critérios dos jornalistas para a escolha de notícias e seu enfoque estão submetidos à estrutura dos jornais e suas normas editoriais, não poderia deixar de se transformar quando a organização das mídias jornalísticas se modificou completamente.

As bases teóricas dela estão fundamentadas em estudos feitos na década de 1950 e ainda estavam repercutindo nos anos 1990 (PENA, 2017. p.136). E, por um tempo, não houve grandes problemas com isso. Afinal, segundo Rusbridger:

> Não havia grandes mudanças em como o jornalismo chegava aos leitores em cem anos ou mais. (...) As prensas ficaram mais rápidas ao longo dos anos, mas fora isso um jornalista do final do século XIX acharia pouco para surpreendê-lo em 1970. (...) Os métodos de produção de um jornal pareciam imutáveis e intemporais (RUSBRIDGER, 2018, p.8, tradução nossa).

Mesmo com a introdução dos computadores nas redações na década de 1980 (para montar os jornais, não para escrevê-los), pouco muda até o surgimento da internet. E aí, tudo se transforma, e muito rápido. A teoria organizacional também acredita que, sendo o objetivo do veículo se manter economicamente viável, os jornalistas serão pressionados pela organização das redações a seguir certos padrões. Isso foi razoável enquanto as fontes de renda e os negócios dos jornais se alteraram muito pouco ao longo de gerações. Mas quando todos os modelos de financiamento do jornalismo entram em crise por causa da internet, onde há competição direta com material que atinge milhões de pessoas sem qualquer obediência a padrões, tudo se modifica de novo. Alguns jornais oscilaram entre diferentes fontes de renda mais vezes nos últimos 20 anos do que haviam feito nos 150 anos anteriores. A reflexão a ser feita não é se a organização ainda afeta os padrões profissionais do jornalismo, mas se há tempo hábil para a prática jornalística se adaptar às mudanças organizacionais.

Já que havia proposto que os consumidores de notícias tendem a considerar mais importantes os assuntos que são veiculados na imprensa, a teoria do agendamento sofreu uma completa reviravolta na era digital. Quando a percepção, antes, era a de que as escolhas de assuntos feitas pelos jornalistas afetavam diretamente a percepção da audiência quanto ao que deve ser considerado importante, agora o oposto parece ser verdadeiro. Os assuntos mais comentados no *Twitter* ou mais compartilhados no *Facebook* muitas vezes pautam a imprensa. O poder de repercussão de uma informação nos meios digitais e redes sociais tem, por vezes, mais força do que os assuntos que passam pelo crivo dos jornalistas. Foi o que aconteceu com grandes reportagens contemporâneas, como o *Panama Papers*, *Facebook Papers*, *Pandora Papers* e outras revelações de grandes consórcios de veículos de imprensa que tiveram baixo impacto no mundo real e na forma como as pessoas priorizaram a informação. Mesmo a reportagem que desencadeou toda uma contestação da campanha de Jair Bolsonaro à Presidência, a revelação de Patrícia Campos Melo sobre os empresários que patrocinaram disparos em massa no *WhatsApp* em favor do candidato do PSL, não foi capaz de impedir que ele fosse eleito. A Teoria do Agendamento Reverso é descrita como:

> Uma situação criada pelo público online para decidir sobre a hierarquia das questões que muda o agendamento da mídia jornalística e afetando seu assunto de interesse. A variedade de conteúdo, canais e fontes presentes na internet trouxeram um

reduzido efeito de agendamento pela mídia tradicional, com as mídias sociais influenciando o agendamento e, então, criando um fluxo reverso de agendamento[183] (BHUVANA; ARAM, 2019, p.3, tradução nossa).

As teorias da comunicação, não apenas do jornalismo, passam por abruptas e constantes revoluções com a velocidade do avanço da tecnologia. As pressões exercidas no mercado por grandes plataformas da internet, conglomerados de mídia, instituições políticas e o temperamento coletivo do público produzem novos formatos e veículos, assim como novas formas de usá-los, continuamente. É impensável considerar hoje um modelo de dispersão de informação sequer semelhante aos de 20 anos atrás, menos ainda aos de 70 anos atrás, em plena Era Vargas, quando governos e jornais aplicavam barreiras e filtros à informação que fluía para o grande público.

Quando se fala do modelo no qual os jornais exploravam a sua audiência na internet, contando a partir de cerca de 25 anos atrás (talvez uns poucos anos antes) até mais recentemente, dependendo do mercado, fala-se do que Alan Rusbridger chama de "alcance antes de arrecadação" (RUSBRIDGER, 2018, p. 28). Os grandes e médios veículos de jornalismo foram para os meios digitais antes de saber como eles funcionavam, imaginando que a lógica operacional desses meios seria o mesmo dos anteriores. O jornalismo ocupou espaços rapidamente no meio impresso, depois no rádio, depois no cinema, depois na televisão. Quando surge a internet, para os profissionais e especialista em comunicação, seria novamente apenas uma questão de ocupar o espaço, fazendo o conteúdo jornalístico passar, mais uma vez, por conteúdo nativo ao meio. Quando sistemas de monetização se apresentassem, o jornalismo os adotaria também.

183 BHUVANA, N.; ARAM, I. Arul. Facebook and WhatsApp as disaster management tools during the Chennai (India) floods of 2015. **International Journal of Disaster Risk Reduction**, ed. 101135, p.3, 2019.

Claro que, como aponta James Curran, essa estratégia foi abraçada pela mídia estabelecida, coorporativa ou de legado, gigantes da área da comunicação e capazes de operar numa nova mídia por anos sem gerar rendimentos financeiros, porque as outras áreas dos negócios mantinham o jornalismo operacional e se mantinham capazes de absorver as perdas. Os milhares de pequenos sites de notícias que surgiram no início da internet e que inovaram nos formatos e forma de captação de recursos foram esmagados pela tentativa das grandes empresas de monopolizar e fidelizar o mercado.

Falando dos primórdios do uso da internet para jornalismo nos Estados Unidos em 1994, Rusbridger descreve a atitude dos pioneiros na área dentro os grandes veículos como sendo totalmente vazia de ideias de como captar recursos com o uso da internet, mas rico em exploração do meio, sem grande atenção ao fato de que estavam acostumando o público a consumir notícias de graça. Ele reproduz uma fala do editor assistente do *Chicago Tribune*, Joe Leonard, que disse na época: "Minha visão é simplesmente que eu ainda não tenho certeza de para onde estou indo. Mas eu estou no barco, sobre a água – e eu estou na frente do cara que ainda está de pé no cais".

Esse ímpeto em abraçar as novas tecnologias produziu o cenário atual, no qual, para a audiência, é quase impensável pagar para consumir notícias. Paga-se por TV a cabo e, no pacote de canais, virá incluso um canal de notícias, pelo qual não se paga individualmente e, se não há o mesmo conteúdo disponível num serviço de streaming que eu decido contratar, não faz falta. Eu compro um rádio, sintonizo na minha estação favorita e haverá um programa noticioso, sem nenhum custo adicional. Há notícias de graça na internet, que qualquer um pode consumir. Então, por que alguém pagaria? Para o bem e para o mal, foi assim que a audiência se formou.

No Brasil, os grandes jornais foram também os pioneiros em levar o jornalismo para internet. Levado da *Folha* para *O Estado de S.Paulo* em 2006 especificamente para editar o conteúdo para o novo portal do jornal, Marcos Guterman se lembra de que as intenções do jornal não eram exatamente claras, nem os métodos de trabalho e como manter o jornal competitivo no novo formato:

> Eu passei meses lá tentando entender. Eu confesso que não entendi e que, agora, faz tempo que eu saí, (...) saí antes, saí em 2010, aí eu fui para a primeira página, porque eu não estava aguentando mais. (...) Eu não sabia o que eu estava fazendo ali. (...), mas enquanto eu estava na internet, eu perguntava "mas como é que nós vamos... o que é isso aqui que nós estamos fazendo?". Eu não conseguia entender muito bem. Porque o papel se confundia com [o conteúdo digital]. Tinha uma pressão em cima do papel. "Ah, e a internet?", como se fosse um acessório. A gente dá furo ou não dá furo? Eu briguei várias vezes, por exemplo, com a Agência Estado. Eles saíam distribuindo notícia nossa, que era furo, para UOL, pra G1. E eu dizia, "Gente, vocês são loucos? Isso aqui vai matar meu negócio". E eles diziam, "Ah, mas eles são cliente nosso". "Vocês estão brigando com o *core business*, que é nosso. Isso é notícia nossa, apurado pelo Estado, e vocês estão vendendo para a concorrência. Assim vocês me quebram." Eu pedia, pelo amor de Deus, dez minutos de vantagem [para ser o primeiro a publicar uma notícia], mas aí o cliente reclama (GUTERMAN, 2019).

Algo que também perdura no modelo de negócios que pressiona a produção jornalística é a questão do financiamento publicitário. Rusbridger (RUSBRIDGER, 2018, p.127-130) dá o exemplo do *Financial Times*, que mantém sua saúde financeira atraindo anunciantes de produtos caríssimos e falando diretamente para uma audiência de alto poder aquisitivo. A capacidade do jornal de atrair essa audiência está diretamente ligada ao interesse de anunciantes com muito capital para investir em publicidade. O problema que isso cria é que as questões e vozes de minorias e camadas menos ricas da população acabam sendo excluídas da cobertura jornalística.

Anunciantes em classificados, publicitários que compram espaço na mídia, empresas que produzem material praticamente indistinguível do conteúdo jornalístico dos veículos e investidores foram determinantes historicamente no financiamento dos veículos. Porque sempre foi muito difícil para o jornalismo se financiar apenas com a venda direta e serviços de assinatura, principalmente os jornais locais, segmentados e menores. Então, quem financiava os jornais eram os interesses políticos até o final do século XIX nos Estados Unidos e na Inglaterra (RUSBRIDGER, 2018, p.127) e, de forma mais explícita, até março de 1930 no Brasil, quando os empastelamentos dos jornais promovidos pela revolução varguista calaram as vozes políticas dissidentes (PILAGALLO, 2011, p.89-91), mesmo que a prática perdure mais veladamente até hoje.[184]

Jornais ganharam independência política ao ceder espaço publicitário e esse modelo garantiu a prosperidade da mídia no século passado (RUSBRIDGER, 2018, p.127). A partir da primeira década do novo milênio, a captura da verba publicitária pelas grandes empresas da internet como *Google*, *Facebook* e *Apple* praticamente inviabilizou o sistema de financiamento baseado em vendas diretas, assinaturas e publicidade. Não pela ineficiência, mas por esse represamento da verba. Apenas os grandes conglomerados de mídia têm o tamanho necessário para competir com esses gigantes (RUSBRIDGER, 2018, p.131-133). Até porque conseguem atrelar o seu jornalismo mais sério a dois outros companheiros históricos: o entretenimento (fofocas, esportes, etc.) e serviços.

184 AZEVEDO, F. A. Mídia e democracia no Brasil: relações entre o sistema de mídia e o sistema político. **Opinião Pública**, Ed. 12.1, 2006, p.88-113.

Esses grandes conglomerados não são uma resposta às mídias sociais, já que são anteriores a elas. Também não são plenamente nocivas. Na Inglaterra, estudos apontam que a contribuição dessas empresas gigantescas para o Produto Interno Bruto (PIB) e para a riqueza nacional é absolutamente relevante e já ocorria quando o jornalismo era uma mídia plenamente analógica.[185] Mas a concentração dos veículos elimina a pluralidade de vozes, linhas editoriais e diversidade de opiniões. Até porque, como foi eventualmente revelado no Reino Unido, alguns conglomerados têm por objetivo manipular a opinião das pessoas e intencionalmente doutriná-las, moldando suas opiniões e decisões para servir aos interesses dos poderosos donos dessas corporações. Especificamente, a rede de jornais, tabloides, rádios e canais de TV da família Murdoch teve uma espetacular derrota nas cortes britânicas quando ficou provado que eles pagavam investigadores e que eles mesmos mantinham grampos telefônicos ilegais nas residências de diversas pessoas, quebrando a lei rotineiramente para produzir notícias (DAVIES, 2016, p.392-393).

Outro aspecto importante da produção jornalística é a classificação de conteúdo das matérias e reportagens. É uma tarefa complexa, porque há muitas definições disponíveis aceitas tanto por acadêmicos quanto por profissionais. Os conceitos antagônicos de *soft news* e *hard news* são sempre os mais citados, até por questões históricas, já que os termos criados na década de 1940 tiveram larga aceitação entre os profissionais desde então. A interpretação mais aceita é a da multidimensionalidade[186] desses conceitos, para dizer que uma defi-

185 KHAN, Mina. Consequences Of Lax Media Ownership Regulation On Freedom And Plurality Of The UK's Fourth Estate. **The United Kingdom On The Brink Of Brexit**: Perspectives on Business and Economics, 2018. Disponível em: https://preserve.lehigh.edu/cgi/viewcontent.cgi?article=1013&context=perspectives-v36. Acesso em 12/10/2019

186 GLOGGER I, OTTO L.P. Journalistic Views on Hard and Soft News: Cross-Validating a Popular Concept in a Factorial Survey. **Journalism & Mass Communication Quarterly**. 2019, janeiro, p. 1-19.

nição agregadora de diversas outras definições é mais útil que qualquer delas separadamente. Ao menos enquanto uma teoria integrada não é elaborada.[187]

Para compreender a diferenciação, sugere-se aqui tomar em conta cinco aspectos da notícia. Primeiro, o seu tópico. Política, por exemplo, é um tópico imediatamente identificado como *hard news*, enquanto cinema é associado com *soft news*. Em segundo lugar, a sua velocidade de produção. Notícias que precisam ser disseminadas o mais rápido possível são *hard news*. Terceiro, o seu estilo. Matérias mais sensacionalistas são associadas ao conceito de *soft news*, pois o jornalista injeta mais das suas opiniões nelas. Quanto mais opinativo, mais *soft*. Quarto, o seu foco. Quanto mais focado em normas, políticas e diretrizes, mais *hard news* é o noticiário, oposto a um foco maior dado a indivíduos. E quinto, a sua recepção. *Soft news* são, no geral, consideradas mais divertidas. Essas cinco dimensões da notícia foram levadas em consideração tanto na análise contida na minha pesquisa original das notícias sobre *fake news* e pós-verdade como para selecionar as matérias que foram analisadas (GLOGGER I, 2019, p.4).

Seria uma falha deixar de falar sobre o etos jornalístico da objetividade, por mais que nas últimas décadas este conceito tenha sido superado. Até porque, como alunos sonolentos, muitos dos críticos atuais do jornalismo sério focam em conceitos antigos e superados aplicados à práxis moderna. O abandono da objetividade como norte da produção de notícias – com a percepção de que ela é, na verdade, mais um gesso e uma ilusão do que algo possível de ser cobrado da atuação do profissional – é um dos estopins da revolta fabricada por políticos conservadores. A objetividade jornalística, no entanto,

187 ALENCAR, A.; KRUIKEMEIER, S. Audiovisual infotainment in European news: A comparative content analysis of Dutch, Spanish, and Irish television news programs, 2018. **Journalism**, V.19 (ed. 11), p.1-18.

surge como um produto do pensamento funcionalista dominante nos Estados Unidos após a Primeira Guerra Mundial (GENRO FILHO, 2012, p.27). De acordo com Michael Schudson, ela é uma norma criada para estabelecer a separação entre fatos e valores na práxis jornalística, deixando como conteúdo das notícias apenas os fatos. Ele afirma ainda que:

> De acordo com a norma da objetividade, o trabalho do jornalista consiste em reportar alguma coisa chamada "notícia" sem comentar sobre ela, sem desequilíbrios e sem moldar sua formulação de qualquer maneira. O valor da objetividade é geralmente contraposto ao jornalismo partidário, no qual jornais são declaradamente agentes ou aliados de partidos políticos e o seu relato das notícias é um elemento da disputa partidária. Jornalistas partidários, como jornalistas objetivos, tipicamente rejeitam imprecisões, mentiras e desinformação, mas os partidários não hesitam em apresentar informações da perspectiva de um determinado partido ou facção (SCHUDSON, 2001, p.150, tradução nossa).

Essa visão passou a receber críticas, a partir de teorias com traços comuns ao pensamento pós-moderno, que afirmam que ela ignora que a construção dos fatos, por ser da dimensão histórico-social, não é objetiva. A subjetividade do jornalista, que a norma busca sublimar, não é mero resquício das suas experiências pessoais e, sim, parte do contexto no qual os fatos estão inseridos. Como observa Adelmo Genro Filho (2012, p.45), "Não há um fato e várias opiniões e julgamentos, mas um mesmo fenômeno (manifestação indeterminada quanto ao seu significado) e uma 'pluralidade' de fatos, conforme a opinião e o julgamento".

Não obstante essas críticas, presume-se que a norma da objetividade é um pacto de comprometimento e lealdade do jornalista profissional com seu público que se sobrepõe às suas lealdades pessoais (SCHUDSON, 2001, p.161-162). E a autoridade jornalística ganhava muito com a sua associação com outros valores ligados à objetividade, como o rigor científico, o progresso e a eficiência. E, da mesma forma, buscavam se distanciar dos agentes da propaganda, do marketing e das relações públicas, forças incipientes no primeiro quarto do século XX.

As escolas de jornalismo não mais cobram ativamente uma imparcialidade draconiana, nem as grandes redações impõem esse conceito de forma drástica a seus profissionais. Entre a classe jornalística, esta ideia já é comumente aceita, sem grandes convulsões, apesar de ainda gerar acalorados debates nas salas de aula e bastante dor de cabeça em reuniões editoriais. Mas ela ainda é uma expectativa do público consumidor de jornalismo e, quando ela falta, ou quando há a percepção de que ela está ausente, a audiência cobra o veículo que está sendo partidário (POMERANTSEV, 2019, p.119-123). A verdade é que para a comunidade leiga da audiência, a mudança paradigmática é muito mais lenta e dolorosa. Essa mudança também ocorre num momento em que agentes políticos instrumentalizam as lições pós-modernistas para alegar que, se a subjetividade do indivíduo que produz a notícia não pode ser sublimada, então não existe relato isento, todos são partidários e ninguém é confiável, a não ser aqueles que, abertamente tendenciosos, concordam e incentivam as políticas favorecidas pelos seus grupos-base.

Se jornalistas mais liberais aceitaram o fim das ideias de imparcialidade e objetividade com naturalidade, muitos outros agentes que já eram partidários e parciais o fizeram também. Não só algumas figuras, que vão desde a mídia estatal do Kremlin até Sean Hannity (apresentador e porta-voz de Donald Trump na *Fox News* de 2016 a 2020), abraçaram sua subjetividade como lançaram mão desse conceito pós-moderno de impossibilidade de isenção na produção de relatos para afirmar que ninguém pode criticá-los. Nenhum veículo, jornalista ou órgão regulador é suficientemente isento ou imparcial a ponto de pôr-se numa posição em que pode julgar livremente a acurácia da informação dos outros. De acordo com Peter Pomerantsev:

> Os padrões semânticos (usados por Sean Hannity para desacreditar seus críticos) reforçam a mensagem principal de Hannity: nós vivemos num mundo onde não há, epistemologicamente, certeza. Em resposta à acusação de (Ted) Koppel, Hannity argumenta que, ao atacar as opiniões dadas, Koppel estava apenas dando "sua opinião". Hannity descreve a si mesmo como honesto porque ele admite que é um jornalista que advoga por uma causa, enquanto Koppel mantém uma farsa de ser imparcial. [...] Com a possibilidade de equilíbrio, imparcialidade e acurácia desacreditadas, tudo que sobra é ser mais "autêntico" do que o outro lado – mais emocional, mais subjetivo, mais heroico. [...] No mundo de Hannity, fatos são muito menos importantes do que afrontar seus inimigos. E se isso quer dizer mostrar a ele que você não está nem aí para os fatos, tanto melhor (Ibid., p.122-123, tradução nossa).

É uma questão de desequilíbrio de forças. Os agentes que defendem os elementos éticos da práxis jornalística têm dificuldade em encontrar embasamento firme para criticar as ações daqueles que agem sem nenhuma consideração quanto à veracidade da informação propagada. E os agentes parciais atacam a própria ideia da existência da imparcialidade para deslegitimar críticas feitas à desinformação, rotulando seus críticos de hipócritas, mentirosos e falsários, enquanto seguem impunemente divulgando teorias da conspiração e relatos sem nenhum fundo factual. E, pior, há muitas pessoas em ambos os lados que vão concordar com a dificuldade ou impossibilidade de oferecer um relato objetivo e imparcial. E há membros do público que nunca acreditariam que existe imparcialidade da imprensa, por muitos motivos, mas principalmente pelo histórico da imprensa de erros sensacionais e retratações tímidas, ação política disfarçada de isenção dos veículos e contradições reais ou percebidas. Mas essa presunção afeta em muito a capacidade de contenção da contrainformação, já que seus agentes criadores conseguem lançar um verdadeiro miasma pós-moderno na questão, afirmando que tudo são relatos e que mesmo veículos que afirmam sua imparcialidade são parciais e, na tentativa de negar sua natureza, são os mais desonestos de todos.

Walter Lippmann disse muitas coisas sobre jornalismo em 1922 que poderiam ter sido ditas hoje. Uma delas é que a qualidade das notícias sobre o mundo moderno é um índice da organização social desse mundo (LIPPMANN, 2007, p.113). Com essa visão, busquei nas matérias jornalísticas da *Folha de S.Paulo* um padrão de qualidade que nos permita julgar a organização social vigente acerca dos temas das pós-verdade e de seus alicerces. Nenhum contexto possível poderia ser mais propício do que as eleições de 2018. Não apenas o candidato Bolsonaro, suas simpatias por Trump e pela extrema direita tecnopopulista mundial e suas estratégias de campanha são típicas e nativas daquilo que decidimos chamar de pós-verdade, mas a sociedade brasileira e suas instituições se mostraram empenhadas em demonstrar a vigência deste momento de negação da realidade. As notícias, muitas das quais recorri para remontar os meses daquela campanha presidencial e para determinar se havia e há, de fato, um momento de pós-verdade, são de uma qualidade que demonstra mais que um índice da organização capaz de gerar nosso momento político, mas um verdadeiro desenho de giz no chão da cena de um crime.

6

Desastre
Incêndios e eleições

O período de campanhas para as eleições 2018, que elegeram um novo presidente da República, 513 deputados federais, 54 novos senadores, 27 governadores e deputados estaduais em todas as unidades federativas do país, se iniciou, oficialmente, no dia 16 de agosto. Os partidos políticos realizaram suas convenções para determinar suas chapas, coligações e candidaturas entre os dias 20 de julho e 5 de agosto. O dia 15 de agosto de 2018 marcou o prazo final para o registro das candidaturas. A partir do dia 16 daquele mês até o dia 6 de outubro, os partidos e seus apoiadores poderiam utilizar os mecanismos altamente regulados e regulamentados pela Justiça Eleitoral[188] para promoverem os candidatos.

Extraoficialmente, no entanto, a campanha começou no dia 7 de abril do mesmo ano, quando o ex-presidente e pré-candidato ao Planalto pelo Partido dos Trabalhadores (PT), Luiz Inácio Lula da Silva, foi preso após decisão do Tribunal Regional Federal da 4ª Região, que aumentou sua condenação para 12 anos de prisão por corrupção e lavagem de dinheiro. Quatro meses e oito dias mais tarde, o PT protocolou o registro de candidatura da chapa de Lula com o vice Fernando Haddad. Até o final do prazo de cinco dias para contestar uma

188 MACHADO, E. H. O poder de polícia na Justiça Eleitoral. **Paraná Eleitoral**: Revista Brasileira de Direito Eleitoral e Ciência Política: v. 6, n. 3, 2017, p. 335

candidatura após o registro, 16 pedidos de impugnação deram entrada no Tribunal Superior Eleitoral (TSE), incluindo um feito pela Procuradoria-Geral da República (PGR) e outro pelo candidato Jair Bolsonaro, então do PSL.

Com base nessa condenação em segundo grau e na Lei da Ficha Limpa (Lei 135/2010), que estabelece a inelegibilidade de um réu por até 8 anos após uma condenação por órgão colegiado do Judiciário, o TSE negou o pedido de registro de candidatura do petista no dia 31 de agosto, num julgamento que durou quase 12 horas (CARDOSO, M. [ed.]. Eleições Fora Da Curva, **Anuário da Justiça Brasil 2019**, São Paulo: Consultor Jurídico, 10/05/2019, p.277).

Numa pesquisa publicada no dia anterior ao julgamento pelo *DataPoder360*, Lula tinha 30% das intenções de voto para a Presidência e Bolsonaro estava em segundo lugar, com 21% das intenções.[189]

No dia 6 de setembro, Bolsonaro sofreu um atentado em Juiz de Fora, Minas Gerais, quando foi esfaqueado no abdômen por Adélio Bispo. Quando o *DataFolha* divulgou nova pesquisa de intenção de voto quatro dias depois, ele tinha 26% das intenções de voto.[190] Fernando Haddad assumiu a cabeça da chapa do PT, com Manuela D'Ávila, do PCdoB, como vice, e tinha 8% das intenções, ocupando o quinto lugar na corrida para a Presidência.

No dia 20 de setembro, o *DataFolha* apontava que 28% preferiam Bolsonaro e 16% preferiam Haddad, que ficou em segundo nesta pesquisa.[191]

---

189 RIZÉRIO, Lara. Lula tem 30% dos votos e Bolsonaro possui 21%, aponta pesquisa; potencial de voto de Haddad vai até 34%. **Infomoney**, 30/08/2019. Disponível em: https://www.infomoney.com.br/mercados/politica/noticia/7590998/lula-tem-30-dos-votos-e-bolsonaro-possui-21-aponta-pesquisa-potencial-de-voto-de-haddad-vai-ate-34. Acesso em 06/09/2019

190 JORNAL NACIONAL. Datafolha divulga pesquisa de intenção de voto para presidente. **G1**. 10/09/2018. Disponível em: https://g1.globo.com/jornal-nacional/noticia/2018/09/10/datafolha-divulga-pesquisa-de-intencao-de-voto-para-presidente.ghtml. Acesso em 06/09/2019

191 **G1**. Pesquisa Datafolha para presidente: Bolsonaro, 28%; Haddad, 16%; Ciro, 13%; Alckmin, 9%; Marina, 7%. 20/09/2018. Disponível em: https://g1.globo.com/politica/eleicoes/2018/noticia/2018/09/20/pesquisa-datafolha-para-presidente-bolsonaro-28-haddad-16-ciro-13-alckmin-9-marina-7.ghtml. Acesso em 06/09/2019

O primeiro turno aconteceu no dia 7 de outubro. Jair Bolsonaro conquistou 46% (49,2 milhões de votos) dos eleitores e Fernando Haddad ficou com 29,26% (31,2 milhões votos), propulsionando ambos os candidatos para a disputa em segundo turno. Foram eliminados da corrida, por ordem da maior votação para a menor, Ciro Gomes (PDT), com 12,47% dos votos válidos (13,3 milhões de votos), Geraldo Alckmin (PSDB), com 4,8%, João Amoedo (Novo), 2,50%, Cabo Daciolo (Patriota), 1,6%, Henrique Meirelles (PMDB), 1,20%, Marina Silva (Rede), 1%, Alvaro Dias (Podemos), 0,80%, Guilherme Boulos (PSOL), 0,58%, Vera Lucia (PSTU), 0,05%, Eymael (DC), 0,04%, e João Goulart Filho (PPL), 0,03%.[192]

Em pesquisa do *DataFolha* sobre a intenção de voto no segundo turno das eleições presidenciais, publicada em 18 de outubro, Bolsonaro aparecia com 59% e Fernando Haddad, com 41%.[193] Na divulgação seguinte, às vésperas do segundo turno, a diferença havia caído ao patamar de 12%, com Bolsonaro com 56% das intenções de voto e Haddad com 44%. Essa diferença praticamente se confirmou nas urnas, com Bolsonaro conquistando 57.797.847 votos (55,13%) e Haddad 47.040.906 votos (44,87%).[194] Apesar da vitória decisiva, ainda existiam muitas questões deixadas sobre a campanha.

O que houve e, de fato, é importante analisarmos, é como o vencedor deste pleito foi o personagem central de uma campanha de desinformação das mesmas proporções que a campanha eleitoral. Não há como afirmar, cientificamente, que Jair

192 O ESTADO DE S. PAULO. Bolsonaro e Haddad vão disputar 2º turno na Eleição presidencial. 08/10/2018. Disponível em: https://politica.estadao.com.br/noticias/eleicoes,bolsonaro-e-haddad-estao-matematicamente-no-2-turno-da-eleicao-presidencial,70002537398. Acesso em 06/09/2019

193 JORNAL NACIONAL. Datafolha divulga nova pesquisa de intenção de votos para presidente. **G1**, 18/10/2018. Disponível em: https://g1.globo.com/jornal-nacional/noticia/2018/10/18/datafolha-divulga-nova-pesquisa-de-intencao-de-votos-para-presidente1.ghtml. Acesso em 06/09/2019

194 G1. Jair Bolsonaro é eleito presidente com 57,8 milhões de votos. 29/10/2018. Disponível em: https://g1.globo.com/politica/eleicoes/2018/apuracao/presidente.ghtml. Acesso em 06/09/2019

Bolsonaro se beneficiou da incrível onda de mentiras e fabricações disseminadas nas redes sociais, mas podemos, sim, determinar que a maioria das postagens, mensagens e conteúdo inautêntico tinha o político do PSL como personagem.

Pós-verdade na construção do consenso eleitoral

A campanha pela residência no Palácio da Alvorada em 2018 foi uma das mais singulares de que se tem memória na história brasileira. No início daquele ano, havia uma quase unanimidade entre os poderes estabelecidos de que Jair Bolsonaro era um candidato frágil. PT e PSDB, que protagonizaram todas as eleições nos 24 anos anteriores pareciam prontos para repetir seus papéis, enquanto o candidato do PSL garantira menos de dez segundos de tempo de televisão para a propaganda oficial. Tanto Lula quanto Alckmin agiram até o início de 2018 como se vissem a campanha de Bolsonaro como um obstáculo superável. Para o PT, ele era um adversário fácil no segundo turno. Para o PSDB, alguém polarizador na oposição à esquerda, mas cujo passado polêmico poderia ser explorado e cujo lugar na disputa poderia ser tomado (CORBELLINI; MOURA, 2019, p. 27-28).

O que essas avaliações falharam, talvez, em facultar foram alguns dos mecanismos da pós-verdade, que já estavam em atuação muito antes da realização do pleito. As máximas naturais sobre as políticas sucessórias democráticas que estabelecem que tudo se define pelo momento econômico foram, se não totalmente superadas e suplantadas, momentaneamente suspensas. A simplicidade da avaliação de que a reação lógica do eleitorado se resume às condições econômicas, de remover o incumbente num momento econômico ruim ou conduzi-lo de volta ao cargo ou elevar alguém por ele indicado durante uma bonança, não descreve o processo de escolha em 2018, contrariando a opinião de muitos especialistas (Ibid., p.32).

Toma-se por óbvio que a sucessão já não seguiria a lógica estabelecida para a maioria das anteriores, já que o incumbente, Michel Temer, ocupava o cargo por ser vice de Dilma Rousseff, do PT, que sofreu impeachment em 2016. Temer promoveu mudanças na economia, mas não reverteu o quadro de profunda recessão e, apesar de expressar mais apoio a Bolsonaro do que a Haddad, até pelos ressentimentos deixados pelo processo que destituiu Rousseff, nenhum dos dois candidatos se aproximou dele, na prática, com fins eleitorais.[195] Temer apareceu depois como conselheiro próximo a Bolsonaro, mas mesmo esse fato foi mantido relativamente escondido, por medo de que a base do presidente não perdoasse a aproximação com uma figura associada ao PT e à velha política, que a sua campanha fazia alarde sobre rejeitar.

O que houve, num plano subjetivo, foi o comportamento "extrarracional" dos eleitores, baseado num "frenesi", como apontaria Schumpeter (SCHUMPETER, J. *Capitalismo, socialismo e democracia*, 2017, *Apud* CORBELLINI; MOURA, 2019, p.34), de emoções represadas de insegurança, preconceito, intolerância e revolta, sublimada na repulsa contra o *establishment* político e, principalmente, o PT. Uma parcela significativa da população demandava uma quebra clara com o passado percebido, que se traduziu num voto que não escolheu projetos nem foi a favor de promessas, mas foi contra ideias, partidos e sistemas.

Em determinado momento na disputa do segundo turno, ficou claro que o principal índice não era o de intenção de

195 GARCIA, Gustavo; MATOSO, Filipe. Temer telefona para Bolsonaro e diz que Brasil precisa de governo de 'paz' e 'harmonia', **G1**. 28/10/2018. Disponível em: https://g1.globo.com/politica/eleicoes/2018/noticia/2018/10/28/temer-telefona-para-bolsonaro-e-diz-que-brasil-precisa-de-governo-de-paz-e-harmonia.ghtml. Acesso em 27/09/2019.

voto, mas o de rejeição a cada um dos candidatos (CORBELLINI; MOURA, 2019, p.101). Mais de 50% da população manifestava vontade de votar num candidato de fora da política e 57% disseram que nunca votariam num candidato do PT. Da mesma forma, 45% expressavam forte preocupação com a segurança pública, 75% estavam recebendo informações políticas via *WhatsApp* e 72% diziam que o principal motivo de vergonha para o Brasil era a corrupção. Essas expressões do sentimento generalizado do público já apontavam que uma candidatura como a de Jair Bolsonaro, calcada no discurso anticorrupção, anti-PT, da lei e da ordem e baseada, principalmente, na veiculação de propaganda e *fake news* nos aplicativos de mensagens e redes sociais não se dissolveria facilmente (Ibid., p.35-37). Talvez se seu eleitorado tivesse sido exposto, muito antes e muito mais intensamente, aos fatos sobre o passado do presidente que depois vieram a atormentá-lo, como sua ligação com as milícias cariocas, com o integralismo, práticas suspeitas no pagamento de funcionários nos seus gabinetes e nos de seus filhos, todos também eleitos, anos de convivência pacífica com o mesmo centrão com quem ele prometeu romper (e depois não só não rompeu como traiu apoiadores de primeira hora para acomodar em cargos governamentais) e comportamento autoritário e personalista, o resultado tivesse sido diferente.

Se o antagonismo da maioria do eleitorado com o Partido dos Trabalhadores e com Lula como sua figura central comprometeu desde o início as chances de que o principal partido de esquerda do país derrotasse Bolsonaro, o principal partido de direita ou centro-direita e, até então, o polo oposto ao lulopetismo, viu muito de seu apelo sequestrado pelo candidato do PSL. Geraldo Alckmin e o PSDB também concorreram numa plataforma de governo de ação dura contra o crime, contra o

PT, baseada na alegação de administração experiente, honesta e competente. Mas as investigações da força tarefa da operação lava-jato já tinham ligado a imagem do partido irremediavelmente às acusações de corrupção. E o histórico político de Geraldo Alckmin não serviu à narrativa de busca à alternativa da política tradicional.

Um exemplo disso, talvez, tenha sido a facilidade do PSDB em eleger João Dória ao governo paulista, embalado para consumo com as mesmas características de Alckmin, exceto pelo verniz da novidade e do sucesso na administração de negócios da iniciativa privada. Doria talvez não precisasse de uma mudança de estratégia em meio à campanha, já que concorria ao cargo de governador de um dos estados mais fiéis ao seu partido no país e onde seu padrinho, Alckmin, possuía a maior aceitação, mas foi rápido em mudar suas alianças e seu discurso quando chegou à disputa no segundo turno da eleição contra Márcio França, criando um vínculo tão forte com a campanha do PSL que fomentou entre seus apoiadores um apelido para a campanha, quase um bordão: Bolsodória.[196] As bandeiras de boa administração, políticas responsáveis e posições centristas rapidamente caíram por terra e a campanha passou a balançar as flâmulas do antipetismo, do combate em pé de igualdade com a violência da criminalidade e a destruição da corrupção. A adesão de uma massa tão significativa de eleitores para o campo da extrema-direita deslocou o campo gravitacional político brasileiro e, de repente, o PT de centro-esquerda se tornou de extrema-esquerda e o PSDB, adversário diametral do Partido dos Trabalhadores, foi parar na esquerda, rotulado com todos os pecados que os apoiadores do PSL reservam para os comunistas e socialistas, algo que não

196 VEJA. João Doria: 'Não criei o Bolsodoria, mas o incorporei'. 03/10/2018. Disponível em: https://veja.abril.com.br/politica/joao-doria-nao-criei-o-bolsodoria-mas-o-incorporei/. Acesso em: 20/10/2019

poderia estar mais distante da realidade do PSDB do final da segunda década do século XXI. Bolsonaro conseguiu tomar para si o apoio do chamado "partido da lava-jato", a massa de apoiadores do Ministério Público Federal (MPF), liderado por Rodrigo Janot e, depois, Rachel Dodge, e da chamada "República de Curitiba", encabeçada pelos procuradores do Paraná, como Deltan Dalagnol, e o juiz federal Sérgio Moro, que levantaram a bandeira do combate à corrupção acima de tudo (Ibid., p.48, 52-53, 56-57).

Outro possível erro de cálculo dos competidores que apostaram que poderiam roubar de Bolsonaro a posição de favoritos para se opor ao PT foi subestimar a capacidade do candidato do PSL em cativar e falar diretamente com sua audiência. A mídia e articulistas especializados ouviam nas respostas evasivas do candidato, sobre temas corriqueiros de qualquer campanha presidencial, pouco preparo e oportunidades de revelar ao eleitorado seu passado como deputado federal pouco produtivo, partidariamente infiel, associado a figuras negativas,[197] que promoveu todos os filhos a cargos na política. Seus apoiadores, no entanto, ouviam espontaneidade (Ibid., p.62-63).

A simplicidade, os erros de concordância, as esquivas e alegações de humildade encontraram ressonância com o eleitorado, que aceitou o discurso de que Bolsonaro representava o "novo" não porque ele não possuía passado político, mas porque não agia nem tinha a postura tradicionalmente associada com políticos, sentimento semelhante à rejeição de especialistas e valorização do senso comum presentes no anti-intelectualismo. E esse discurso "*trash*, que flertava com o tosco,

---

197 OTÁVIO, Chico; PIVA, Juliana Dal. Queiroz demitiu ex-mulher de miliciano para blindar Flávio Bolsonaro, mostram diálogos obtidos pelo MP. **O Globo**, 05/09/2019. Disponível em: https://oglobo.globo.com/brasil/queiroz-demitiu-ex-mulher-de-miliciano-para-blindar-flavio-bolsonaro-mostram-dialogos-obtidos-pelo-mp-23928599. Acesso em 08/10/2019

agressivo, mobilizador, demonizador do adversário" fluiu ainda melhor nas redes sociais (Ibid., p.68).

Nos extremos, seu discurso foi polêmico, com defesas da Ditadura Militar, da posse e porte de armas de fogo, de valores tradicionais e religiosos contrários à diversidade religiosa, aos direitos da mulher e das minorias étnicas e raciais, mas a massa principal de suas mensagens era sobre combate à corrupção e priorização da segurança pública, pautas que até mesmo uma maioria dos petistas apoia. Como apontaram Maurício Moura e Juliano Corbellini:

> A campanha de Jair Bolsonaro não se preocupou em apresentar um projeto de país, mas em se expressar de maneira a refletir o que as pessoas sentiam. Em épocas de crise, o ódio também fala ao coração. O ódio contra a política tradicional, contra a corrupção, contra a violência, contra as ameaças aos valores da família cristã, contra o "socialismo" em todas as suas variantes (incluídos Fernando Henrique Cardoso e o PSDB), contra o PT (Ibid., p.66).

Uma parcela dos eleitores identificou no discurso de Bolsonaro seus traços preconceituosos, machistas e homofóbicos, mas não se pode desconsiderar que uma outra parcela também possui esses traços e se misturaram àqueles para quem a relevância desses temas era menor do que punir os corruptos e coibir a bandidagem (Ibid., p.73). Há todo um outro livro para ser escrito sobre os vestígios do integralismo, fascismo, nazismo e radicalismo de extrema-direita na história recente do Brasil e suas conexões com a figura do presidente. Quando deixou o PSL e propôs criar seu próprio partido, o Aliança, indicou que o lema partidário seria "Deus, pátria e família", o perene *slogan* do integralismo criado por Plínio Salgado, demonstrando uma ligação forte com a doutrina extremista e autocrática ou, simplesmente, sendo vítima de uma das mais constrangedoras coincidências na história do país. Não que seja fácil constranger este presidente. Este, infelizmente, não é o livro que vai explorar as questões dessas conexões e há especialistas mais qualificados para falar sobre isso.

A campanha digital *sub judice* e as *fake news*

A convergência de grupos díspares no apoio a Jair Bolsonaro teve vários fatores motivadores, não sendo o menor deles o impacto do *marketing* de campanha nas redes sociais. O número de seguidores do candidato no *Facebook* cresceu, da data oficial do início das campanhas, em 16 de agosto, até dia 28 de outubro, na votação decisiva em segundo turno, de quase 5,5 milhões para mais de 8,1 milhões. Foram 2.263.310 novos fãs e 69.398.716 novos engajamentos com as publicações do perfil, de acordo com dados da própria rede social (Ibid., p.117). No *WhatsApp*, apenas na última semana do primeiro turno, as mensagens da campanha chegaram a 40 mil grupos, atingindo cerca de 28 milhões de eleitores diretamente (Ibid., p.118). Como acontece em outros países – e isso é reconhecidamente, pela comunidade internacional, um risco político – as empresas de comunicação e de telefonia celular dispõem em seus pacotes acesso gratuito ao *Facebook* e ao *WhatsApp* o que, em um país pobre como o Brasil, garante aos agentes mais astutos uma linha direta com todos os eleitores, até mesmo os mais isolados.

O fenômeno comumente chamado de "memeficação da política" – que expressa, entre outros fenômenos da comunicação política pós-moderna, a estratégia massificada de campanha por meio de linguagens próprias dos ambientes digitais, usando linguagem simples, imagens combinadas com frases curtas para gerar impacto ou humor, autorretratos conhecidos como *selfies*, vídeos no *YouTube* – foi um dos mais marcantes processos nas redes durante o ano eleitoral. Esse fenômeno é perigoso porque garante exposição a candidatos e propostas simples, mas não há espaço nesse método de comunicação para explorar políticas e problemas complexos.

Nada mais é do que uma forma de se aproximar do eleitorado não intelectualizado, macaqueando suas formas preferidas de comunicação nas redes digitais (Ibid., p.122-123), explorando o formato massificado e apostando nos elementos anti-intelectuais dos bordões e consenso popular.

Em 2005, quando as redes sociais ainda eram uma incógnita e uma novidade, os membros do exército norte-americano já reconheciam o potencial dos memes em campanhas de desinformação. A palavra "meme" surgiu no livro de Richard Dawkins *The Selfish Gene*, de 1976, definida como "unidades de cultura", difundidas através do compartilhamento de ideias. Joan Donovan, escrevendo para o *MIT Technology Review*,[198] propõe que a internet é propícia para a proliferação dos memes porque nela eles se cristalizam como artefatos de comunicação e aceleram sua distribuição pelas subculturas.

No entanto, o mais importante sobre a comunicação por memes é que eles perdem seu contexto com a distribuição, assim como perdem sua autoria. Assim, a contrainformação circula rapidamente, à espera de compartilhamento por algum usuário particularmente relevante da internet e, quando isso acontece, o meme se torna viral. Ou seja, ele se espalha rápida e espontaneamente pelas redes. Despojados das intenções e reputação de seus criadores, esses conteúdos se tornam propriedade da cultura, podendo tomar uma vida própria e, principalmente, garantindo que seus criadores possam continuar a agir impunemente.

198 DONOVAN, Joan. How memes got weaponized: A short history. MIT Technology Review, Cambridge, Mass., EUA, 24/10/2019. Disponível em: https://www.technologyreview.com/s/614572/political-war-memes-disinformation/. Acesso em: 30/10/2019.

Memes permitem que campanhas de terror, difamação, manipulação psicológica e desinformação sejam bem-sucedidas numa escala global com facilidade. Mas essas campanhas só obtêm sucesso com a conivência de muitas pessoas para distribuí-las e com a concordância das grandes empresas de tecnologia, que permitem que suas plataformas se tornem os palcos onde essas campanhas atuam.

Quando Bolsonaro sofreu atentado na cidade de Juiz de Fora (MG) levando uma facada de Adélio Bispo no dia 6 de setembro, o evento consolidou definitivamente sua rede digital de apoiadores. O candidato, no momento do ataque, era carregado nos ombros em meio a uma massa de populares que o aclamava. O elemento do espetacular foi explorado diretamente pela campanha e indiretamente por meio da cobertura midiática do evento. A mídia tradicional, na cobertura do atentado, revelou um ponto fraco que pode ser explorado por discursos radicais como propaganda eleitoral gratuita para o candidato, dando ao candidato do PSL um espaço, principalmente nos canais de televisão aberta, muitas dezenas de vezes maior do que ele teria por direito pelas regras eleitorais, ou pela práxis tradicional da cobertura de uma eleição, que divide o espaço igualmente entre os candidatos, também por mandado legislativo.

Também não avaliaram corretamente o contexto em que aquela violência ocorreu, no momento em que ela aconteceu. O jornalista Emerson Voltare, que trabalhava na Folha durante as eleições, observa:

> O fato era que o eleitor estava farto com a enxurrada de notícias negativas forjadas pela operação lava-jato, que também atingiu o [PSDB]. O PT conseguiu manter fiel seu eleitor na segunda região mais populosa do país. Os tucanos perderam força nas demais regiões. A propaganda de TV surtiu pouco efeito.

> Alckmin não empolgou. E a facada em Bolsonaro mudou o peso da propaganda. O candidato ganhou espaço inédito na imprensa. Também tinha argumento para não participar de debates. Veja, por exemplo, quando o núcleo de uma campanha é bagunçado, pouco confiável, demora pra cair a ficha da cobertura. Que Bolsonaro tomou a facada, quem tinha repórter lá, como a Folha, viu. Problema foi ter a dimensão da gravidade. Informações do entorno dele eram desencontradas. Como não houve sangramento externo, até por volta das 18h, 19h, de acordo com relatos que iam dos filhos aos mais próximos da campanha, davam conta de um corte superficial (VOLTARE, 2019).

Que o agressor fosse ex-filiado do PSOL, partido de esquerda e um dos principais desafetos da família Bolsonaro graças a diversos embates com seus representantes na Câmara dos Deputados, só serviu para alimentar as reações e a crescente produção de *fake news* (CORBELLINI; MOURA, 2019, p.125-126). Até o final de 2020, raras foram as semanas em que não flutuava ao topo dos assuntos mais populares nas redes sociais a pergunta “Quem mandou matar Bolsonaro?”, numa clara alusão à teoria da conspiração de que Adélio Bispo não agiu sozinho, mas orientado por um grande esquema da esquerda, uma teoria que já foi derrotada por sucessivas investigações da polícia federal e por duas instâncias da Justiça, que consideraram Adélio como um indivíduo solitário, agindo por força de um distúrbio mental. Mas os apoiadores de Bolsonaro, e o próprio presidente e seus associados mais próximos, sempre retornam ao assunto, não importa a quantidade de provas de que este seja apenas um devaneio vazio.

Uma pesquisa apontou que, entre os entrevistados, 98,2% dos eleitores tinham sido expostos às cinco contrainformações mais populares em circulação nas últimas semanas de campanha eleitoral. Desses, 89,8% disseram que acreditavam que as notícias falsas fossem embasadas em verdade (Ibid., p.129).

As *fake news* se dividiram em dois grandes campos entre os apoiadores do PSL: os ataques a Fernando Haddad e as suspeitas de fraude nas urnas eletrônicas de votação e contagem de votos (Ibid., p.130). Curiosamente, a Justiça Eleitoral se preocupa muito mais com preservar a sua imagem e a do processo eleitoral em si do que em preservar a capacidade do eleitorado de fazer uma escolha baseada em fatos e sem a interferência de agentes maliciosos. Desta forma, os Tribunais Regionais Eleitorais são capazes de se movimentar e empregar um limitado poder de polícia contra pessoas propagando desinformação desta natureza, mas se um candidato acusa o outro de, hipoteticamente, querer dar a crianças mamadeiras com bicos em formato de pênis, a única coisa que pode ser feita é fazer uma denúncia – que deve ser minunciosamente detalhada sob o risco de ser simplesmente ignorada – através de um partido político ou um candidato ou o Ministério Público Eleitoral cobrando que a informação seja tirada de circulação e, mais adiante, pleitear alguma forma de compensação, geralmente financeira. Os próprios juízes eleitorais reconhecem que, para candidatos em pequenos municípios ou de pequenos partidos, que conquistam votos com esforço e que, subitamente, são pegos em acusações falsas e extremamente públicas de pedofilia ou outros crimes e atos horríveis, o custo não é apenas perder a oportunidade de se eleger a um cargo qualquer, mas de perder a reputação, a liberdade e até a segurança em comunidades onde o justiçamento popular ainda é uma possibilidade.

O ano de 2018 foi o primeiro em que, durante um pleito, a Justiça Eleitoral teve que enfrentar persistentes questionamentos quanto à legitimidade do sistema e das urnas, vindo a partir de acusações sem nenhum embasamento na realidade. A própria necessidade de representantes do Poder Judiciário, como a ministra Rosa Weber, presidente do Tribunal Superior

Eleitoral (TSE), e o ministro Dias Toffoli, presidente do Supremo Tribunal Federal, repetirem exaustivamente a frase "as instituições estão funcionando normalmente" já indica que uma crise de confiança, instaurada pela barragem de *fake news* veiculadas na internet, afetou o processo significativamente. Weber chegou a ser compelida a publicar uma "Carta à Nação Brasileira", para reafirmar a integridade e confiabilidade das urnas eletrônicas.[199] É um assunto recorrente e que, inescapável, sempre demanda que desembargadores dos TREs e ministros do TSE voltem a reafirmar a lisura e segurança do processo, acalmando o eleitorado.

Durante 2018, o TSE teve três presidentes. O ministro Gilmar Mendes, ainda em 2017, criou o Conselho Consultivo sobre Internet e Eleições, órgão interno destinado a aferir a influência dos meios digitais no processo eleitoral e produzir estudos sobre novas regras eleitorais que pudessem diminuir ou controlar seu impacto. O *WhatsApp* já existia há dez anos, o *Twitter* há 12 e o *Facebook* há 14 quando ele deixou o cargo. O sucessor de Gilmar, ministro Luiz Fux, teve atuação mais política.[200]

Enquanto foi presidente, cobrou ativamente os partidos para que não se engajassem na prática de disseminação de desinformação e produção de contrainformação. Afirmou no 28º Congresso Brasileiro de Radiodifusão da Abert, já durante o processo eleitoral e quando não era mais presidente do TSE, que uma candidatura empenhada em divulgar *fake news* poderia ser anulada.[201] Para os brasileiros, isso foi uma postura dura, mas não surpreendente. Para um observador do *New*

199 CARDOSO, M. [ed]. Eleições fora da curva. **Anuário da Justiça Brasil 2019**, Consultor Jurídico, 2019, p.274
200 *Ibidem*, p.274
201 DOCA, Geraldo. Justiça poderá anular candidaturas baseadas em fake news, diz Fux. **O Globo**, 22/08/2018 Disponível em: https://oglobo.globo.com/brasil/justica-podera-anular-candidaturas-baseadas-em-fake-news-diz-fux-23001183 - Acesso em 11/09/2018

York Times presente no evento, e é sempre bom um olhar mais distante para colocar nossa realidade em perspectiva, aquilo foi uma cena de terror. Para os americanos, que não têm um braço federal de legislação jurídica eleitoral, aquela afirmação era equivalente a declarar que um golpe de estado estava em curso. Eu lembro de dar algumas palavras de conforto ao meu prestigioso colega, afirmando com a convicção de um fiel do sistema judicial que aquilo certamente não aconteceria, mas que era uma ameaça necessária para conter a desinformação eleitoral. É difícil compreender o número de formas em que eu estava errado. Um mês depois, Fux proibiu Lula de dar entrevistas da prisão. Proibiu, também, que qualquer entrevista que já tivesse sido feita fosse veiculada na imprensa, num ato explícito de censura prévia ao jornalismo, embasando sua decisão no fato de que o ex-presidente, que era possível candidato até a impugnação da chapa no dia 31 de agosto, poderia confundir o eleitorado com sua fala se parecesse ainda estar na disputa eleitoral.[202] Na visão do ministro, a publicação de uma fala do ex-presidente naquele momento era equivalente a *fake news*.

Apesar disso, a ministra Weber, já no dia da eleição, afirmou que o tribunal ainda estava "entendendo o fenômeno" das notícias falsas e que ele não era de fácil compreensão ou prevenção. Quando o Conselho Consultivo se reuniu, após quatro meses de inatividade, para deliberar sobre o andamento da eleição depois do primeiro turno, a então presidente da alta corte eleitoral estava sob duras críticas. Apenas quando o TSE e o Supremo Tribunal Federal (STF) se tornaram alvo de contrainformação é que o Judiciário se uniu em prol do reforço às instituições.[203]

202 CARDOSO, M. [ed]. Poderes Independentes. **Anuário da Justiça Brasil 2019**, Consultor Jurídico, 2019, p.50

203 CARDOSO, M. [ed]. Eleições fora da curva. **Anuário da Justiça Brasil 2019**, Consultor Jurídico, 2019, p.274-275

Outra forma de dizer isto é que, quando o sistema de urnas eletrônicas e a própria Justiça Eleitoral se viu atacada, o seu foco, que era até então o controle do processo eleitoral e atividade partidária, caiu totalmente por terra, transformando-se em preocupação com a preservação da imagem e lisura das eleições da perspectiva procedimental. Não mais preocupada apenas com combater as *fake news* espalhadas contra candidatos e chapas, a corte teve que dividir sua atenção para defender as urnas e o sistema de apuração de votos. A presidente Weber deixou isso bastante claro quando disse:[204]

> Iniciada a disputa eleitoral propriamente dita no mês de agosto, para além das *fake news* na propaganda eleitoral relativas a partidos e candidatos, sob as quais recaíam até então as preocupações desta casa, fomos surpreendidos por um movimento paralelo de direcionamento maciço de ataques à Justiça Eleitoral, com a divulgação em larga escala de notícias falsas visando ao descrédito da instituição e seus integrantes.

Especialistas apontam, também, para o fato da legislação eleitoral, sempre sob constante mudança,[205] não possuir dispositivos adequados, na forma de regras jurídicas e sanções penais, para o combate às *fake news* e manipulação de informações e dados. Apesar das falas mais fortes feitas durante a Presidência de Luiz Fux, as respostas apresentadas são compostas basicamente por formas de censura, todas combatidas internacionalmente e proibidas pela Constituição Federal.[206]

---

204 MOURA, Rafael Moraes. Fomos surpreendidos por ataques à Justiça Eleitoral nas Eleições, diz Rosa Weber, **O Estado de S. Paulo**, 16/05/2019. Disponível em: https://politica.estadao.com.br/blogs/fausto-macedo/fomos-surpreendidos-por-ataques-a-justica-eleitoral-nas-eleicoes-diz-rosa-weber/?utm_source=twitter:newsfeed&utm_medium=social-organic&utm_campaign=redes-sociais:052019:e&utm_content=:::&utm_term=. Acesso em 13/09/2018

205 CARDOSO, M. [ed.]. As Mentiras que Mexeram na Votação. **Anuário da Justiça Brasil 2019**, Consultor Jurídico, 2019, p.277

206 O ESTADO DE S. PAULO. Procuradora defende 'ação conjunta' para combater fake news nas Eleições. 17/05/2018 Disponível em: https://noticias.uol.com.br/ultimas-noticias/agencia-estado/2019/05/17/procuradora-defende-acao-conjunta-para-combater-fake-news-nas-eleicoes.htm?utm_source=twitter&utm_medium=social-media&utm_content=geral&utm_campaign=noticias. Acesso em 13/09/2018

O que ocorre fora destas possibilidades são processos dentro dos moldes já existentes, garantindo que não há calúnia, difamação e outros crimes contra a imagem e contra a honra. Quando não há um responsável claro pela informação, no entanto, essa resposta é o mesmo que nada.

Uma das alternativas propostas, inclusive, incluía dar "poder de polícia" para permitir que juízes eleitorais removessem *fake news* disseminadas na internet, mesmo sem serem provocados por denúncias ou pelo Ministério Público Eleitoral. O poder de polícia da Justiça Eleitoral é famosamente limitado. Quando Weber assumiu, manteve duas decisões cruciais sobre o tema: a de que a Justiça Eleitoral não buscaria uma definição para o que seriam as *fake news* e a de que seria mantida a crença na capacidade das empresas de mídia digital se autorregularem mais do que a capacidade do tribunal de criar regras para controlar disseminação.[207] Mais uma vez, dado o papel das gigantes digitais na criação da pós-verdade, na radicalização da população e na disseminação de desinformação, essa decisão parece ser de uma miopia quase imensurável.

A principal deliberação da Justiça Eleitoral no período, e que ainda está transcorrendo, começou após publicação da *Folha de S.Paulo*, no dia 18 de outubro de 2018, de texto da jornalista Patrícia Campos Mello alegando que empresários apoiadores da campanha de Bolsonaro contrataram um esquema de disparos em massa de mensagens no aplicativo *WhatsApp* para disseminar contrainformação danosa à imagem de Haddad e do PT. A prática, se confirmada, configura crime eleitoral de doação eleitoral por pessoa jurídica. Os valores não declarados podem, segundo a reportagem, chegar a R$ 12 milhões. Muito

207 MOURA, Rafael Moraes. TSE cogitou dar 'poder de polícia' a juízes contra *fake news*. **O Estado de S. Paulo**, 28/04/2019. Disponível em: https://politica.estadao.com.br/noticias/geral,tse-cogitou-dar-poder-de-policia-a-juizes-contra-fake-news,70002846076?utm_source=estadao:twitter&utm_medium=link. Acesso em 13/09/2019

acerca destas acusações, principalmente o que brotou das revelações na série de reportagens na *Folha de S.Paulo* feitas por Patrícia Campos Mello, já foi à julgamento e foi escrutinado pela comissão parlamentar responsável pela investigação que a eleição provocou, permitindo que muitas informações de bastidores compusessem o livro *A máquina do ódio*, lançado pela jornalista e pela editora Companhia das Letras em 2020.

Após a publicação original da reportagem, advogados do PT pediram ao TSE a abertura de uma ação e investigação judicial para apurar abuso de poder econômico e uso indevido de meios de comunicação. A defesa de Bolsonaro arguiu que há falta de provas de irregularidade.[208] O processo avançou, mas não teve nenhuma repercussão negativa imediata nem encontrou rapidamente culpados ou sequer testemunhas. Nova reportagem da *Folha* localizou na Espanha uma empresa que afirma ter feito disparos em massa para a campanha do PSL, sob contrato de diversas empresas brasileiras.[209]

Em julho de 2019, o deputado Alexandre Leite (DEM-SP) propôs a abertura de uma Comissão Parlamentar de Inquérito (CPI) para apurar o uso de *fake news* nas eleições. Contestada, o ministro Ricardo Lewandowski decidiu por indeferir pedido de suspensão da CPI e permitir que ela fosse instalada no Congresso.[210]

Em agosto de 2019, o empresário Paulo Marinho, ligado ao PSL durante a eleição e, atualmente, filiado ao PSDB do Rio de Janeiro, disse em entrevista ao canal *GobloNews* que tocava um

208 CARDOSO, M. [ed.]. Eleições fora da curva. **Anuário da Justiça Brasil 2019**, Consultor Jurídico, 2019, p.275

209 MELLO, Patrícia Campos. Empresas contrataram disparos pró-Bolsonaro no WhatsApp, diz espanhol. **Folha de S. Paulo**, 18/06/2019. Disponível em: https://www1.folha.uol.com.br/poder/2019/06/empresas-contrataram-disparos-pro-bolsonaro-no-whatsapp-diz-espanhol.shtml?utm_source=app&utm_medium=push&utm_campaign=pushfolha&id=1560846639. Acesso em 11/09/2019

210 COELHO, Gabriela. Lewandowski mantém instalação da "CPI das fake news nas Eleições". **Consultor Jurídico**, 08/08/2019. Disponível em: https://www.conjur.com.br/2019-ago-08/lewandowski-mantem-instalacao-cpi-fake-news-eleicoes?utm_source=dlvr.it&utm_medium=-twitter. Acesso em 11/09/2019

dos núcleos de campanha de Bolsonaro e que ajudou a espalhar desinformação por meio do *WhatsApp*.[211] Em depoimento no mesmo mês ao TSE, Rebecca Félix da Silva Ribeiro Alves, assessora da Presidência desde janeiro de 2019, afirmou que trabalhou na mídia da campanha do PSL e que atuou, inclusive, da casa de Paulo Marinho no Rio de Janeiro e da sede da empresa AM4, destacada na matéria da *Folha de S.Paulo* de outubro de 2018 como uma das distribuidoras de material falsificado nos aplicativos de mensagens.[212] As alegações de Paulo Marinho ganharam contornos ainda mais obscuros quando, algum tempo depois, ele trouxe uma nova revelação, desta vez acusando Flávio Bolsonaro, filho mais velho do presidente e senador da República, e seus advogados, de interferência em investigações de corrupção quando Flávio ainda era deputado estadual. Taxado de oportunista e opositor pelos partidários de Bolsonaro, essa percepção coloriu as acusações anteriores de disseminação de desinformação, desmentidas por outras testemunhas.

Num possível desfecho, não da questão, mas ao menos do processo sobre as alegações sustentadas na reportagem da *Folha de S.Paulo* por Patrícia Campos Mello, o ministro do TSE Jorge Mussi, em setembro de 2019, indeferiu pedido de produção de provas, que levaria a uma investigação mais aprofundada dos agentes responsáveis por bancar os disparos em massa feitos a favor da campanha de Jair Bolsonaro. O ministro alegou que não há prova material no caso e que as acusações feitas na matéria são "genéricas".[213] Menos de um mês

211 ALVE, Chico. Não era fábrica de fake news anti-PT, diz Marinho sobre comitê bolsonarista. **UOL**, 30/08/2019. Disponível em: https://noticias.uol.com.br/politica/ultimas-noticias/2019/08/30/entrevista-paulo-marinho-campanha-bolsonaro-presidente.htm. Acesso em 11/09/2019

212 MILITÃO, Eduardo. Assessora diz que atuou em casa suspeita de enviar fake news pró-Bolsonaro. **UOL**, 15/08/2019. Disponível em: https://noticias.uol.com.br/politica/ultimas-noticias/2019/08/15/assessora-do-planalto-diz-que-viu-encaminhamento-de-fake-news-pro-bolsonaro.htm. Acesso em 11/09/2019

213 COELHO, Gabriela. Mussi indefere pedido de produção de provas em disparos em massa no Whatsapp. **Consultor Jurídico**, 26/09/2019. Disponível em: https://www.conjur.com.br/2019-set-26/tse-bolsonaro-nao-fez-disparos-massa-whatsapp. Acesso em 27/09/2019

depois, no entanto, a administração do *WhatsApp* afirmou que os disparos em massa ocorreram, criando pressão para o prosseguimento das investigações.[214]

Em 30 outubro de 2019, o jornal britânico *The Guardian*, em matéria do jornalista Daniel Avelar, revelou os resultados de uma pesquisa, realizada pelo *WhatsApp Monitor*, um serviço ligado ao projeto internacional *Eleições Sem Fake*, pelo Departamento de Ciências da Computação da Universidade Federal de Minas Gerais, que apontou que a maioria das *fake news* compartilhadas no aplicativo de mensagens *WhatsApp* favoreceram conteúdo ligado à campanha de Jair Bolsonaro.[215]

Numa amostra de 11.957 mensagens virais compartilhadas em 296 grupos na plataforma de mensagens instantâneas durante o período de campanha, aproximadamente 42% dos itens identificados como conteúdo político de direita continham informações determinadas como falsas por agências de checagem. Menos de 3% das mensagens políticas de esquerda continham inverdades. O aplicativo conta com mais de 120 milhões de usuários no país, mais da metade da população de cerca de 210 milhões de habitantes.

As mensagens de extrema-direita, com valores partilhados com a campanha de Bolsonaro, compõem a maioria das desinformações divulgadas nos dois meses em que a campanha efetivamente ocorreu. Quase 48% dessas mensagens mencionavam um plano, absolutamente ficcional, para manipular fraudulentamente o sistema de urnas eletrônicas, dando eco às teorias da conspiração promovidas pelo time do PSL, jogando suspeitas sobre o sistema democrático.

---

214 MELLO, Patrícia Campos. WhatsApp admite envio maciço ilegal de mensagens nas Eleições de 2018. **Folha de S. Paulo**, 08/10/2019. Disponível em: https://www1.folha.uol.com.br/poder/2019/10/whatsapp-admite-envio-massivo-ilegal-de-mensagens-nas-eleicoes-de-2018.shtml?utm_source=twitter&utm_medium=social&utm_campaign=comptw - Acesso em 08/10/2019

215 AVELAR, Daniel. WhatsApp fake news during Brazil election 'favoured Bolsonaro'. The Guardian, Londres, UK, 30/10/2019. Disponível em: https://www.theguardian.com/world/2019/oct/30/whatsapp-fake-news-brazil-election-favoured-jair-bolsonaro-analysis-suggests. Acesso em: 31/10/2019.

Outras 19% das mensagens promoveram informações fraudulentas sobre o ataque sofrido por Bolsonaro em Minas Gerais no início de setembro de 2018. As acusações de corrupção contra o sistema político e a mídia jornalística buscaram deslegitimar sua autoridade e, refletindo a retórica de Bolsonaro, representaram 16% das mensagens. Cerca de 14% das inverdades que viralizaram nos grupos focaram em ataques a políticos e ativistas de esquerda, usando linguagem homofóbica e antifeminista. De acordo com o *The Guardian*, essas mensagens foram divulgadas através dos disparos em massa feitos por empresas especializadas, ecoando os traços do esquema denunciado por Patrícia Campos Mello na *Folha de S.Paulo*.

Nos 21 dias que antecederam o segundo turno, o PSL ajuizou 40 ações no TSE, uma delas pedindo uma investigação judicial e cassação da candidatura de Fernando Haddad por causa de reportagens sobre o uso de disparo em massa pela campanha de Bolsonaro. A coligação petista ajuizou, no mesmo período, representações contra mais de 100 alegações de *fake news* divulgadas pela candidatura adversária.[216]

E foi isso. Jair Bolsonaro venceu, houve uma transição e um novo governo começou no dia 1 de janeiro de 2019. Fundado em agressões à mídia, intolerância política, religiosa e de gênero, discriminação racial e um retrocesso civilizacional sem precedente na história recente do país. As forças que impulsionaram a campanha e os disparos em massa receberam sua recompensa: acesso às entranhas do poder, ao dinheiro público, aos contratos com o Estado, a certa imunidade implícita e invisível destinada aos bons amigos do rei. Da mesma forma que a vitória de Trump preencheu mais da

216 CARDOSO, M. Eleições fora da curva. **Anuário da Justiça Brasil 2019**, Consultor Jurídico, 2019, p.275

metade dos norte-americanos de surpresa e uma sensação de derrota e medo, no Brasil uma grande parte da população pode prever o que aconteceria, como a violência passaria de palavras a ações, como se daria o desmonte do Estado, como o sistema político se deformaria para acomodar o capital político do presidente eleito com mais de 57 milhões de votos em busca de retomar sua primazia e seu controle das contas e do poder do governo federal.

Ninguém poderia prever os detalhes, no entanto, nem os inúmeros ardis, as manipulações da verdade, as repetições constantes dos mesmos comandos à base e os retornos à facada, à luta contra a esquerda e outras figuras do folclore eleitoral que ditariam a organização política do bolsonarismo. Não havia como divinar que o Congresso produziria Arthur Lira e que os partidos do centrão se apoderariam das rédeas orçamentárias do país com as bênçãos de Bolsonaro e com punhos de ferro como a República jamais viu, nem que o presidente perseguiria o Judiciário da forma mais torpe imaginável, explorando as fragilidades e falhas do sistema para pôr em dúvida todas as instituições. Da mesma forma que não poderiam prever a pandemia de covid-19, ou a guerra na Ucrânia, ou a invasão do Capitólio no dia 6 de janeiro de 2021. O que estava claro, no entanto, era como a moeda corrente do poder bolsonarista seria, como na campanha, a mentira dita abertamente e sem vergonhas, a marca e a produtora maior da pós-verdade.

7

Saindo das cinzas

No dia 6 de janeiro de 2021, os riscos da desinformação se materializaram de forma assustadora para qualquer um que estivesse acompanhando com ao menos um mínimo grau de atenção a evolução da pós-verdade. Da mesma forma que a eleição presidencial de 2016 nos Estados Unidos foi uma referência neste processo, mesmo que não um marco inicial, aquela semana fria em Washington mudaria o mundo e como pensamos nele. Especialmente no Brasil, onde a sensação claramente é de que seremos os próximos. Os próximos pegos no turbilhão, os próximos na mira de uma campanha de terror, os próximos a sermos vítimas de um processo de desvalorização da democracia.

Mas vamos por partes.

Joe Biden, vice-presidente na chapa com Barack H. Obama de 2008 a 2016, derrotou Donald Trump pela margem de 7,052 milhões de votos (3,4% do total)[217] e 74 votos eleitorais.[218] Era a primeira semana de novembro de 2020. A campanha tinha sido marcada pelo compartilhamento de mentiras camufladas como campanha política, das estranhas (que Biden é um

217 SULLIVAN, Eileen. Biden's popular-vote lead grows to 5 million as counting continues, **New York Times**, 11/11/2020. Disponível em: https://www.nytimes.com/2020/11/11/us/bidens-popular-vote-lead-grows-to-5-million-as-counting-continues.html Acesso em 19/11/2021
218 GABRIEL, Trip; HOLDER, Josh; PAZ, Isabella Grullón. Biden's 306 Electoral College Votes Make His Victory Official, **New York Times**, 14/11/2020. Disponível em: https://www.nytimes.com/interactive/2020/12/14/us/elections/electoral-college-results.html Acesso em 19/11/2021

socialista[219]) às paranoicas (que Kamala Harris, vice de Biden, assumiria a Presidência em menos de um mês[220]), passando pelas simplesmente insanas (o homem se passando por Biden é um impostor, colocado na competição pela Casa Branca pelos líderes do Estado profundo, como parte de uma conspiração criminosa satânica de pedófilos que só pode ser derrotada por Donald Trump, uma vez que o verdadeiro Biden já foi preso e executado na prisão de Guantánamo Bay por traição cometida contra os Estados Unidos[221]), algumas delas disseminadas pelo candidato e então incumbente do cargo de presidente e outras, com a sua aprovação mesmo que sem seu envolvimento.

Chegando próximo do dia do pleito, o resultado ainda estava indefinido aos olhos dos analistas. O voto das minorias nos centros urbanos e os votos antecipados e pelo correio pareciam muito mais importantes e decisivos do que qualquer narrativa fantasiosa que saísse dos gabinetes de Trump. Só que as coisas começaram a mudar e a ficar cada vez mais atípicas e peculiares. Donald Trump começou a dar sinais de inconformismo. Na penúltima semana de setembro, ele estava falando sobre garantir uma maioria de juízes conservadores na Suprema Corte, caso o "esquema Democrata" chegasse lá.[222] Ele passou a colocar em dúvida a lisura da eleição e a possibilidade de uma resolução "honesta" para a contagem de votos.[223]

---

219 TANKERSLEY, Jim. Why Trump's Efforts to Paint Biden as a Socialist Are Not Working, **New York Times**, 14/10/2020. Disponível em: https://www.nytimes.com/2020/10/14/business/socialist-biden-trump.html Acesso em 19/11/2021

220 KAPUR, Sahill. Stoking his base, Trump warns of a Kamala Harris presidency, **NBC News**, 22/09/2020. Disponível em: https://www.nbcnews.com/politics/2020-election/stoking-his-base-trump-warns-kamala-harris-presidency-n1240492 Acesso em 19/11/2021

221 ROSEMBERG, Matthew. Republican Voters Take a Radical Conspiracy Theory Mainstream, **New York Times**, 19/10/2020. Disponível em: https://www.nytimes.com/2020/10/19/us/politics/qanon-trump-republicans.html Acesso em 19/11/2021

222 BAKER, Peter. Trump says he wants a conservative majority on the Supreme Court in case of an Election Day dispute, **New York Times**, 23/09/2020. Disponível em: https://www.nytimes.com/2020/09/23/us/elections/trump-supreme-court-election-day.html Acesso em 19/11/2021

223 COCHRANE, Emily; EPSTEIN, Reid J.; THRUSH, Glenn. Trump Again Sows Doubt About Election as G.O.P. Scrambles to Assure Voters, **New York Times**, 24/09/2020. Disponível em: https://www.nytimes.com/2020/09/24/us/politics/trump-republicans-election-transition.html Acesso em 19/11/2021

Tornou-se claro que, mesmo que a vitória fosse indiscutível, Democratas não concederiam a derrota no Colégio Eleitoral ou nas urnas até que o último recurso judicial fosse julgado e o núcleo duro dos apoiadores de Trump não concederiam jamais. No entanto, a cúpula de políticos Republicanos no Capitólio, principalmente a filha do ex-vice-presidente Dick Cheney, Liz, o líder da maioria Mitch McConnell e um dos candidatos Republicanos em 2016, Marco Rubio, passaram a afirmar categoricamente em público que garantiriam a "transmissão pacífica de poder".

Apesar disso, a imprensa começou a circular, cautelosamente, a ideia de que conceder a derrota (ou não) não faria diferença alguma. Colunas de opinião e reportagens reafirmaram,consolaram e tranquilizaram o público nesse sentido: mesmo se Trump não aceitasse que perdeu, no dia 20 de janeiro um novo presidente estaria na Casa Branca e ele estaria de volta à sua residência privada. Para quem estava prestando atenção na campanha do Republicano, isso poderia causar mais ansiedade do que alívio.

O momento da votação era, também, o início da chamada "segunda onda" – quando haveria um novo pico de infecções e mortes causadas pela Covid-19. Na última semana de outubro, cerca de 85 mil americanos se infectavam com a doença todos os dias e, até o dia da eleição, quatro de novembro, 200 mil norte-americanos já haviam sucumbido por causa do novo coronavírus. As vacinas ainda estavam sendo testadas e todas as pessoas tinham medo de quebrar o isolamento social para irem votar. Isto é, todas menos as Republicanas. Os fiéis eleitores de Trump já haviam se dividido em campos diferentes de negação da ciência por meio de desinformação há meses naquele momento. Havia os que negavam a efetividade das máscaras, que falavam contra o isolamento social pelo seu impacto econômico e social, que duvidavam da letalidade da doença e, até, punham em dúvida a própria existência da Covid. Para muitos deles, a histeria criada em torno do coronavírus era uma forma de controle, assustando as pessoas a ficar em casa e não votar, o que, supostamente, garantiria uma vitória de Joe Biden. Para outros a questão era mais complicada.

A administração Trump efetivamente desacelerou o serviço dos correios no período imediatamente antes e durante a campanha presidencial.[224] O presidente indicou o seu apoiador Louis DeJoy, um grande doador para o Partido Republicano, mas sem experiência nenhuma em administração de serviços postais ou de entregas, para o mais alto cargo dentro do USPS (Serviços Postais dos Estados Unidos) e ele imediatamente colocou em prática medidas que deveriam aumentar a eficiência do órgão, cujo orçamento vinha encolhendo nos últimos anos. O resultado dessas medidas foi que as entregas dentro do prazo caíram de 93% no momento da posse de DeJoy para menos de 83% no mês seguinte, sendo que o objetivo da empresa estatal é 95%. Isso levou Democratas e pessoas comuns a entrarem na Justiça contra as medidas e um juiz federal deferiu os pedidos de suspensão das novas práticas na segunda quinzena de setembro.[225] Os serviços começaram a se normalizar a partir daí, mas o estrago na confiança do público num serviço – que sempre fora essencial – para fazerem valer seu voto já estava feito. Só que, estranhamente, os Republicanos e apoiadores de Trump foram os que mais completamente abraçaram este receio.

---

224 CHANG, Alvin; LEVINE, Sam. Revealed: evidence shows huge mail slowdowns after Trump ally took over, **The Guardian**, 21/09/2020. Disponível em: https://www.theguardian.com/us-news/2020/sep/21/usps-post-office-mail-slowdowns-louis-dejoy Acesso em 19/11/2021

225 BOGAGE, Jacob; VIEBECK, Elise. Federal judge temporarily blocks USPS operational changes amid concerns about mail slowdowns, election, **The Washington Post**, 17/09/2020. Disponível em: https://www.washingtonpost.com/politics/federal-judge-issues-temporary-injunction-against-usps-operational-changes-amid-concerns-about-mail-slowdowns/2020/09/17/34fb85a0-f91e-11ea-a275-1a2c2d36e1f1_story.html Acesso em 19/11/2021

Ainda assim, milhões de americanos votaram remotamente e, na sua maioria, escolheram os Democratas. Esse movimento assegurou a vitória de Joe Biden e foi o começo do pesadelo. Com os votos presenciais apurados com maior agilidade e, nestes, uma preponderância da presença dos Republicanos – céticos sobre a Covid e a eficiência dos correios, mas motivados a comparecer às urnas e reeleger Trump – o presidente correu para o teclado e para a frente das câmeras para se declarar vitorioso,[226] exatamente como estava claro que ele faria.[227] É até difícil imaginar que alguém acreditaria ser possível ganhar uma disputa presidencial com uma estratégia assim, mas Trump não é uma pessoa qualquer, nem as pessoas com as quais ele se cerca o são. Não só ele declarou, ainda na madrugada após o fim da votação, que havia ganho a eleição com milhões de votos ainda sendo contados na maioria dos estados, como as mentiras se acumularam ao ponto de ser complexo desfazer o emaranhado. Segundo Trump, a contagem de votos, o recebimento de cédulas eleitorais pelo correio e a contabilização de votos antecipados após o fechamento dos locais de votação presencial eram parte de um esquema nefasto para fraudar a eleição, cada um deles fraudulentos e ilegais por si só. Os Democratas estavam tentando roubar a eleição. Mesmo considerando que todas estas modalidades alternativas de votação estivessem devidamente regulamentadas e fiscalizadas.

Até para as plataformas digitais, que relutaram o quanto puderam em censurar um usuário com uma base tão grande e tão afeito a mentir sem nenhum escrúpulo, essa foi a gota d'água, e o processo de banimento de Trump das plataformas

226 DWOSKIN, Elizabeth; KELLY, Heather; STANLEY-BECKER, Isaac. Trump's early victory declarations test tech giants' mettle in policing threats to the election, **The Washington Post**, 04/11/2020. Disponível em: https://www.washingtonpost.com/technology/2020/11/03/misinformation-election-social-text/ Acesso em 19/11/2021

227 ROMANO, Aja. Trump's possible election night plan: Claim victory before enough votes are counted, **VOX**, 02/11/2020. Disponível em: https://www.vox.com/2020/11/2/21545670/trump-may-declare-early-election-victory-legal-challenge Acesso em 19/11/2021

digitais começou com uma série de rótulos nas publicações do presidente e dos seus apoiadores, afirmando que o conteúdo das postagens continha conteúdo parcial ou totalmente questionável e poderia ser enganoso quanto ao processo eleitoral e outros processos cívicos. Todos os veículos relevantes abandonaram suas objeções formais e chamaram as alegações de "mentiras" e até "uma torrente de falsidades", mas sem efeito. Após anos de desvalorização da mídia, demonização dos adversários e deslegitimação dos especialistas que poderiam falar contra o que estava acontecendo, a maior parte da base de apoio de Trump comprou a história como verdadeira. Muito pelos mesmos motivos, seus opositores consideraram a ameaça contida nesta mentira como absurda.

Naquela noite, enquanto os trabalhos de apuração aconteciam dentro da normalidade, centenas de ativistas políticos e operativos partidários, afinados com a mensagem de Trump, se mobilizaram para articular um movimento ímpar nas últimas décadas nos Estados Unidos. Um grupo foi criado no *Facebook* na madrugada do dia 5 de novembro de 2020 chamado *Stop the Steal* com uma única mensagem postada, dizendo "Bem-vindos" ao "Parem o Roubo" (em tradução livre nossa). Uma hora mais tarde, foi adicionado ao grupo de eleitores Republicanos em frente a um dos locais de apuração gritando "Parem a contagem!". Era apenas uma das muitas manifestações daquele tipo que ocorriam pelo país e pululavam por todas as redes sociais, inspirando outras pessoas a seguir o exemplo ou a sair às curras em movimento contrário, pedindo pela continuação da contagem. As alegações de quem pedia o fim da apuração eram as mais variadas, desde contagem indevida de votos, omissão de votos de distritos Republicanos, carros suspeitos carregando sacos cheios de cédulas de votação, cédulas descartadas em córregos, fiscais sendo impedidos de chegar próximos dos locais de apuração, pessoas votando depois do fechamento das urnas, votos de pessoas mortas ou registradas em outros estados ou imigrantes ilegais. A diferença foi que, naquele grupo, a postagem foi compartilhada milhares de vezes em poucos segundos, com a legenda "Biden está roubando os votos. Isso é injusto", e o número de membros cresceu na maior velocidade já vista naquela rede social. Em determinado momento, o grupo ganhava 100 novos membros a cada dez segundos. Em menos de 24 horas, ele já contava com mais de 320 mil participantes e as denúncias delirantes de fraude já tinham se transformado em ameaças de violência e chamadas à ação. O *Facebook*, então, decidiu fechar o grupo,[228] mas centenas de outros, espelhos ou fragmentos do grupo original já tinham se espalhado pela plataforma e para outras redes sociais.

O terreno para plantar essa suspeita estava sendo preparado há meses. A primeira vez que Trump falou publicamente da ameaça de uma fraude eleitoral ou de um pleito arranjado naquele ano, retomando um de seus temas favoritos de 2016, foi em 14 de abril de 2020, em uma postagem na plataforma *Twitter*. Até a eleição, Trump repetiu a prática outras 70 vezes.[229] E nem todo o material de desinformação chegava à internet pelas contas presidenciais, nem a de seus assessores mais próximos. As redes sociais já estavam transbordando de conteúdo inverídico e mentiroso, capaz de enganar pessoas buscando informações reais sobre a eleição e seus possíveis candidatos 16 meses antes do dia da votação, segundo documentos internos do próprio *Facebook*, revelados quase um ano mais tarde da

---

228 FRENKEL, Sheera. The Rise and Fall of the 'Stop the Steal' Facebook Group, **New York Times**, 05/11/2020. Disponível em: https://www.nytimes.com/2020/11/05/technology/stop-the-steal-facebook-group.html Acesso em 19/11/2021

229 SPRING, Marianna. 'Stop the steal': The deep roots of Trump's 'voter fraud' strategy, **BBC.com**, 23/11/2020. Disponível em: https://www.bbc.com/news/blogs-trending-55009950 Acesso em 21/11/2021

vitória de Joe Biden.[230] Naquele primeiro momento, o gigante das redes digitais já havia detectado que uma conta qualquer, criada como experimento e sem nenhum conjunto de dados previamente associados a ela, começava a visualizar conteúdos associados à teoria da conspiração QAnon após uma semana de sua entrada na plataforma. Dois dias depois da votação, funcionários monitorando a atividade dos usuários detectaram que "desinformação inflamatória sobre as eleições" estava aparecendo nos comentários de diversas postagens. Este foi o mesmo dia que o *Facebook* decidiu derrubar o grupo *Stop the Steal*. Quatro dias depois disso, um cientista de dados trabalhando para a empresa relatou que 10% de todo o material visualizado na plataforma por usuários nos Estados Unidos e que possuía conteúdo político era uma peça alegando que a eleição havia sido fraudada.

O *Facebook*, quatro anos depois, foi fundamental para que os grupos de extrema-direita se articulassem e se organizassem para disseminar a mensagem de que os Democratas tinham roubado a vitória das mãos de Donald Trump e que algo, o que quer que fosse, precisava ser feito. A partir dali, surgiram algumas datas cruciais. Para a oposição que já acumulara experiência lidando com as conspirações durante a Presidência de Trump, aquilo não tinha nada de novo. Durante os quatro anos anteriores, os gurus do QAnon tinham sugerido diversas datas para o começo da "limpeza do pântano", ou para "a Tempestade", um dia em que os grandes nomes do Partido Democrata seriam presos e desmascarados e que o Exército elevaria Trump ao posto de ditador vitalício. Estas datas vinham e iam e nada acontecia, apenas novas teorias surgiam de porque o tão esperado resultado tinha sido adiado,

230 FRENKEL, Sheera; MAC, Ryan. Internal Alarm, Public Shrugs: Facebook's Employees Dissect Its Election Role, **New York Times**, 22/10/2021. Disponível em: https://www.nytimes.com/2021/10/22/technology/facebook-election-misinformation.html Acesso em 29/11/2021

ou porque as autoridades decidiram mais uma vez esconder o que de fato estava acontecendo em Washington. A teoria, que ficou grande o suficiente para chegar no Brasil em postagens de ideólogos da extrema-direita local como Allan dos Santos, dava conta que Trump havia permitido a vitória de Biden, apesar de ter provas abundantes de fraudes e irregularidades, e que permitiria que a eleição fosse confirmada pelo Congresso, o que, segundo os conspiracionistas, configuraria o mais alto crime de punição, levando as Forças Armadas a enforcar em praça pública os envolvidos e reempossando Trump. E eu acho que eu mesmo perdi um pouco da minha sanidade só por ter escrito isso, mas sigamos.

A data escolhida pelos trumpistas desta vez foi o 6 de janeiro. O Congresso entraria em recesso durante as festas de final de ano (que nos EUA inclui o feriado de Ação de Graças, o *Thanksgiving*, no final de novembro) e retornaria para o procedimento de validação da eleição. Os congressistas seriam apresentados oficialmente com os votos dos eleitores designados de cada estado que formam o Colégio Eleitoral, julgariam se todos estes eleitores são fidedignos e se seus votos são válidos, se pronunciariam a favor ou contra a ratificação da votação e, por último, o vice-presidente Mike Pence certificaria a eleição. Tudo isso é apenas uma formalidade, um ritual de passagem que nunca teve qualquer impacto numa eleição norte-americana nem na posse do candidato mais votado algumas semanas depois, tradicionalmente no dia 20 de janeiro. Para os apoiadores do presidente, aquela seria a data limite para tomar alguma ação para impedir a posse de Biden.

Não que eles tenham esperado sentados. Empoderados pelas recentes indicações de Trump à Suprema Corte – três dos nove juízes que compõem a corte foram escolhidos desde 2017 – 11 processos judiciais foram abertos na semana após a eleição com a intenção de reverter o resultado da eleição em quatro estados-chave para tentar dar a vitória a Trump: Nevada, Geórgia, Pensilvânia e Michigan. Os pedidos eram variados. De tentativas de parar a contagem de votos em estados em que Trump via sua vantagem em declínio a pedidos para invalidar centenas de milhares de votos.[231] Na Geórgia, o presidente tentou tomar um atalho, pressionando o secretário de Estado responsável pelo pleito estadual para "achar" cerca de 11 mil votos, o número que ele precisava para declarar-se vitorioso.[232] Nos meses seguintes, os Republicanos ainda pediriam recontagens e auditorias independentes das votações na Florida, Arizona, Wisconsin, Ohio e na Geórgia, os votos precisaram ser recontados à mão, tão próxima foi a votação entre os dois candidatos. Uma a uma, cada recontagem confirmava a vitória de Biden e cada decisão confirmava a futilidade das demandas judiciais em favor da campanha de Trump. Não havia indício de qualquer fraude e, até o dia 13 de dezembro, Trump já havia sofrido revezes decisivos em 18 ações na justiça.[233] No dia 10 daquele mês, a Suprema Corte dos Estados Unidos deu decisão contendo exatamente uma frase: "O pedido de alívio injuntivo (para reverter o resultado da eleição na Pensilvânia) apresentado ao juiz Alito e por ele referido a esta corte foi negado". Foi o suficiente para o esforço de Trump no Judiciário ser pronunciado morto, após 50 disputas e 50 derrotas em diversas esferas administrativas.[234]

---

231 CORASANITI, Nick; EPSTEIN, Reid J.; FEUER, Alan; RUTENBERG, Jim. Where the Election Fight Is Playing Out in the Courts, **New York Times**, 07/11/2020. Disponível em: https://www.nytimes.com/2020/11/06/us/politics/election-courts.html Acesso em 29/11/2021

232 SAUL, Stephany; SHEAR, Michael D. Trump, in Taped Call, Pressured Georgia Official to 'Find' Votes to Overturn Election, **New York Times**, 03/11/2020. Disponível em: https://www.nytimes.com/2021/01/03/us/politics/trump-raffensperger-call-georgia.html Acesso em 29/11/2021.

233 BAZELON, Emily. Trump Is Not Doing Well With His Election Lawsuits. Here's a Rundown., **New York Times**, 13/12/2020. Disponível em: https://www.nytimes.com/2020/11/13/us/politics/trump-election-lawsuits.html Acesso em 29/11/2021

234 LIPTAK, Adam. Supreme Court Rejects Republican Challenge to Pennsylvania Vote, **New York Times**, 08/12/2020. Disponível em: https://www.nytimes.com/2020/12/08/us/supreme-court-republican-challenge-pennsylvania-vote.html Acesso em 29/11/2021

No Legislativo, no entanto, a briga estava bem viva. No dia antes do anúncio da decisão da Suprema Corte, a maioria dos representantes Republicanos no Congresso declarava seu apoio à Trump e à sua decisão de não reconhecer a derrota. Mesmo com o risco que isso apresentava à democracia, se mantinham solidários ao presidente e à narrativa de suspeita de fraudes generalizadas durante a votação e apuração. Os poucos que se mantinham reticentes afirmavam defender o direito de Trump de contestar os resultados, mas já apontavam que a campanha não estava fazendo um bom trabalho em apresentar fatos.[235] As derrotas no campo judicial limitaram o apoio de Trump a uma posição estática, aguardando o momento em que poderiam agir de forma efetiva. Uma pesquisa do *Washington Post* mostrou que apenas dois dos 249 Republicanos no Legislativo Federal apoiavam incondicionalmente a mentira da vitória de Trump na metade do mês de dezembro de 2020 e diziam que não aceitariam de forma alguma a posse de Biden.[236] No entanto, apenas 118 não expressavam apoio às tentativas do presidente de contestar o resultado, incluindo a ação judicial levada por 126 congressistas pedindo que os votos em quatro estados fossem invalidados, uma vez que estes decidiram expandir as previsões para receber votos pelo correio e a demanda era que esta expansão fosse considerada ilegal pela Suprema Corte.[237] Mais de 81% não responderam as perguntas do jornal ou não deixaram sua posição clara, no entanto, o que

235 COCHRANE, Emily; FANDOS, Nicholas. Republicans Back Trump's Refusal to Concede, Declining to Recognize Biden, **New York Times**, 09/11/2020. Disponível em: https://www.nytimes.com/2020/11/09/us/politics/republicans-trump-concede-2020-election.html Acesso em 29/11/2021.

236 REDAÇÃO DO WASHINGTON POST. Where Republicans in Congress stand on Trump's false claim of winning the election, **The Washington Post**, 15/12/2020. Disponível em: https://www.washingtonpost.com/graphics/2020/politics/congress-republicans-trump-election-claims/ Acesso em 29/11/2021

237 SOLENDER, Andrew. 126 House Republicans Now Support Lawsuit To Overturn Election In Updated Brief, **Forbes.com**, 11/12/2020. Disponível em: https://www.forbes.com/sites/andrewsolender/2020/12/11/126-house-republicans-now-support-lawsuit-to-overturn-election-in-updated-brief/?sh=40aa0504e5db Acesso em 29/11/2021

na linguagem da política norte-americana quer dizer "eu vou me posicionar quando e como for mais interessante para mim".

Aos poucos, no entanto, as predileções pelo plano de bloquear a posse do candidato Democrata negando a certificação da decisão do Colégio Eleitoral começaram a ficar mais claras. No dia 2 de janeiro, 11 senadores Republicanos desafiavam o líder Mitch McConnell, senador do estado de Kentucky que lutava para que seus companheiros de partido não fizessem nada que colocasse em dúvida a lisura do processo eleitoral, e defendiam que a validação dos resultados fosse postergada, pendendo o resultado de uma auditoria de emergência de dez dias.[238] Essa movimentação antecipava a posse do novo Congresso, que assumiu no dia 3 de janeiro com uma maioria menor de Democratas e, após uma eleição em segundo turno apertada, um empate técnico no Senado resolvido apenas pelo voto de Minerva garantido ao vice-presidente – que seria Kamala Harris após a posse, mas que até lá ainda seria Mike Pence.

O quieto, religioso e tímido político e radialista do estado de Indiana ficou na mira dos apoiadores do seu companheiro de chapa. Num discurso na Geórgia em janeiro, Pence falava da importância de eleger um Republicano para o Senado e manter a maioria Republicana naquele órgão quando alguém gritou da multidão: "O importante é você fazer a coisa certa no dia 6 de janeiro". Era apenas um eco do que Trump estava dizendo numa parada de campanha não muito longe dali, reclamando para uma multidão de eleitores que "espero que Mike Pence corresponda àquilo que queremos, vou falar isso a vocês, porque se ele não corresponder eu não vou mais gostar dele tanto assim".[239]

---

238 DAWSEY, Josh; RUCKER, Philip. Growing number of Trump loyalists in the Senate vow to challenge Biden's victory, **The Washington Post**, 02/01/2021. Disponível em: https://www.washingtonpost.com/politics/senators-challenge-election/2021/01/02/81a4e5c4-4c7d-11eb-a9d9-1e3ec4a928b9_story.html Acesso em 29/11/2021

239 HABERMAN, Maggie; KARNI, Annie. Pence's Choice: Side With the Constitution or His Boss, **New York Times**, 04/01/2021. Disponível em: https://www.nytimes.com/2021/01/04/us/politics/pence-trump.html Acesso em 29/11/2021

Foi só mais uma afirmação de Trump em meio às dezenas feitas durante meses de reclamações e chamados a linchamentos virtuais daqueles que Trump enxergava como fazendo corpo mole para não o ajudar a reverter a eleição. É preciso levar em consideração o estado de espírito dos seus apoiadores fiéis naquele momento. O conjunto da obra é que uma massa de conservadores e apoiadores radicalizados foram deixados espumando de raiva, acreditando que, não bastasse os Democratas – pintados por seus líderes e suas comunidades como comunistas, satanistas, pedófilos e corruptos – estarem roubando a eleição, raptando o país e fazendo refém a democracia, os líderes Republicanos estavam traindo Trump, deixando-o isolado e sem recurso, acovardados demais para atenderem aos seus deveres de carregar o empresário nova-iorquino para seu segundo mandato.

A desconfiança na mídia tradicional serviu como força para ampliar a radicalização dessa massa. Poucos dias depois da eleição, uma pesquisa da *Reuters* mostrava que o nível de confiança nos veículos jornalísticos seguia tendências opostas dependendo da orientação política dos entrevistados.[240] Enquanto em 2015 25% dos Republicanos consultados diziam confiar na mídia, em 2020 apenas 13% responderam positivamente (sem sequer levar em consideração as fontes de informação consideradas aqui como jornalismo ou mídia) e 39% dos Democratas em 2020 diziam confiar em jornalistas contra 35% cinco anos antes. Essa é uma tendência que a administração Biden não conseguiu reverter nos seus primeiros seis meses no cargo, mas isso é um assunto para daqui a pouco. Num ambiente em que 48% dos que responderam à pesquisa afirma consumir conteúdo jornalístico principalmente por meio das

240 SATARIANO, Adam. Republican distrust of news may be helping election misinformation spread, **New York Times**, 12/11/2020. Disponível em: https://www.nytimes.com/2020/11/12/technology/republicans-distrust-news-media.html Acesso em 29/11/2021.

redes sociais, existe um altíssimo potencial para a desinformação. Com a perda da fé nos veículos compromissados com relatos factuais e uma demanda inalterada por informações, novos e velhos agentes interessados em disseminar narrativas partidárias e inflamatórias cresceram em popularidade, como os canais de notícias *One America Network* e *Newsmax*, que tiveram ainda menos escrúpulos em veicular contrainformação sobre a eleição, o novo coronavírus e, de muitas formas, qualquer tópico que pudesse alimentar a máquina de lucrar com os sentimentos de revolta do que, por exemplo, o canal *Fox News*, que apoiou Trump por muito do seu mandato incondicionalmente, mas que se recusou a veicular sem críticas a informação de que a eleição havia sido fraudada. Durante uma entrevista coletiva da secretária de Comunicação da Casa Branca, Kayleigh McEnany, a *Fox* surpreendentemente cortou a fala da porta-voz oficial de Trump quando ela começou a falar de votos fraudados, com o apresentador Neil Cavuto afirmando:

> Eu acho que eu preciso ser muito claro aqui. Ela está acusando o outro lado de convidar as pessoas a fraudar e aceitando votos ilegais. A não ser que ela tenha mais detalhes para embasar isso, eu não posso de boa-fé continuar a mostrar isso a vocês. Eu quero me certificar de que eles tenham, talvez, alguma coisa como base, mas esta é uma acusação explosiva, de que o outro lado está efetivamente roubando e trapaceando. Se ela trouxer alguma prova disso, claro que nós levaremos [a audiência] de volta. Mas até agora ela só falou [a acusação]. Calma lá![241]

Não que a *Fox* tenha mantido essa posição por muito tempo, rapidamente passando a dar espaço desproporcional aos conspiracionistas e comunicadores de direita que agiam para disseminar a certeza de algo de ilegal ou suspeito tinha

241 SULLIVAN, Helen. 'Whoa' – Fox News cuts off Kayleigh McEnany for 'illegal votes' spiel , **The Guardian**,10/11/2020. Disponível em: https://www.theguardian.com/us-news/2020/nov/10/whoa-fox-news-cuts-off-kayleigh-mcenany-for-votes-spiel Acesso em 29/11/2021.

acontecido durante a votação, ou durante a apuração dos votos. O ponto é que sites especializados como o *Politico.com* apontavam que 70% dos eleitores Republicanos afirmavam que não confiavam que as eleições tivessem ocorrido de forma livre e justa nos dias seguintes ao pleito e as câmaras de eco republicanas e os veículos simpáticos à linha partidária estavam alimentando essa percepção. Do outro lado da questão, a imprensa séria, que tentava expor as mentiras do presidente pelo que elas realmente eram, poderia muito bem gritar com cegos-surdos e ter a mesma efetividade. Sem credibilidade, nenhuma das suas objeções, reportagens ou especialistas conseguiam impactar a opinião dos Republicanos.

Arrastada para a mesma vala, a Academia foi incapaz de produzir uma narrativa de impacto amplo no discurso público, apesar dos esforços de milhares de professores e pesquisadores. Incontáveis professores de Direito Constitucional e de História falaram sobre quão atípica e perigosa a postura de Trump, que se recusara a admitir a derrota e participar do processo de transição para uma nova administração, era para a democracia, predicada na transmissão pacífica do poder. Mas a campanha de Trump para desacreditar instituições de ensino superior não se limitou ao período eleitoral. Em todos os estados, políticos e operativos Republicanos atuando no Legislativo e em conselhos administrativos de escolas, associações de pais, grupos de alunos organizados por interesses políticos e outros movimentos conservadores trabalharam diligentemente para convencer a população em geral que o ensino superior norte-americano estava tomado por uma classe de elitistas, comunistas, liberais, progressistas e hipócritas de todas as vertentes. Professores e alunos, administradores e conselheiros passaram a ser patrulhados e acusados de defender medidas de inclusão e diversidade que feriam e excluíam a comunidade local, uso indevido de fundos para promover medidas pouco efetivas de assistência social e discriminatórias contra homens norte-americanos, heterossexuais e brancos. A guerra cultural passou a ser a língua mais comumente utilizada nos campi universitários.

O professor de Teoria Política da Universidade de Nebraska, Ari Kohen, foi ao *Twitter* com uma longa série de postagens falando sobre o ataque sistemático à reputação das universidades e descreve com bastante exatidão o processo que se desdobrou ao longo dos últimos anos. As comunidades, que antes tinham orgulho das suas instituições de ensino superior e confiavam seus filhos a elas, passam a ser seduzidas por políticos oportunistas. A estratégia nos Estados Unidos é dizer que as universidades, na sua maioria localizadas em cidades pequenas do interior na maioria dos estados, não respeita os valores das populações locais. Pelo contrário, elas promovem políticas opressivas às pessoas politicamente, socialmente e religiosamente conservadoras e ensinam as gerações de jovens a odiar estes princípios conservadores. Os políticos conservadores tendem a ser bem-sucedidos em convencer as comunidades disso, uma vez que vão acusar professores e instituições de fazer o que quer que seja a mais recente narrativa disseminada por canais conservadores sobre ideias liberais e progressistas para subverter a ordem estabelecida, reforçando medos e paranoias locais. A primeira resposta das universidades, no entanto, é negociar com os extremistas que gritam sobre as mais novas teorias da conspiração, de forma que um professor mais controverso, ou um tópico mais sensível que entraria num plano de aula, uma nova política de inclusão racial acaba ficando de fora dos planos para o próximo ano acadêmico.[242]

242 KOHEN, Ari. **Twitter**, 29/11/2021. Disponível em: https://twitter.com/kohenari/status/1465424429412986890 Acesso em 01/12/2021.

Só que estas vozes radicais não querem negociar, e vão ver a concessão feita como uma forma de fraqueza, um sinal para avançar e tentar tomar mais porque este era o plano desde o início.[243] Eles vão pedir que o professor que queria ensinar a controvérsia seja demitido, ou o administrador que o contratou, ou quem propôs a política de inclusão, pois o objetivo é destruir o sistema de educação público norte-americano. Segundo Kohen, tudo isso tem um objetivo claro:

> Eles querem substituir membros do conselho administrativo das escolas, ditar o currículo, vetor tópicos aos quais eles se opõem, escolher os livros das bibliotecas, consolidar todas as decisões sobre educação no gabinete do governador. Mas o que eles REALMENTE querem é tomar o orçamento das escolas públicas e destiná-lo para escolas religiosas privadas.[244]

Há bom motivo para a existência simbiótica deste movimento nacional, mas com raízes regionais, dentro do trumpismo. Os brancos evangélicos conservadores, que representam 23% da população norte-americana, votaram na sua maioria a favor de Trump.[245] As pautas antiaborto, a favor da liberdade religiosa (principalmente para manter práticas discriminatórias protegidas dos olhos da lei) e da justiça aos moldes da bíblia (uma mistura de alguma justiça social com um ganho de poder para líderes religiosos acima dos tribunais leigos) foram fortes nas campanhas e no governo de Donald Trump. Por isso, praticamente 80% deste segmento do eleitorado votou para reeleger o presidente e comemorou o desempenho abaixo do esperado pelos Democratas nas corridas ao

243 KOHEN, Ari. **Twitter**, 29/11/2021. Disponível em: https://twitter.com/kohenari/status/1465424431061286923 Acesso em 01/12/2021.
244 KOHEN, Ari. **Twitter**, 29/11/2021. Disponível em: https://twitter.com/kohenari/status/ https://twitter.com/kohenari/status/1465424440297152514 Acesso em 01/12/2021.
245 CRARY, David; SCHOR, Elana. Evangelicals stick with Trump, see upside even if he loses, **Associated Press**, 06/11/2020. Disponível em: https://apnews.com/article/election-2020-joe-biden-donald-trump-race-and-ethnicity-elections-7433585aae55ea0cadd9ea5f0eb00a62 Acesso em 01/12/2021.

Legislativo. Também entre os latinos, cerca de 61% dos que se identificaram como religiosos votaram em Trump, comparados com 35% no total. É preciso manter isso em mente para quando falarmos das eleições de 2021 um pouco mais à frente e quando falarmos das eleições no Brasil em 2022.

No entanto, antes de passarmos adiante, é importante apontar que o antagonismo entre conservadores e a Academia não se resume a uma disputa por recursos. Há elementos radicais que gostariam de acabar com as universidades por estas serem polos de pensamento crítico, conhecimento e especialidade em questões que produzem cidadãos e argumentos que tornam a concentração de poder nas mãos de alguns astutos muito mais difícil. Meu exemplo favorito é o do professor de História da Universidade de Yale, cujo trabalho nos últimos anos recebeu atenção, elogios e prêmios por traçar paralelos entre os momentos mais tirânicos da história mundial com o momento atual e os governos de extrema-direita sustentados pelo novo populismo tecnológico. A teoria de Timothy Snyder aponta que estratégia de Trump de criar uma Grande Mentira sobre o resultado da eleição se assemelha à grande mentira nazista lançada contra os judeus por Hitler no livro *Mein Kampf*: que os judeus faziam parte de uma grande conspiração internacional responsável pelos principais problemas da Alemanha e do mundo.[246] Estas mentiras são grandes pois exigem que a sua visão de mundo mude radicalmente para que você as aceite como verdades. Na verdade, Hitler afirma em seu livro que os judeus eram os proponentes da verdadeira Grande Mentira, de que o general Eric Ludendorff, herói do início dos conflitos, tinha sido o responsável pela derrota alemã na Primeira Guerra Mundial.

---

246 BLOCK, Melissa. "Can The Forces Unleashed By Trump's Big Election Lie Be Undone?", **NPR.com**, 16/01/2021. Disponível em: https://www.npr.org/2021/01/16/957291939/can-the-forces-unleashed-by-trumps-big-election-lie-be-undone. Acesso em 02/01/2021.

Quando falamos aqui da *Big Lie*, não estamos usando o termo da mesma forma que Hitler usou em sua obra, nem como usaram alguns de seus biógrafos ou até mesmo o psicanalista Walter C. Langer, que escreveu o perfil psicológico de Hitler para fins de política externa. Para Langer,[247] parte da maestria de Hitler em criar propaganda política passava pela sua crença de que as pessoas vão acreditar numa grande mentira antes de uma pequena e que, se repetida diversas vezes, qualquer mentira pode ser tomada por verdade. Não é disso que estamos falando, nem quero crer que seja esta a verdade. A Mentira nazista se escorou, como todas as mentiras fascistas depois dela, no viés e no preconceito daqueles que escolheram acreditar nelas. Não era inevitável que as pessoas acreditassem que os judeus, por razões absolutamente absurdas, traíram a Alemanha e financiaram sua derrota, atirando a culpa num isento e hábil general para encobrir seus crimes e que seguiam semeando o caos para acabar com as nações brancas da Europa. Sem estar imerso em um determinado meio e submerso num certo tipo de preconceito, é preciso muito esforço para aceitar qualquer parte destas teorias como verdade.

Para acreditar que os Democratas roubaram a eleição, você precisa acreditar que existe uma vasta infraestrutura que envolve os voluntários e oficiais responsáveis pela contagem dos votos, membros do Legislativo estadual, um número inconcebível de pessoas associadas ao Partido Democrata, milionários capazes de financiar a operação, membros da mídia, do Judiciário e até mesmo Republicanos complacentes para manipular o resultado de uma eleição nacional. Da mesma forma que você precisaria acreditar em uma série de coisas impossíveis para acreditar na teoria da conspiração internacional judaica. Expor as pessoas a essa cadeia lógica de

247 LANGER, Walter C., et. al. **A psychological analysis of Adolph Hitler: His life and legend**. MO Branch, Office of Strategic Services, 1943, p. 51.

pensamentos é uma das formas que é possível levá-las a questionar as mentiras que estão manipulando sua visão de mundo.

Snyder entende que a destruição da reputação das universidades é equivalente ao ataque ao jornalismo pois ambas as instituições são capazes de gerar conhecimento e produzir fatos acerca do mundo real, que afetam a sociedade. Num artigo publicado no *New York Times*, Snyder afirmou que:

> Pós-verdade é pré-fascismo, e Trump tem sido nosso presidente da pós-verdade. Quando nós desistimos da verdade, nós concedemos poder àqueles que possuem riqueza e carisma para criar um espetáculo para tomar o lugar dela. Sem um acordo sobre fatos básicos, cidadãos não conseguem formar uma sociedade civil que permitiria a eles a capacidade de se defenderem. Se nós perdermos as instituições que produzem fatos que são pertinentes para nós, a tendência é que nos percamos em abstrações e ficções sedutoras.[248]

O professor de Yale aponta, também, que uma das coisas mais apavorantes da História é quando um golpe de Estado falha, simplesmente porque ele aponta para o fato que as instituições democráticas estão tão fragilizadas que será muito difícil impedir que uma nova tentativa seja bem-sucedida. E é muito difícil pensar nos eventos que se passaram naquela primeira semana de janeiro de 2021 sem identificá-los como uma tentativa clara de golpe.

Com a aproximação do dia 6 de janeiro, milhares de pessoas começaram a chegar em Washington, D.C., para uma série de demonstrações e protestos políticos marcados para o dia da certificação da eleição, como uma forma de pressionar os legisladores a reverter a vitória de Biden. Apesar de deterem ampla informação de que os protestos poderiam ficar violentos e que alguns grupos vinham à capital federal com a intenção – apenas

---

248 SNYDER, Timothy. The American Abyss, **New York Times**, 09/01/2021. Disponível em: https://www.nytimes.com/2021/01/09/magazine/trump-coup.html Acesso em 02/01/2021.

levemente camuflada – de invadir o Capitólio, prédio sede do Congresso e do Senado, as forças de segurança pública demoraram ou se recusaram a agir, temendo represálias tanto do presidente Trump como da mídia conservadora. Mesmo a mídia mais liberal ameaçava a reputação da guarda nacional, do exército e do FBI caso estes interferissem de forma violenta, como fizeram meses antes, durante os protestos do verão pela morte de George Floyd – um homem negro morto por um policial, cujo assassinato e o total descaso com suas súplicas foram capturados por câmeras de celular e mostrados em todos os canais. Quando a Guarda Nacional cercou o National Mall para garantir a integridade dos monumentos ali presentes, as imagens de centenas de soldados ocupando a capital levou muitos a questionar se ainda haveria algo de democracia para ser salvo após a eleição. Algo que as altas patentes estavam determinadas a não verem se repetir. O resultado foi que, entre a primeira onda de invasores que entraram no Capitólio e a chegada da 151ª tropa da Guarda Nacional, mais de quatro horas e meia se passariam,[249] 140 policiais seriam atacados e cinco pessoas estariam mortas.[250]

Após semanas de incitação a grupos para convergirem na capital federal no dia 6, os líderes do movimento *Stop the Steal* se reuniram no Willard Intercontinental Hotel na noite anterior à certificação, incluindo Roger Stone, famoso agitador Republicano, e Alex Jones, criador do canal *InfoWars* e ideólogo da extrema-direita. Stone usa as forças paramilitares de um grupo chamado *Oath Keepers* como segurança pessoal.[251] Os *Oath Keepers* são extremistas comprometidos com a ideia de

249 BROADWATER, Luke; MAZZETTI, Mark. The Lost Hours: How Confusion and Inaction at the Capitol Delayed a Troop Deployment, **New York Times**, 21/02/2021. Disponível em: https://www.nytimes.com/2021/02/21/us/politics/capitol-riot-security-delays.html Acesso em 02/12/2021.
250 REDAÇÃO - THE WASHINGTON POST. The Attack, **The Washington Post**, 31/10/2021. Disponível em: https://www.washingtonpost.com/politics/interactive/2021/jan-6-insurrection-capitol/ Acesso em 02/12/2021.
251 BROADWATER, Luke. House Panel Subpoenas Roger Stone and Alex Jones in Capitol Riot Inquiry, **New York Times**, 22/11/2021. Disponível em: https://www.nytimes.com/2021/11/22/us/politics/capitol-riot-subpoenas-roger-stone-alex-jones.html Acesso em 01/12/2021.

independência do governo central e são, na sua maioria, um grupo parcamente organizado de militares e policiais aposentados ou da ativa, com vasto treinamento e acesso a equipamento bélico, com cerca de 5 mil membros por todos os Estados Unidos. Alguns de seus membros são *3%ers* (Three-percenters), ativistas e milicianos de extrema direita, defensores do direito de portar armas e manter grupos armados organizados para lutar contra a tirania do governo central. Há *3%ers* também entre outro grupo presente em Washington naquela semana, os *Proud Boys*. Nacionalistas e supremacistas brancos, os *Proud Boys* são agitadores que gostam de comparecer a protestos e confrontar manifestantes antifascistas e antirracistas. Entre os líderes estão os filhos mais velhos do presidente, membros e candidatos ao Legislativo, o ativista internacional Steve Bannon e membros destes grupos, mas eles não estão sozinhos. Tanto os *Proud Boys* quanto os *Oath Keepers* foram processados pela cidade de Washington, junto com 30 indivíduos associados às duas organizações, por conspirar para aterrorizar a capital federal.[252] Milhares de pessoas comuns, sem nenhuma filiação oficial com nenhum grupo extremista ou fundamentalista, comparecem a ao menos seis protestos organizados pelo *Stop the Steal* e em grupos associados à teoria da conspiração QAnon.[253] Tomados por sentimentos de patriotismo, muitas pessoas gritavam pela cidade: "Eu estou aqui a convite do presidente".

Próximo do meio-dia no dia 6, Donald Trump saiu do seu camarim onde assistia às multidões se juntando em Washington cercado por seus filhos Eric, Don Jr. e Ivanka e subiu a um palco montado no parque em frente à Casa Branca,

252 AFP. Washington DC processa grupos de extrema direita por invasão ao Capitólio, **UOL.com**, 14/12/2021. Disponível em: https://noticias.uol.com.br/ultimas-noticias/afp/2021/12/14/washington-dc-processa-grupos-de-extrema-direita-por-invasao-ao-capitolio.htm?utm_source=twitter&utm_medium=social-media&utm_content=geral&utm_campaign=uol&cmpid=copiaecola Acesso em 14/12/2021.
253 THE NEW YORK TIMES. Vídeo: Day of Rage: How Trump Supporters Took the U.S. Capitol I Visual Investigations, **YouTube**, 01/07/2021. Disponível em: https://www.youtube.com/watch?v=jWJVMoe7OY0&list=TLPQMDIxMjIwMjHZskDfCvaKvg&index=5 Acesso em 29/11/2021.

onde milhares de apoiadores aguardavam para ouvi-lo.[254] Do pódio, ele repetiu muitas das mentiras que já havia proferido nas semanas que antecederam este evento e, em determinado ponto do seu discurso, às 12:17 no horário local, ele disse:

> Depois disto, nós vamos andar até lá, e eu vou estar lá com vocês. Nós vamos andar até lá, qualquer pessoa que queira ir, mas bem aqui, nós vamos andar até o Capitólio e nós vamos torcer e saldar nossos corajosos congressistas. Mas acho que não vamos comemorar tanto alguns deles. Porque você nunca vai retomar nosso país com fraqueza, você tem que demonstrar força e você tem que ser forte.

Alguns minutos depois, a multidão começou a se separar e grupos cada vez maiores, antes mesmo que Trump parasse de falar, começaram a fazer a caminhada de meia hora para se juntar a outro grupo, que incluía os *Proud Boys* (que estavam tentando ficar incógnitos em meio à grande massa de pessoas, mas todos usavam gorros laranjas chamativos, usavam armaduras, se comunicavam por rádio e gritavam as mesmas palavras de ordem, os líderes se esforçando para conter os arroubos dos membros mais empolgados que poderiam revela-los), reunidos no lado leste do Capitólio. Os grupos que começam a convergir na sede do Legislativo eram claramente agressivos e vários indivíduos instigavam as pessoas a invadir o prédio. Algumas dezenas de pessoas já estavam caminhando desde as primeiras horas manhã pelas ruas da cidade, avisando a qualquer pessoa com quem cruzassem que haveria uma marcha até o Capitólio e, depois, uma invasão, para impedir a ratificação do resultado eleitoral.[255]

---

254 LEATHERBY, Lauren; RAY, Arielle; SINGHVI, Anjali; TRIEBERT, Christiaan; WATKINS, Derek; WILLIS; Haley. How a Presidential Rally Turned Into a Capitol Rampage, **New York Times**, 12/01/2021. Disponível em: https://www.nytimes.com/interactive/2021/01/12/us/capitol-mob-timeline.html Acesso em 01/12/2021.

255 THE NEW YORK TIMES. Vídeo: Day of Rage: How Trump Supporters Took the U.S. Capitol I Visual Investigations, **YouTube**, 01/07/2021. Disponível em: https://www.youtube.com/watch?v=jWJVMoe7OY0&list=TLPQMDIxMjIwMjHZskDfCvaKvg&index=5 Acesso em 29/11/2021.

Cerca de 10 minutos antes da uma hora da tarde, os grupos reunidos no lado oeste do Capitólio passam de agitados a violentos e começam a desafiar e ameaçar a pequena força policial que fazia a segurança do lugar. Uma ameaça de bomba na sede do Partido Republicano levou boa parte da força policial para longe do Capitólio e, um pouco mais tarde, uma bomba também foi plantada na sede do Partido Democrata. Em 20 minutos, um grupo grande de manifestantes entrou em combate corporal com o pequeno contingente policial presente, ferindo diversos policiais e usando várias das técnicas das forças de segurança contra elas mesmas. Meia hora mais tarde, com o fim do discurso de Trump, milhares de pessoas ocuparam o gramado na frente oeste do prédio e a turba do lado leste recebeu notícia da movimentação no lado oposto do prédio e avançou contra a segurança.

Às 14h11, apoiadores de Trump invadem o Capitólio e começam a caçar os congressistas e senadores, indo até os plenários e efetivamente paralisando o processo de certificação. Alguns oficiais heroicamente garantiram a segurança dos políticos, mas uma invasora é baleada e morre no local ao pular por uma porta de vidro, tentando alcançar congressistas que estavam sendo evacuados do prédio tardiamente. Dezenas de gabinetes são empastelados. Do lado de fora, uma batalha campal se formou entre policiais e manifestantes e os oficiais, em menor número, têm seu equipamento roubado e são espancados com tacos de beisebol, hóquei e até com mastros de bandeira por duas horas. Neste confronto, também, uma manifestante morreu, desta vez pisoteada pela turba cega pelo objetivo de vencer o cordão policial e invadir o prédio.

Várias horas depois, a Guarda Nacional apareceu, os manifestantes, julgando que tinham sido vitoriosos pois tinham realmente interrompido o processo de certificação partiram jubilantes e deixaram o Capitólio e os legisladores, tomados por uma raiva raras vezes vista, voltaram ao plenário e certificaram a eleição. Trump deixou a Casa Branca derrotado na manhã da posse de Joseph R. Biden, sem conceder e sem cumprimentar o adversário, rumando para seu hotel e campo de golfe Mar-A-Lago, na Flórida. Sua influência ainda é sentida na política norte-americana e ele ainda é considerado um dos principais candidatos à Presidência em 2024. O estrago foi, monetariamente, gigantesco, mas poderia ter sido pior. Mais vidas poderiam ter sido perdidas, não fosse a ação inteligente de alguns agentes de segurança.

Para nós, no entanto, de que serve este relato?

De aviso.

Nós também temos um presidente pós-verdadeiro que mirou em Trump como exemplo e modelo de como se manter no poder e como atender aos anseios da sua base. E temos alguns paralelos com a estratégia de atuação em quatro frentes que Trump escolheu quando precisou lutar contra a vitória de Biden que já estão sendo colocadas em prática aqui no Brasil há tempos. Uma delas, desde a campanha de 2016. Minha opinião diverge um pouco da do comentarista da *CBS News*, Alexander Panetta, que defende que Trump atacou em cinco frentes – nas ruas, nas redes, nas cortes, na burocracia e nas legislações estaduais.[256] Acredito em quatro áreas focais de atuação, sendo elas aparelhamento das instituições, mobilização da base, deslegitimação das instituições produtoras de conhecimento e disseminação da Grande Mentira.

Uma das prioridades de Trump em seu primeiro ano de governo foi garantir que a maioria dos funcionários da Casa Branca e do governo federal como um todo fossem substituídos

256 PANETTA, Alexander. Why Trump's 4-front attack on U.S. election result is almost certain to fail, **CBS News Canada**, 12/11/2020. Disponível em: https://www.cbc.ca/news/world/trump-four-fronts-1.5798857 Acesso em 02/12/2021.

por pessoas leais a ele. Não só isso foi feito logo de cara, como os secretários de estado e seus gabinetes passaram por diversas mudanças no primeiro ano da administração e além, conforme os seus membros tinham sua lealdade testada e, falhando em serem os instrumentos ideais para a vontade do líder, eram substituídos por novos nomes. Isso foi o *modus operandi* da administração até mesmo após da eleição. Passados mais de dez dias do pleito, Trump ainda estava colocando pessoas leais a ele (e causando uma quantidade significativa de receio em todo mundo) no Pentágono e nas agências de inteligência norte-americana, erradicando as pessoas mais experientes das mais altas posições de liderança civil do país naquela área.[257]

Além disso, Trump se dedicou em colocar *proxis* seus no Legislativo, através de participação ativa nas campanhas e na escolha dos nomes que concorreriam aos assentos nos diferentes níveis da legislação, e no Judiciário, com a nomeação de centenas de juízes federais e três juízes na Suprema Corte. Esse processo continua mesmo sem a presença de Trump na Casa Branca. Pessoas que estavam na invasão do Capitólio no dia 6 de janeiro foram eleitas para ocupar assentos no mesmo prédio que eles vandalizaram ou estimularam outros a tomar à força menos de um ano depois. Estes políticos fazem parte de um grupo de oito pessoas que participaram da insurreição e agora fazem parte de administrações públicas por todo o país ainda defendem a ideia de que Biden fraudou a eleição.[258]

Não é uma causa na qual estão sozinhos. Congressistas como Marjorie Taylor Greene, Lauren Boebert e Matt Gaetz e senadores como Ted Cruz também sustentam esta acusação e fazem dela peça central na campanha para que o Partido Republicano

257 SANGER, David E.; SCHMITT, Eric. "Trump Stacks the Pentagon and Intel Agencies With Loyalists. To What End?", **New York Times**, 16/11/2020. Disponível em: https://www.nytimes.com/2020/11/11/us/politics/trump-pentagon-intelligence-iran.html Acesso em 03/12/2021.

258 LEVIN, Bess. More Than Half A Dozen "Stop The Steal" Attendees Were Elected To Public Office Last Night, **Vanity Fair**, 03/11/2021. Disponível em: https://www.vanityfair.com/news/2021/11/stop-the-steal-gop-attendees-elected Acesso em 02/12/2021.

retome a maioria dos assentos no Legislativo em 2022, perdida na eleição de 2018, e a estrutura partidária segue dedicada ao propósito de manter esta base animada, votando e engajada até 2024, quando Trump pode tentar retornar à Casa Branca. Junte-se a isso um esforço gigantesco em substituir as lideranças regionais que garantiram que não houvesse interferência direta na eleição por operativos leais ao partido[259] e a Trump, além da manutenção da política de *gerrymandering* (uma prática política que leva à demarcação de distritos eleitorais para maximizar a o peso de regiões em que a maioria da população favorece um partido, ao mesmo tempo que se busca pulverizar o eleitorado do partido opositor) e o cenário está posto para que os Democratas tenham que trabalhar mais que a média só para ter chance de eleger alguns poucos representantes.

Na Suprema Corte e no Judiciário federal em geral, a questão é mais complexa, uma vez que os indivíduos elevados aos cargos nestes órgãos são, na sua vasta maioria, conservadores[260] comprometidos com um certo tipo de causa (religiosa, moral, racial, econômica) mais do que com o presidente que os indicou ou os políticos que os confirmaram. Tanto que, por mais que os advogados caros e experientes de Trump tentassem, não conseguiram encontrar uma corte constitucional que deferisse os pedidos de paralisar a contagem dos votos ou revertesse o resultado da apuração.[261] Até mesmo em investigações contra Trump que podem impedir que ele tenha a chance de voltar a concorrer em 2024, como a investigação sobre sonegação de impostos e fraude lançada pela tentativa do

---

259 BOUIE, Jamelle. The Trump Conspiracy Is Hiding in Plain Sight, **New York Times Opinion**, 03/12/2021. Disponível em: https://www.nytimes.com/2021/12/03/opinion/trump-bannon-2024.html?referringSource=articleShare Acesso em 05/12/2021.

260 LIPTAK, Adam. A Supreme Court Term Marked by a Conservative Majority in Flux, **New York Times**, 30/09/2021. Disponível em: https://www.nytimes.com/2021/07/02/us/supreme-court-conservative-voting-rights.html Acesso em 02/12/2021.

261 SAVAGE, Charles. Swift Ruling Tests Trump's Tactic of Running Out the Clock, **New York Times**, 10/11/2020. Disponível em: https://www.nytimes.com/2021/11/10/us/politics/swift-ruling-tests-trump-delay-tactic.html Acesso em 02/12/2021.

presidente de manter suas declarações em segredo, a Suprema Corte tem dado derrotas ao político Republicano ou simplesmente se recusado a interferir em seu favor.[262] Por outro lado, os juízes da corte têm mantido de pé políticas danosas, mas queridas do ex-presidente e seus apoiadores menos liberais e mais reacionários, como as ligadas à política migratória[263] e ao aborto.[264] A história recente provou que a indicação de juízes conservadores nos Estados Unidos serve a causas conservadoras, enfim, mais do que aos governantes que os indicaram, quando estes tem que se recorrer à esfera judicial.

Quanto à mobilização da base, é difícil falar de qualquer movimentação relevante para além do uso indiscriminado das redes sociais, dado o poder de organização destas plataformas. Dito isso, é impossível desconsiderar o papel das mídias tradicionais em disseminar e sustentar o ambiente de desinformação necessário para gerar apoio generalizado a um golpe. A *Fox News Channel* existe desde 1996 e faz parte de um império de comunicação internacional, mas seus apresentadores se posicionaram firmemente ao lado da narrativa montada por Trump. Mesmo após demonstrar alarme com a invasão do Capitólio no dia 6 de janeiro, como conversas reveladas pela comissão investigativa do Congresso em dezembro de 2021, Laura Ingraham, Brian Kilmeade, e Sean Hannity foram para a frente das câmeras para espalhar mentiras e dúvida sobre o que realmente se passou na capital.[265] Todos enviaram mensagens ao secretário

---

262 BROMWICH, Jonah E. Manhattan D.A. Now Has Trump's Tax Returns, **New York Times,** 25/02/2021. Disponível em: https://www.nytimes.com/2021/02/25/nyregion/trump-taxes-vance-supreme-court.html Acesso em 03/12/2021.

263 LIPTAK, Adam. Supreme Court Allows Revival of Trump-Era 'Remain in Mexico' Asylum Policy, **New York Times**, 24/08/2021. Disponível em: https://www.nytimes.com/2021/08/24/us/politics/supreme-court-immigration-asylum-mexico.html Acesso em 03/12/2021.

264 LIPTAK, Adam. Supreme Court Revives Abortion-Pill Restriction, **New York Times**, 12/01/2021. Disponível em: https://www.nytimes.com/2021/01/12/us/supreme-court-abortion-pill.html Acesso em 0312/2021.

265 KOBLIN, John; WINDOLF, Jim. Fox News Hosts Sent Texts to Meadows Urging Trump to Act as Jan. 6 Attack Unfolded, **New York Times**, 13/12/2021. Disponível em: https://www.nytimes.com/2021/12/13/business/media/fox-news-trump-jan-6-meadows.html Acesso em 14/12/2021.

de Estado Mark Meadows exigindo que ele cobrasse o presidente de ir a público e condenar os agitadores e pedir que seus apoiadores se retirassem do Capitólio. Horas depois, os jornalistas da *Fox* estavam no ar questionando a participação de manifestantes antifascistas nos atos de vandalismo, falando de "infiltrados" entre os partidários de Trump e retomando os ataques aos resultados eleitorais.[266] Estas falas foram replicadas por legisladores e trumpistas em todos os seguimentos sociais desde então, provando que há um esforço coordenado para emplacar esta versão dos eventos daquele dia em oposição à narrativa de uma insurreição politicamente motivada para manter um presidente ilegítimo na Casa Branca.

Se a televisão serve para estes grupos como uma extensão da versão oficial dos fatos, as redes sociais são onde estas versões são interpretadas e regurgitadas para um público ainda mais amplo. A presença política de Trump e de seus apoiadores, suas pautas e predileções, molda muito do que consideramos ser a nossa experiência digital. Há uma quantidade tão grande de contas, autênticas e inautênticas na mesma proporção, que amplificaram o discurso trumpista que, após a insurreição de 6 de janeiro, *Twitter*, *Twitch*, *Reddit*, *Shopify*, *LiquidWeb*, *Snapchat*, *Amazon Web Services*, *YouTube*, *Facebook* e *Instagram* não viram nenhuma alternativa viável para conter a onda de desinformação e chamados à ação violenta e baniram o ex-presidente norte-americano e um número de seus asseclas, incluindo nomes como Steve Bannon, Rudy Giuliani e Lin Wood, um dos advogados pessoais de Trump e personalidade da comunidade QAnon.[267] Apesar disso, diversos grupos dedi-

266 BARR, Jeremy. 'Not all Trump supporters': Conservative media tries to shift blame, cast doubt on identities of Capitol invaders, **The Washington Post**, 07/01/2021. Disponível em: https://www.washingtonpost.com/media/2021/01/07/conservative-media-capitol-breach-reaction-tucker-carlson-sean-hannity/ Acesso em 14/12/2021.

267 DENHAM, Hannah. These are the platforms that have banned Trump and his allies, **The Washington Post**, 14/01/2021. Disponível em: https://www.washingtonpost.com/technology/2021/01/11/trump-banned-social-media/ Acesso em 29/11/2021.

cados a manter o eleitorado do ex-presidente coeso seguem atuando nestas plataformas, tanto como grupos de ação político-partidária como grupos de interesse diversos, alinhados com pautas conservadoras, republicanas e de extrema-direita.

Houve, também, uma onda migratória para outras redes sociais que ofereceram promessas de manter a liberdade de expressão de seus usuários como prioridade. Plataformas como *Parler*, *GETTR* e *Gab* surgiram praticamente como novos abrigos para pessoas e organizações que buscavam espaço em que pudessem se expressar de forma homofóbica, racista, antissemita, violenta e, claro, politicamente radical. Outras redes, como o *Clubhouse* e o *TikTok* são espaços legítimos onde o extremismo floresce de forma diretamente proporcional à rigidez das regras e moderação presentes. Donald Trump até mesmo lançou sua própria rede, chamada *Truth Social*, macaqueando sua plataforma preferida, o *Twitter*.[268] Vamos ignorar o fato que hackers tomaram o aplicativo no pré-lançamento e espalharam conteúdo ofensivo e satírico, ou que o SEC (Comissão de Valores Mobiliários do governo federal dos Estados Unidos) tenha se interessado bastante pelos fundos levantados por uma SPAC (Empresa de Aquisição de Propósito Específico) para lançar a *Truth Social* e que agora vai se fundir à *Trump Media & Technology Group*, colocando o futuro da plataforma em questão.[269]

É importante apontar que uma das principais mudanças trazidas pela eleição de Trump em 2016, que tem uma forte ligação com a prevalência e verdadeiro terremoto paradigmático causado pelas redes sociais e novas tecnologias da informação,

---

268 PERLROTH, Nicole. Hackers lay claim to Donald Trump's social app before its launch, **New York Times**, 21/10/2021. Disponível em: https://www.nytimes.com/2021/10/21/technology/trump-truth-social-hackers.html Acesso em 05/11/2021.

269 HELMORE, Edward. Trump's social media platform hits roadblocks as major political battle looms, **The Guardian**, 07/12/2021. Disponível em: https://www.theguardian.com/us-news/2021/dec/07/trump-social-media-platform-roadblocks Acesso em 08/12/2021.

e que segue preponderante é que a política eleitoral, as campanhas, a postura de administradores-candidatos e opositores-protagonistas se tornou menos um evento cíclico, confinado aos anos eleitorais, e mais um zumbido constante presente em todas as ações governamentais e em todas as falas e posições de pessoas alinhadas com qualquer partido. A internet é, de muitas maneiras, um programa eleitoral que nunca acaba, não é minimamente regulado, tem um financiamento difuso e obscuro e, quando vai para os comerciais, é mais propaganda política. O resultado é que as bases, o eleitorado, está sempre em alerta, sempre pronto para a próxima pirotecnia, sempre consumindo o próximo tópico programático, sempre atacando os inimigos apontados pela liderança.

Isso está ligado à disseminação da gGrande Mentira da fraude eleitoral, mas não só a ela. Politicamente, e principalmente pela movimentação no Legislativo Federal e nas administrações estaduais dos Estados Unidos, a falácia de que houve uso massivo de votos adulterados, votos de pessoas mortas, votos de imigrantes ilegais, destruição de cédulas com votos para Trump, manipulação na apuração e suposta divulgação criminosa de uma falsa contagem acende o eleitorado, que não mais precisa aceitar uma derrota e pode ser preenchido com um sentimento de revolta que vai permitir que um futuro chamado à ação seja mais efetivo – seja ele uma corrida às urnas para sobrepujar o outro partido, seja uma movimentação real para realizar uma manifestação, criar confusão num protesto sobre uma pauta querida da oposição ou tentar brecar à força os trabalhos de uma instituição democrática.

Indo um passo além, é preciso enxergar como a propensão de se tornar um seguidor-crente de uma Grande Mentira torna indivíduos suscetíveis a serem cooptados pelos interesses dos proponentes de outras grandes mentiras. É um dos fenômenos que explicam como pessoas que acreditam no poder de cristais, meditação transcendental, religiões *new age*, na terra plana, reptilianos, que a CIA assassinou J. F. Kennedy, que J.F. Kennedy Jr. sobreviveu ao desastre de avião e vive escondido, que Elvis está vivo, que a NASA fingiu pousar na Lua, que vacinas causam autismo e que Hillary Clinton tocava uma gangue de pedófilos vendendo crianças no porão de uma pizzaria puderam ser facilmente convencidas que um *troll* anônimo num site de *messageboards* tinha alguma visão privilegiada dos bastidores do poder e poderia prever as movimentações de governantes e militares empenhados num grande golpe de estado. O poder das redes sociais ainda fez boa parte do trabalho pesado não só em atrair estas diferentes comunidades, ligadas pela crença ou descrença fora da sabedoria popular, mas em convencer uma parcela significativa dos indivíduos dentro destes grupos que todas estas teorias estão interligadas e todas elas, de alguma forma, têm como finalidade carregar um grupo de líderes ao poder ou condenar a Terra à destruição.

Quanto a desacreditar instituições capazes de construir conhecimento legitimado, estamos falando das instituições identificadas por Carissa Véliz, quando ela aponta que "há alguns poucos guardiões da verdade, justiça e imparcialidade cuja independência deve ser defendida para a saúde das democracias liberais: a imprensa, os tribunais e a academia".[270] Trump fez sua parte para destruir todas elas.

No caminho percorrido pela administração Trump no Judiciário, a não persecução e a morosidade nos julgamentos de elementos chave, tanto eventos a serem investigados quanto indivíduos que poderiam ter sido responsabilizados, têm levado a uma equiparação entre as acusações levantadas pelo seu governo e as teorias da conspiração que animam muito dos

270 VÉLIZ, Carissa. *Privacidade é Poder*, Editora Contracorrente, ed.1, São Paulo, 2021, p.131

seus fãs. O advogado Michael Cohen, amigo íntimo de Trump e seu representante legal, foi preso por fazer uma "contribuição de campanha ilegal" ao pagar pelo silêncio de duas mulheres com quem Trump supostamente manteve relações sexuais.[271] O escândalo que prometia levar ao fim da administração prescreveu em outubro de 2021, sem nunca ter chegado às cortes. O mesmo destino aguarda a acusação de que Trump interferiu em uma investigação federal ao demitir o chefe do FBI, James Comey,[272] algo que o próprio presidente admitiu em entrevistas mais de uma vez. A Suprema Corte deve analisar processos de conflitos de interesse e abuso de poder no uso oficial das propriedades privadas de Trump, principalmente seus hotéis, e a cobrança para a estadia de chefes de estado[273] e equipe de segurança da Casa Branca. A própria comissão parlamentar criada para investigar a insurreição do dia 6 de janeiro demorou seis meses para ser criada e nove meses para começar a intimar os envolvidos. A investigação sobre a interferência russa nas eleições de 2016 não teve nenhum resultado prático.[274]

Sem consequências palpáveis, as acusações se tornaram iguais às diversas promessas nunca concretizadas pelo QAnon de que os tribunais militares estariam se formando para condenar Obama, Biden e os Clintons à morte por traição. O preço não é apenas a reputação dos opositores de Trump e seus acusadores, mas da eficiência das cortes em produzir barreiras contra os avanços de um autocrata. Some-se a isso

---

271 FAEUR, Alan; WEISER, Benjamin. Michael Cohen Claims in Suit He Was Imprisoned to Stop Trump Book, **New York Times**, 13/08/2021. Disponível em: https://www.nytimes.com/2020/07/21/nyregion/michael-cohen-trump-book.html Acesso em 09/12/2021.

272 APUZZO, Matt; SHEAR, Michael D. F.B.I. Director James Comey Is Fired by Trump, **New York Times**, 09/05/2017. Disponível em: https://www.nytimes.com/2017/05/09/us/politics/james-comey-fired-fbi.html Acesso em 09/12/2021.

273 LIPTAK, Adam. Supreme Court Ends Emoluments Suits Against Trump, **New York Times**, 25/01/2021. Disponível em: https://www.nytimes.com/2021/01/25/us/emoluments-trump-supreme-court.html Acesso em 09/12/2021.

274 LAFRANIERE, Sharon. Mueller, in First Comments on Russia Inquiry, Declines to Clear Trump, **New York Times**, 29/05/2021. Disponível em: https://www.nytimes.com/2019/05/29/us/politics/mueller-special-counsel.html Acesso em 09/12/2021.

o aparelhamento das cortes com a designação ideológica de juízes conservadores, a manipulação do sistema por meio de ações judiciais desnecessárias, interpretação politizada de decisões dos tribunais e judicialização do processo eleitoral e a cena está composta para contestar a respeitabilidade do sistema Judiciário, sua representatividade da vontade popular, sua capacidade de arbitrar sobre eventos relevantes da sociedade e gerar conhecimento sobre eles. E o conhecimento sobre o qual falamos é óbvio: o que aconteceu, quem eram os indivíduos ou organizações envolvidas, se a conduta dos envolvidos causou danos ou foi ilegal, quem foi responsável por estes atos danosos ou ilegais e o que deve ser feito a respeito.

Trump nunca parou de antagonizar a imprensa independente durante seu governo. No final de março de 2020, com a pandemia do novo coronavírus já confirmada como a nova realidade e em meio à franca campanha para tentar se reeleger, o presidente não conseguia se conter e atacava a "mídia esquerdista" nos intervalos entre a leitura dos tristes dados sobre mortes e novos doentes confirmados com Covid-19. Uma pesquisa coincidente com aquele momento mostrou que um terço da população norte-americana concordava com Trump que os jornalistas eram "inimigos do povo", depois de mais de três anos de uma campanha de difamação de toda uma indústria e setor profissional nunca vista na história dos Estados Unidos. Como Manuel Roig-Franzia e Sarah Ellison apontaram em matéria no *Washington Post* naquela época:

> O antagonismo antimídia pode se manifestar como uma cruzada organizada in alguns casos, mas aparece mais como cultura – um vernáculo compartilhado pelo presidente e seus aliados na direita. Suas batalhas são lutadas nas cortes, nas mídias sociais e nos comícios onde a exegese de Trump contra os jornalistas que o cobrem incita seus fãs a provocar as equipes de TV e vaiar a

> imprensa presente. Esta guerra muitas vezes parece ser travada com a intenção de inocular o presidente das críticas ou escândalos, diminuindo a confiança do público no noticiário que eles veem reportado pelas mídias tradicionais. Os esforços mais bem orquestrados incluem uma onda de processos difamatórios, tocaias disfarçadas e muito bem financiadas para expor em vídeo evidências de viés ideológico na imprensa e campanhas de milícias virtuais para embaraçar repórteres individualmente.[275]

As milícias virtuais e ações no Judiciário contra jornalistas são realidades que os brasileiros conhecem bem, mas as tocaias que Franzia e Ellison mencionam são ações de apoiadores anônimos e mesmo de membros do Legislativo, mas principalmente de um grupo conhecido como *Project Veritas*, uma organização arquitetada pelo empresário do setor de segurança Erik Prince com a expressa intenção de forçar situações em público com membros da mídia considerados liberais ou progressistas para "revelar" suas predileções políticas ou seus preconceitos contra pessoas com diferentes valores e opiniões. Prince contratou espiões e agentes do setor de inteligência com a ambição de infiltrar o Partido Democrata, sindicatos e organizações profissionais, veículos jornalísticos e outros grupos.[276] Este é um exemplo extremo, mas válido do tipo de apoio que o governo Trump angariou na sua guerra contra o jornalismo: empresários e milionários comprometidos com destruir a liberdade de imprensa e o sistema de veiculação de informações tradicional. Uma classe de privilegiados malcontentes que, apesar de seu relativo sucesso no campo dos negócios, nunca recebeu o reconhecimento que julgavam merecer na esfera pública até

275 ROIG-FRANZIA, Manuel; ELLISON, Sarah. A history of the Trump War on Media — the obsession not even coronavirus could stop, **The Washington Post**, 29/03/2020. Disponível em: https://www.washingtonpost.com/lifestyle/media/a-history-of-the-trump-war-on-media--the-obsession-not-even-coronavirus-could-stop/2020/03/28/71bb21d0-f433-11e9-8cf0-4cc99f74d127_story.html Acesso em 10/12/2021.
276 GOLDMAN, Adam; MAZZETTI, Mark. Ex-Spy Was Central to Project Veritas Hiring Effort, Testimony Shows, **New York Times**, 21/10/2020. Disponível em: https://www.nytimes.com/2020/10/21/us/politics/project-veritas-spy.html Acesso em 10/12/2021.

que um dos seus chegou a um alto cargo na administração federal. O brasileiro conhece bem esse fenômeno.

Já a Academia, também atacada por Trump e vivendo sua própria crise, como descrevemos no capítulo sobre anti-intelectualismo, nos últimos anos passou por onda após onda de eventos que contribuíram para deslegitimá-la – quer fosse esse o objetivo ou não. Da mesma forma que a Igreja Católica sofreu com este tipo de acusação e revelação, as universidades nos Estados Unidos sofreram com diversos casos em que administrações abafaram casos de abuso sexual de suas alunas (por seus pares ou pior, por seus tutores). A imagem do acadêmico como um *outsider* que não tem conexões com as questões relevantes para a vida dos locais e das instituições de ensino superior como monolitos que não atendem às necessidades dos moradores da região em que se encontram se renovou nos últimos cinco anos. Os Republicanos promoveram verdadeiras campanhas de relações públicas normalizando a restrição do ensino de certos tópicos, livros e pensadores na Educação, banindo materiais de bibliotecas e salas de aula com um furor inegavelmente fascista e radical. O negacionismo e o anticientificismo se tornaram tendências sociais fortes durante a pandemia dos anos 2020 e 2021, com o ressurgimento na psique popular de diversas teorias da conspiração e contestações de verdades científicas que estavam há muito superadas e com a ascensão do movimento antivacina e contra as medidas sanitárias de prevenção à Covid-19.

Outra tendência, menos comentada, se tornou determinante para a dilação de autoridade e reconhecimento da legitimidade dos especialistas e ela faz parte um fenômeno ainda maior. Esta tendência foi a de manipulação da percepção do público através do uso estratégico dos chamados "líderes de pensamento". A ascensão destes líderes e da chamada "indústria de ideias" como sistema, tomando no mercado da atenção o lugar legitimo e histórico ocupado pelos chamados intelectuais públicos, é um fenômeno relativamente recente, cultivado pelos formatos das redes sociais e da internet com total apoio dos mais poderosos elementos da sociedade. O professor da Universidade Tufts, Daniel W. Drezner, desenvolveu estes conceitos no contexto da política internacional e define "intelectuais públicos" como especialistas que são versados e treinados o suficiente para poderem comentar sobre uma vasta gama de assuntos numa determinada área e capazes de detectar falsos especialistas e eliminar ideias pouco práticas, ineficientes, falaciosas ou charlatanescas. Líderes de pensamento são chamados também de intelectuais evangelistas, pessoas com grandes ideias que são rapidamente identificáveis, que moldam sua visão de mundo e que buscam convencer o maior número de pessoas possível de que sua lente de interpretação é a melhor disponível.[277]

Os líderes de pensamento são, geralmente, otimistas que acreditam que a sua grande ideia vai mudar tudo, mas geralmente não desafiam o status quo e são, portanto, muito mais bem recebidos pelos plutocratas do que os intelectuais públicos, que são geralmente pessimistas e críticos mordazes do sistema estabelecido. Os líderes de pensamento oferecem ideias capazes não apenas de legitimar o poder estabelecido, mas também de apontar como correto o uso do poder da forma como ele é exercido. Inversamente, o intelectual público será propenso a atacar as desigualdades e iniquidades na distribuição social do poder em suas áreas de especialidade e, com baseados na academia e dependentes da sua legitimidade para manterem sua influência e sua sobrevivência, está numa

277 DREZNER, Daniel W. *The Ideas Industry*, Oxford University Press, Londres (UK), ed.1, 2017, p.9-15

posição precarizada em relação ao líder de pensamento, que será acolhido pelas elites e será patrocinado, premiado e mantido por elas. Isso, em si, já seria uma ameaça a valores democráticos e à criação do conhecimento, mas eu vejo o problema real num desdobramento desta situação.

Em 2020 e 2021 vimos esta dinâmica expandida para além de uma indústria de ideias que deem suporte ao poder e ao *modus operandi* de empresas e setores da administração pública e passando a oferecer uma base de disseminação de ideias extremistas e radicalizantes. Parte da ação dos influenciadores digitais políticos é inspirada nos moldes da atuação dos líderes de pensamento e, com a desvalorização dos intelectuais públicos, faltam agentes legitimados para apontar que estes agentes são charlatões, agitadores e falsos pensadores. É o processo que explica a ascensão de pessoas como Olavo de Carvalho e seus asseclas à posição de líderes de um movimento ideológico que resulta numa criminalização da esquerda e popularização de pontos de vista de extrema-direita. Nos Estados Unidos, nesta mesma veia, podemos identificar pessoas como Tucker Carlson, Rush Limbaugh e Steve Bannon e, na Inglaterra, Nigel Farage.

Seria tolice querer dizer que o mesmo que aconteceu nos Estado Unidos se repetirá no Brasil, assim como seria míope supor que os mesmos eventos se repetirão no Reino Unido caso as adversidades causadas pelo *Brexit* exijam que ele seja de alguma forma revertido. Há particularidades nos sistemas políticos, nas culturas e na manipulação política presente em cada país que impede uma reprodutibilidade fiel dos elementos que levaram a uma insurreição e tentativa de golpe na capital federal norte-americana naquela tarde de janeiro. Seria uma visão igualmente limitada, no entanto, se não atentássemos às semelhanças, principalmente no comportamento de nossos governantes. O que eu proponho é que reproduzir a insurreição da *alt-right* norte-americana é menos importante às forças que dão suporte aos Trumps, Johnsons, Erdogans e Bolsonaros do mundo do que criar meios para se perpetuar no poder ou na roda de possíveis governantes pelo futuro próximo. Se estes governantes representam uma subclasse da elite que se percebeu num certo ostracismo em relação aos grupos que detinham os meios de nomear candidatos e se beneficiar do exercício direto do poder político, as suas características autoritárias atendem aos anseios destas classes de manter, a qualquer custo, esta posição decisiva.

Jair Bolsonaro, como já vimos, possuía uma Grande Mentira engatilhada para chamar de sua em 2018. Ela não foi utilizada a ponto de atingir seu máximo potencial, mas também não esteve ausente. Surtiu efeitos e segue sendo usada. É a falácia sobre as urnas eletrônicas e uma suposta fragilidade das mesmas contra fraudes. A campanha do candidato do PSL estava com a narrativa pronta para justificar uma eventual derrota: a manipulação das urnas e fraude eleitoral. Tanto que esta mentira segue sendo contada. Em julho de 2021, e durante todo o anos de 2022, o presidente ainda fazia ataques ao sistema eleitoral que o levou ao mais alto cargo da República.[278] Essa constante contestação dos resultados, acusação de fraude e embate com o Tribunal Superior Eleitoral – e com seus membros, principalmente com os presidentes da corte, os ministros Luís Roberto Barroso, Edson Fachin e Alexandre de Moraes – representa uma desvalorização sem precedente da democracia no Brasil e permanece, até o momento em que escrevo, absolutamente impune. Enquanto a Justiça Eleitoral

278 DELLACOLETTA, Ricardo; GALF, Renata; MACHADO, Renato. Com profusão de mentiras, Bolsonaro faz maior ataque a sistema de voto, **Folha de S. Paulo**, 29/07/2021. Disponível em: https://www1.folha.uol.com.br/poder/2021/07/apos-3-anos-falando-em-fraude-eleitoral-bolsonaro-assume-nao-ter-prova-e-divulga-conjunto-de-relatos-ja-desmentidos.shtml Acesos em 10/12/2021.

se ocupa com desmentir o presidente,[279] absolutamente ignora a possibilidade de agir de fato contra a desinformação, lembrando que o ministro Luiz Fux usou a justificativa da supressão de possíveis *fake news* para censurar qualquer entrevista com o ex-presidente Luiz Inácio Lula da Silva enquanto este esteve preso durante a campanha de 2018.

A falsidade de que Lula era candidato é, nos nossos moldes, uma mentira pequena, que afetaria um número incerto de pessoas e que demanda alguns ajustes à visão de mundo daqueles que acreditarem nela. A mentira sobre a manipulação dos resultados eleitorais por um tribunal superior que age como ator político, abusa de uma rede de voluntários e servidores públicos para subverter a ordem democrática através de uma farsa empregando dispositivos cujo funcionamento passa por forte escrutínio, mas que é em grande parte misterioso para os leigos, é um desafio à percepção de realidade das pessoas. Exige uma perversão de praticamente todos os aspectos do real que vão além da experiência pessoal do indivíduo, que nestes casos se limita a suas interações com o Judiciário e sua percepção do trabalho dos políticos, assim como as experiências daquelas pessoas dentro de seus círculos sociais mais próximos.

A indústria da revolta e as políticas de ressentimento se alimentam exatamente deste tipo de enganação. Quando a realidade produz resultados contrários à nossa experiência empírica, ficamos vulneráveis a acreditar que agentes de interesses opostos aos nossos manipularam as regras. No nosso contexto social, no qual vivemos dentro de bolhas onde somos constantemente expostos a reforços de nossas próprias convicções propostos por indivíduos com as mesmas crenças que nós, um

---

279 LUIZ, Washington. TSE rebate em série 18 alegações de Bolsonaro feitas sem prova contra urna eletrônica, **Folha de S. Paulo**, 29/07/2021. Disponível em: https://www1.folha.uol.com.br/poder/2021/07/tse-rebate-em-serie-18-alegacoes-de-bolsonaro-feitas-sem-prova-contra-urna-eletronica.shtml Acesso em 10/12/2021.

resultado fora do conjunto daquilo que consideramos lógico, justo, óbvio ou moral pode ser mais facilmente representado como uma manipulação do sistema ou uma mentira valiosa a poderes sombrios. Através destes mecanismos, indivíduos e grupos que buscam a manutenção de seu poder alimentam segmentos da população com teorias da conspiração que desaguam nestas grandes mentiras que funcionam como embasamento para movimentos políticos autoritários, mantendo seus apoiadores permanentemente engajados com as pautas e discursos legitimados pelos líderes.

No Brasil, os apoiadores de Bolsonaro em grupos de *WhatsApp* e no *Telegram* progressivamente se envolvem em teorias da conspiração e no combate aos adversários eleitos pela coletividade em resposta às provocações das lideranças. Em junho de 2021, a Universidade Federal de Minas Gerais divulgou os resultados de uma pesquisa[280] que revelou que os apoiadores e canais a favor do presidente Jair Bolsonaro no *Telegram*, que representavam mais de 92% da audiência brasileira no aplicativo, eram a nascente do fluxo de desinformação alimentando as outras redes sociais. Todas as mensagens mais veiculadas levavam a vídeos na plataforma *YouTube*, contendo diversas inverdades e conteúdo de desinformação, e eram repassadas principalmente no *WhatsApp* e, depois, em outras redes como *Facebook* e *Twitter*. O *Telegram*, além de ser uma das maiores plataformas a não colaborar efetivamente com a campanha de combate às *fake news* do TSE e não possuir sede no país – ficando imune a represálias legais no caso de abusos – se tornou um lugar onde criadores de contrainformação banidos de outras plataformas (como Allan dos Santos, do site *Terça Livre*) podem continuar

280 MELLO, Patrícia Campos. Telegram tem domínio de canais bolsonaristas e risco de enxurrada de fake news em 2022, **Folha de S. Paulo**, 14/06/2021. Disponível em: https://www1.folha.uol.com.br/poder/2021/06/telegram-tem-dominio-de-canais-bolsonaristas-e-risco-de-enxurrada-de-fake-news-em-2022.shtml Acesso em 12/12/2021.

fazendo negócios e espalhando suas falsidades[281] e onde material removido de outros sites por violar as políticas de uso e serviços pode continuar em circulação. É o caso de vídeos comprometedores, ilegais, contendo desinformação perigosa, chamados a ações violentas, preconceito, racismo que seriam rapidamente removidos do *YouTube*, mas que, mantidos na plataforma nas seções privadas dos canais bolsonaristas, são acessados diretamente por links compartilhados em canais do *Telegram*.[282] A plataforma de vídeos do grupo dono do *Google* hospeda mais de 11% dos conteúdos compartilhados em 150 grupos de extrema-direita monitorados por pesquisadores brasileiros, mais do que qualquer outro site na internet e no formato mais claramente favorecido pelos usuários. Os vídeos privados não aparecem em pesquisas no site e só podem ser acessados diretamente por links compartilhados, mas ainda possuem propagandas pagas e o tráfego é remunerado, monetizando e motivando financeiramente estes conteúdos transgressores.

Aqui um dos mais importantes pontos da pós-verdade segundo Lee McIntyre fica óbvio: a falta de consequência negativa e atribuição de responsabilidade pela propagação de contrainformação reforça o ambiente de desinformação e expande a dilação indevida de autoridade dos indivíduos criadores desta contrainformação. Não só isso, mas a capacidade de monetizar estes esforços desinformantes e manter a posição de liderança e a admiração em grandes grupos políticos dentro das câmaras de eco digitais (ou bolhas) motiva todos os elementos participantes nestes grupos a seguir associados a eles, engajados em atividades de produção e disseminação

281 ESTADÃO CONTEÚDO. Telegram se torna abrigo para bolsonaristas foragidos, **Istoé Dinheiro**, 03/11/2021. Disponível em: https://www.istoedinheiro.com.br/telegram-se-torna-abrigo-para-bolsonaristas-foragidos/ Acesso em 12/12/2021.

282 CAETANO, Guilherme. Rede bolsonarista lucra e dribla regras no YouTube através de 'tabelinha' com Telegram, **O Globo**, 05/12/2021. Disponível em: https://blogs.oglobo.globo.com/sonar-a-escuta-das-redes/post/rede-bolsonarista-lucra-e-dribla-regras-no-youtube-atraves-de-tabelinha-com-telegram.html Acesso em 12/12/2021.

de informação falsificada e manipulada, radicalizando indivíduos que possam ser agregados a estas bolhas e galgando posições hierárquicas dentro delas por meio de demonstrações de fidelidade à visão aceita ao mesmo tempo que testam os limites ao propor novas teorias progressivamente mais extremas. Isso porque, como explica a teoria pós-moderna de Lyotard, da reprodução destes processos deriva a legitimação das ideias e dos indivíduos dentro de seus contextos políticos e sociais.

E as outras instituições geradoras de conhecimento, de onde naturalmente se extrairia legitimidade no paradigma anterior, estão sob ataque dos governos tecnopopulistas exatamente por esta característica. No Brasil, estes ataques têm algumas características específicas. Enquanto nos EUA não houve conflito aberto entre as cortes porque Trump escolheu manipular o Judiciário com uma mistura de atrasos estratégicos, omissões propositais e nomeações de simpatizantes para as cadeiras de juiz numa combinação de abuso de poder político do Executivo e abuso de poder econômico do presidente como indivíduo e bilionário do setor imobiliário, a Justiça brasileira tem um sistema de funcionalismo público e oferece algumas proteções e isolamento às cortes contra os desmandos de qualquer governo eleito. Como observou o professor da UERJ João Cezar de Castro Rocha sobre as universidades, mas que é verdade sobre todas as áreas de atuação do governo, a maioria das instituições produtoras de conhecimento está insulada de pressões financeiras até certo ponto, uma vez que os seus funcionários e membros são profissionais concursados. Segundo Castro Rocha:

> Uma das razões pelas quais o governo Bolsonaro deseja ardentemente passar uma reforma administrativa que compromete ao máximo a estabilidade do servidor é exatamente esta. Eu escrevi meu livro, onde eu tento descrever a dinâmica bolsonarista, eu

> me oponho visceralmente ao bolsonarismo, eu considero o bolsonarismo a maior ameaça que jamais existiu à democracia no Brasil. Eu não posso ser demitido da minha universidade porque eu sou um professor titular concursado. Então é muito importante no Brasil a universidade pública. Porque, sendo pública, eu tenho liberdade de cátedra e de pesquisa para escrever os livros que eu escrevo. Uma das razões para as quais na reforma administrativa se deseja retirar ou constranger ao máximo a estabilidade do servidor público é para que nós não tenhamos mais um corpus de funcionários que são de Estado e não de governo. A intenção é que só existam funcionários do governo.[283]

Observações como esta levaram outros a concluir que Jair Bolsonaro e seu governo miram com particular ardor em todo o aparato democrático que não deriva sua autoridade da consulta eleitoral. É o caso dos tribunais superiores como o STF e o TSE, como já mencionamos, e o aparelhamento do Ministério Público, da Polícia Federal, órgãos de representação no exterior e agências reguladoras.[284] A capacidade de articulação do governo Bolsonaro nas duas casas do Legislativo tornou o processo de sabatina das indicações do Executivo num balé executado antes da iminente aprovação. Isso atinge também o sistema educacional, com a diferença que o controle orçamentário permitiu à administração federal estrangular as instituições de ensino e limitar seriamente a capacidade de manter pesquisas e pesquisadores adequadamente apoiados. Mudanças no Inep e no Enem levaram à menor adesão na história do exame e à elitização dos aprovados, segundo especialistas.[285]

---

283 Entrevista concedida para o artigo "Caso Hannah-Jones expõe a 'guerra cultural' de Trump, importada pelo governo brasileiro", **Carta Capital**,01/08/2021. Disponível em https://www.cartacapital.com.br/mundo/caso-hannah-jones-expoe-a-guerra-cultural-de-trump-importada-pelo-governo-brasileiro2/ Acesso em 12/12/2021.

284 WIZIAK, Julio. Lista de indicados de Bolsonaro a agências e órgãos de controle expõe aparelhamento, **Folha de S. Paulo**, 25/07/2021. Disponível em: https://www1.folha.uol.com.br/mercado/2021/07/lista-de-indicados-de-bolsonaro-a-agencias-e-orgaos-de-controle-expoe-aparelhamento.shtml Acesso em 12/12/2021.

285 FILHO, Eduardo F.; VILARDAGA, Vicente. O cerco autoritário à educação, **Istoé**, 26/11/2021. Disponível em: https://istoe.com.br/o-cerco-autoritario-a-educacao/ Acesso em 12/12/2021.

Quanto ao jornalismo, a estratégia de Bolsonaro mistura um pouco do favorecimento de veículos amigos como visto na Turquia de Erdogan com os ataques diretos da administração Trump. O presidente brasileiro atacou a imprensa em 87 oportunidades distintas só no primeiro semestre de 2021,[286] em 86% de todos os seus vídeos ao vivo gravados para sua base no ano[287] e seus apoiadores protagonizaram episódios de violência física contra a imprensa em Roma[288] e na Bahia[289], ambos parcialmente provocados pelo próprio político.

O apoio de Bolsonaro entre policiais e militares, o aparelhamento de forças de segurança e do aparato investigativo do Estado na figura do Ministério Público, e as tentativas de ampliar o acesso da população a armas de fogo são, todos, sinais muito graves de que a democracia brasileira está ameaçada. A radicalização da base, a escolha e demonização de inimigos – especialmente na esquerda em geral e no Partido dos Trabalhadores em específico – e a aceitação da apologia à violência, discriminação, censura e supressão da oposição são todos traços do atual governo que tendem a se agravar caso ele seja reeleito em 2022.

Mais grave, no entanto, é que aconteça como nos Estados Unidos, onde a derrota nas urnas se torna apenas o início de um processo de tortura da democracia, congelamento do Estado e sofrimento da população em consequência, enquanto

---

286 MELLO, Patrícia Campos. Bolsonaro atacou imprensa 87 vezes no primeiro semestre de 2021, aumento de 74%, diz entidade, **Folha de S. Paulo**, 28/07/2021. Disponível em: https://www1.folha.uol.com.br/poder/2021/07/bolsonaro-atacou-imprensa-87-vezes-no-primeiro-semestre-de-2021-aumento-de-74-diz-entidade.shtml Acesso em 12/12/2021.

287 AFONSO, Nathália. Bolsonaro atacou imprensa em 86% das lives de 2021, **Folha de S. Paulo**, 21/12/2021. Disponível em: https://www1.folha.uol.com.br/poder/2021/12/bolsonaro-atacou-imprensa-em-86-das-lives-de-2021.shtml Acesso em 22/12/2021.

288 PINTO, Ana Estela de Souza. Jornalistas são agredidos e tumulto fere apoiadores em caminhada de Bolsonaro na Itália, **Folha de S. Paulo**, 31/10/2021. Disponível em: https://www1.folha.uol.com.br/mundo/2021/10/jornalistas-sao-agredidos-e-tumulto-fere-apoiadores-em-caminhada-de-bolsonaro-na-italia.shtml Acesso em 22/12/2021.

289 SPLASH. 'Lamento a truculência', diz repórter após ataque de equipe de Bolsonaro, **UOL.com**, 13/12/2021. Disponível em: https://www.uol.com.br/splash/noticias/2021/12/13/reporter-da-globo-agredida-equipe-bolsonaro-na-bahia.htm?cmpid Acesso em 22/12/2021.

as forças autoritárias buscam reinstalar o mandatário derrotado nas urnas ou escolher seu substituto. Porque o problema do tecnopopulismo moderno, do ambiente de desinformação da pós-verdade e da radicalização e polarização política da sociedade é que os sistemas de ataque às instituições democráticas persistem depois que as personalidades se vão, como minas terrestres prontas a causar horríveis danos décadas após o final da guerra que as posicionaram.

O jornalismo não está mais na posição privilegiada de vigia dos atos dos poderosos, a academia não está mais no seu lugar de produtora de conhecimento e de autoridade legitimada e legitimadora e o Judiciário não mais possui o prestígio histórico para atuar como árbitro último das disputas sociais. Isto tudo é uma receita para uma contestação social que pode tomar a forma de uma insurreição violenta, um golpe de estado ou uma tomada de poder com cara e traços de legitimidade adquiridos através de um longo processo de aparelhamento das instituições.

O filósofo Jason Stanley, em artigo recente, apontou que a chave para a democracia é um eleitorado bem-informado.[290] Da mesma forma que um eleitorado mal-informado vai encarar um levante social contra um sistema racista nos Estados Unidos com medo e repúdio, pode encarar a revolta contra um governo negacionista e de extrema-direita no Brasil como um golpe de esquerda e tentar se defender de acordo. O jornalismo é a ferramenta básica para levar a informação ao eleitorado, as universidades e seus intelectuais são aqueles capazes de extrair significado destas informações e apontar as falsidades e as cortes mantêm as regras democráticas funcionando, defendendo aqueles vulneráveis e responsabilizando os transgressores de acordo com suas transgressões.

290 STANLEY, Jason. America is now in fascism's legal phase, **Guardian**, 22/12/2021. Disponível em: https://www.theguardian.com/world/2021/dec/22/america-fascism-legal-phase Acesso em 22/12/2021.

Como lembrou a ganhadora do Prêmio Nobel de 2021, a jornalista Maria Ressa, "nós estamos sobre os escombros do mundo como ele foi e precisamos ter a visão e a coragem para imaginar como ele será se não agirmos agora". Estamos também no precipício de um período de radicalização como muitos países ocidentais não viam há gerações, e aqui chegamos carregados por uma onda de desinformação, manipulação e sentimentalismo populista que sabe como manipular a tecnologia e as ferramentas das quais dependemos para desempenhar nossas funções diárias. A pós-verdade é um momento de valorização dos sentimentos acima de fatos e a sua prevalência segue verdadeira desde 2016. Indivíduos continuam colocando suas impressões, seu sentimento de pertencimento em seus grupos sociais, suas reputações e seus preconceitos sobre o mundo acima das claras evidências de que a realidade se apresenta em oposição a estes posicionamentos. As próximas eleições têm o potencial de serem decididas não por propostas, dados e um histórico de administração pública, mas por preferências baseadas em nada mais do que opiniões sem muito mais fundamento do que a predileção por uma cor em detrimento de outra.

Ressa, ao receber o mais prestigiado título que um intelectual pode receber, escolheu declarar que:

> Sem fatos, não se pode ter a verdade. Sem a verdade, não se pode ter confiança. Sem confiança, não teremos uma realidade compartilhada, democracia e se torna impossível lidar com os problemas existenciais dos nossos tempos: clima, coronavírus e, agora, a batalha pela verdade.[291]

Esta batalha, individual e pessoal, não é uma abstração. É uma batalha pelo nosso meio de vida, pelos valores sociais e políticos nos quais nosso país se apoia desde 1988 e pelos

291 RESSA, Maria. FULL TEXT: Maria Ressa's speech at Nobel Peace Prize awarding, **Rappler**, 10/10/2021. Disponível em: https://www.rappler.com/world/global-affairs/full-text-maria-ressa-speech-nobel-peace-prize-awarding-ceremony-2021/ Acesso em 22/12/2021.

quais lutamos, para livrar-nos de uma ditadura que, apesar das máscaras, era plenamente fascista, violenta e mentirosa. Jornalistas valentes arriscaram suas vidas, seu ganha-pão e sua liberdade para escapar da censura e, hoje, vivemos um outro tipo de ameaça, composta por valorização de mentiras e pela dilapidação de direitos. O mínimo que podemos fazer é valorizar a verdade e buscar a justiça social, os ideais da racionalidade e do pensamento científico e o estado democrático de direito. Devemos, sempre, combater as falsidades fáceis e convenientes do fascismo, rejeitar a autoridade ilusória do autoritarismo e todos os movimentos que buscam roubar nossas conquistas.

BIBLIOGRAFIA

ACOSTA, A. J. **The Enemy of The People**: a dangerous time to tell the truth in America. Nova York, NY, EUA: Harper, 2019.

APPLEBAUM, A. **O crepúsculo da democracia**: Como o autoritarismo seduz e as amizades são desfeitas em nome da política. São Paulo: Record, 2021.

BALL, J. **Post-Truth**: how bullshit conquered the world. Londres, ENG: Biteback, 2017.

BUCCI, E. **A Imprensa e O Dever da Liberdade**. São Paulo: Contexto, 2009.

BUCCI, Eugênio. Pós-política e corrosão da verdade. **Revista Usp**, 116, (2018): p.19-30.

CASTRO, J.C. **Guerra Cultural e Retórica do ódio: Crônicas de um Brasil Pós-político**. Rio Janeiro, RJ: Caminhos, 2021.

CHARAUDEAU, P. **A Conquista da Opinião Pública**. São Paulo: Contexto, 2016.

CORBELLINI, J.; MOURA, M. **A Eleição Disruptiva**: porque Bolsonaro venceu. Rio de Janeiro: Record, 2019.

D'ANCONA, M. **Pós-Verdade**: a nova guerra contra os fatos em tempos de fake news. Ed. 1. Barueri: Faro, 2018.

DAVIDSON, Donald. The folly of trying to define truth. **The journal of philosophy**, v. 93, n. 6, 1996, p. 263-278.

DAVIES, N. **Vale Tudo da Notícia**. Ed. 1. Rio de Janeiro: Intrínseca, 2016.

DAVIS, E. **Post-Truth**: why we have reached peak bullshit and what we can do about it. Londres, ENG: Little, Brown, 2017.

DOWNIE, Leonard; SCHUDSON, Michael. The reconstruction of American journalism. **Columbia Journalism Review**, v. 19, n. November/December, 2009.

DUNKER, C. et al. Ética e Pós-Verdade. Porto Alegre: Dublinense, 2017

FETZER, J. H. Disinformation: The use of false information. **Minds and Machines**, 2004. 14(2), p.231-240.

FIRST DRAFT. About. 2019. Disponível em: https://firstdraftnews.org/about/. Acesso em: 23/10/2019

GENRO FILHO, Adelmo. **O Segredo da Pirâmide:** para uma teoria marxista do jornalismo. Vol.6. Florianópolis: Insular, 2012.

GLOBAL DESINFORMATION INDEX. The Quarter Billion Dollar Question: How is Disinformation Gaming Ad Tech? 2019. Disponível em: https://disinformationindex.org/wp-content/uploads/2019/09/GDI_Ad-tech_Report_Screen_AW16.pdf. Acesso em: 26/09/2019.

HOFSTADTER, R. **Anti-Intellectualism in American Life**. Nova York, NY, EUA: Random House, 1964.

JACK, C. Lexicon of lies: Terms for problematic information. **Data & Society**. 2017, Ed.3, p.9-10.

LARSON, R. **Bit Tyrants**: The Political Economy of Silicon Valley. Chicago, IL, EUA: Haymarket Books, 2020.

LAZER, David MJ, et al. The science of fake news. **Science** Vol.359, Ed.6380, 2018: p. 1094-1096.

LEVITIN, D. J. **Weaponized Lies**: how to think critically in the post-truth era. Nova York, NY, EUA: Dutton, 2017.

LIPPMANN, W. **Public Opinion**. La Vergne, TN. EUA: Lightning Source, 2007.

LYOTARD, J.F. **A Condição Pós-moderna**. Rio de Janeiro: Record, 2018.

MACHADO, E. H. O poder de polícia na Justiça Eleitoral. **Paraná Eleitoral**: Revista Brasileira de Direito Eleitoral e Ciência Política: v. 6, n. 3, 2017, p. 335

MACHADO, U. [coord.]. **Manual da Redação**. Ed. 1. São Paulo: PubliFolha, 2018.

MCCRAW, D. **Truth in Our Times**. Ed. 1. Nova York, NY, EUA: All Points Books, 2019.

MCDEVITT, M., et al. Anti-intellectualism among US students in journalism and mass communication: A cultural perspective. **Journalism**, ed. 19.6, 2018. p.782-799.

MCDEVITT, M., FERRUCCI, P. Populism, journalism, and the limits of reflexivity: The case of Donald J. Trump. **Journalism Studies**. Ed. 19.4, 2018. p.512-526.

MCINTYRE, L. **Post-Truth**. Cambridge, MA, EUA: MIT Press, 2018.

Mello, Patrícia Campos. *A máquina do ódio: notas de uma repórter sobre fake news e violência digital.* São Paulo, ed.1, Companhia das Letras, 2020.

MERRIAM-WEBSTER. Definition of truth. Disponível em: https://www.merriam-webster.com/dictionary/truth. Acesso em: 13/08/2019.

MUIGAI, Jane Wambui Waweru. Understanding Fake News. **International Journal of Scientific and Research Publications**, Vol. 9, Ed. 1, janeiro, 2019.

MUJICA, C. e BACHMANN, I. Beyond the public/commercial broadcaster dichotomy: Homogenization and melodramatization of news coverage in Chile. **International Journal of Communication**, Ed. 9, 2015, p.2.

NICHOLS, T. **The Death of Expertise**: the campaign against established knowledge and why it matters. Ed. 1. Oxford, ENG: Oxford Press, 2017.

NORDENSTRENG, Kaarle. Truth: More valid than ever. **Journalism**, 20(1), 2019, p.52-55.

NOVAES, A. [org.] **Mutações**: dissonâncias do progresso. São Paulo: Sesc, 2019.

NUNOMURA, Eduardo Yoshio. **Notícias de Segunda Mão**: os jornais locais e a cobertura política. 2018, 375 p. Dissertação (Doutorado em Ciências da Comunicação) - Universidade de São Paulo, São Paulo 2018, p.15.

ORDWAY, Denise-Marie. New research: Russian trolls used Twitter to attack liberals, conservatives and news media. **Journalist's Resource**. Disponível em: https://journalistsresource.org/studies/politics/elections/russians-twitter-tactic-research/. Acesso em: 21/08/2019

PENA, F. **Teoria do Jornalismo**. Ed. 3. São Paulo: Contexto, 2017.

PILAGALLO, O. **História da Imprensa Paulista**. Ed. 1. São Paulo: Três Estrelas, 2012.

POMERANTSEV, Peter. Normalnost. **The Los Angeles Review of Books**. Disponível em: https://lareviewofbooks.org/article/normalnost/. Acesso em: 26/09/2019.

POMERANTSEV, P. **Nothing Is True And Everything Is Possible**: the surreal heart of the new russia. New York, Ny, EUA: PublicAffairs, 2015.

POMERANTSEV, P. **This Is Not Propaganda**. Adventures in war against reality. New York, NY, EUA: PublicAffairs, 2019.

PROJETO CREDIBILIDADE. Panorama da Desinformção. **Manual da Credibilidade**. Bauru, 2018. Disponível em: https://www.manualdacredibilidade.com.br/desinformacao. Acesso em: 28/10/2019.

RAIS, D. **Fake News**: a conexão entre a desinformação e o direito. Ed. 1. São Paulo: Revista dos Tribunais, 2018.

ROSLING, H; *et al.* **Factfulness**: Ten Reasons We're Wrong about the World--And Why Things Are Better Than You Think. New York, NY, EUA: Flatiron, 2018.

RUSBRIDGER, A. **Breaking News**: the remaking of journalism and why it matters now. Londres, ENG: Picador, 2018.

SCHWARTZ, L. [Ed.]. **Mídia Dados 2019**. Grupo de Mídia, 2019, p.304. Disponível em: http://ec2-100-24-31-236.compute-1.amazonaws.com/. Acesso em: 08/10/2019.

SCHUDSON, Michael. The objectivity norm in American journalism. **Journalism**, v. 2, n. 2, p. 149-170, 2001.

SCHUDSON, M. **Why Journalism Still Matters**. Cambridge, ENG: Polity Press, 2018.

SCOTT, David K.; GOBETZ, Robert H. Hard news/soft news content of the national broadcast networks, 1972–1987. **Journalism quarterly**, v. 69, n. 2, p. 406-412, 1992.

SHIRKY, C. **Here Comes Everybody**: the power of organizing without organizations. Londres, UK: Penguin Books, 2009, 344 p.

SILVA, C. E. L. **Mil Dias Seis Mil Dias Depois**. São Paulo: PubliFolha, 2005.

SIM, Stuart. Postmodern Relativism: Jean-François Lyotard Versus Jacques Derrida. **Post-Truth, Scepticism & Power**. Palgrave Macmillan, Cham, 2019. p. 97-123.

STANLEY, J. **Como funciona o fascismo**: A política do "nós" e "eles". São Paulo: L&PM, 2018.

TAN, K.P. Meritocracy and elitism in a global city: Ideological shifts in Singapore. **International Political Science Review**. Ed. 29 (1). 2008. p.10.

TANDOC JR., E. C., ZHENG, W. L., LING, R. Defining "fake news" A typology of scholarly definitions. **Digital journalism**. Ed. 6.2, 2018, p.137-153.

TARSKI, Alfred. The concept of truth in formalized languages. **Logic, semantics, metamathematics 2**, 1956, p.152-278.

THOMPSON, H. S. **Hell's Angels**: a strange and terrible saga. Nova York, NY, EUA: First Ballantine Books, 1996.

TRAQUINA, N. **Teoria do Jornalismo**. Vol. 2, Ed. 2. Florianópolis: Insular, 2018.

THE BOSTON GLOBE, VILELLA, A. C. [trad.]. **Spotlight**: segredos revelados. Ed. 1. São Paulo: Vestígios, 2016.

USLANER, E. M. (Ed.). **The Oxford handbook of social and political trust**. Nova York, NY, EUA. Oxford University Press, 2018.

WARDEL, C. **Understanding Information Disorder**. Londres, UK. First Draft, 10/2019.

WOLFF, M. **Fire and Fury**: inside the trump white house. Londres, ENG: Little, Brown, 2018.

YLÃ-ANTTILA, Tuuka. Populist knowledge: 'Post-truth' repertoires of contesting epistemic authorities. **European Journal of Cultural and Political Sociology**, vol.5. ed.4, 2018: p. 356-388.

YOUNG, K. **Bunk**: the rise of hoaxes, humbug, plagiarists, phonies, post-facts, and fake news. Minneapolis, MN, EUA: Graywolf Press, 2018.

ZUBOFF, S. **A Era do Capitalismo de Vigilância**: A luta por um futuro humano na nova fronteira. Rio de Janeiro, RJ: Ed. Intrínseca, 2021.